현대신서
55

판타지 공장
내부자의 시각에서 본 폰섹스 산업

에이미 플라워즈

박범수 옮김

東文選

판타지 공장

Amy Flowers

THE FANTASY FACTORY

An Insider's View of the Phone Sex Industry

© Amy Flowers, 1998

This book was published by arrangement
with University of Pennsylvania Press
through Imprima Korea Agency, Seoul

차 례

머리말 ─────── 7
폰섹스 산업 전반에 걸친 개관 ─────── 11
편리함, 고립, 그리고 욕망의 산물인 폰섹스 산업 ─────── 23

1 판타지 공장에 대한 연구 ─────── 27
판타지 공장의 내부로 들어가 보기 ─────── 32
윤리적인 측면의 탐구 ─────── 43
문헌 분석 ─────── 48
환상 속의 여성들과의 인터뷰 ─────── 54

2 느낄 수 있을 뿐, 결코 보이지 않는 환상 속의 여인들 ─────── 69
현실로서의 환상, 가공의 진실 ─────── 69
정체성 대 창조된 인물 ─────── 78
기술익히기 ─────── 90
직업 재해 ─────── 111
직업상의 가장과 사생활 ─────── 119

3 폰섹스의 소비자들: 남편들, 그리고 친구들일 수도 있다 ─────── 127
현실에 대한 평가 ─────── 127
갖가지 유형의 이용자들 ─────── 135

4 환상의 날조 ─────── 173
대 본 ─────── 173
믿음을 갈망하기 ─────── 175
사명감 이상의 어떤 것 ─────── 183
물물교환되고 있는 서비스 ─────── 194
접촉의 유형들 ─────── 199
육체적 접촉 ─────── 202
사생활 침해에 의한 접촉 ─────── 203

우연에 의한 접촉 ——— 210

5 환상이 진짜로 생산해 낸 것 ——— 217
구조적 요건들 ——— 217
이미지 조립에 필요한 부품들 ——— 234
자아를 새로 규정해 보기 ——— 242

참고 문헌 ——— 255
색 인 ——— 273
역자 후기 ——— 275

머리말

이 책의 내용은 폰섹스에 관한 것이 아니다. 이것은 육체에서 분리된 목소리만을 통한 친밀감의 교환, 직접 대면하는 상호 작용의 부재 속에서의 사적인 관계가 전개되는 방식에 대하여 논의하고 있는 책이다. 육체가 존재하지 않는 환경 속에서 자라나는 친밀감이라는 것은 가장과 역할놀이 속에서의 자아가 해내게 되는 역할에 대한, 육체로부터의 성행위를 추상화하는 일에 대한, 그리고 편리한 실재성을 구성해 내는 데 있어서의 환상의 역할에 대한 이해를 추구하는 사람들에게는 얻어낼 바가 많은 기름진 땅과도 같은 것이다. 폰섹스는 자료의 근원이며, 병적인 호색을 훨씬 넘어서는 점들에 관한 것을 예증해 준다. 즉 어떻게 21세기형 인간이 될 수 있는지를 보여 주는 것이다.

일차적인 관계라는 것에 대하여 사회학적 저술들은 흔히 밀접하고 지속적이며, 상당히 원시적인 사회적 관계를 들어 설명하고 있는 경우가 흔하다. 산업화·도시화가 진행되면서 인간과 인간 사이의 관계들은 제2의 단계로 진행하여 좀더 일시적이고, 파편과도 같이 서로 떨어져 있는 것이 되어 버린다. 폰섹스는 인간 관계의 세번째 단계, 즉 기술에 의해 중재되는 단계를 예증해 준다. 팩시밀리·전화 자동응답기·컴퓨터 모뎀·휴대용 소형 녹음기·휴대용 소형 텔레비전(watchmans)은 모두 의사 소통을 해야 하는 개인들 사이의 물리적 거리뿐만 아니라 사회적 거리까지도 증대시키는 기계 장치들이다. 이러한 기계들은 원거리를 사이에 둔 의사 소통을 용이하게 해주는 것인 반면에, 개인적인 접촉을 최소화하고, 개인들 사이에서 오가게 되는 대화를 중간에서 전달해 줌으로써 의사 소통이 개인에게서 기계로, 그리고 그 기계에서 다시 다른 개인에게로 이행되는 식으로 처리되게 한다.

이러한 간접적인 의사 소통의 특성은 육체가 부재토록 하며, 의사 소통과 자아 사이에 거리가 생겨나도록 만들게 된다. 이러한 육체의 부재는 모든 것들을 가능하게 만든다. 육체의 부재는 육체적 불능의, 수치스러운 부분의, 범용함의 제약으로부터 해방을 가져다 주며, 인간의 정신과 친밀한 의사 소통에 유익한 것이지만, 자신들의 불안정함을 육체의 부재 이면에 감추고 있는 사람들에게는 그들이 친밀해지고자 원하는 사람들로부터 자신들이 소외되어 있음을 알 수 있게 해주는 것이 될 수도 있다. 이 과정에서 매우 쉽게 사기 행위의 밥이 되는 새로운 인간들이 등장하게 된다. 남을 부당하게 이용하는 갖가지 기술도 개발된다. 인간성이 가지고 있는 최선과 최악의 측면이 기회를 잡기 위해 기다리고 있게 되고, 그것은 대부분의 사람들에게 인간성 중에서 최악의 측면이 주도권을 잡고 있는 듯이 보이게 된다.

육체가 부재한 상태에서의 친밀함이라는 것은 새로운 현상은 아니지만, 최근에 들어서야 어디에나 존재하고, 사회적으로도 중요한 현상이 된 것이다. 서부 개척 시대의 조랑말 속달(Pony Express) 이래로 펜팔은 육체가 부재한 상태에서의 의사 소통이 가지고 있는 자유를 이용해 온 것이었지만, 그것들은 인간 관계에 대한 규칙이라기보다는 예외에 속하는 일이었다. 산업 혁명은 현대 사회에서의 고립과 개인적 친밀감의 부재가 몰고 올 위험한 영향에 대하여 우려하고 있는 사회분석가들간에 토론을 일으킨 발단이 되었다. (페르디난트 퇴니에스의 1887년 저술과 에밀 뒤르켐의 1893년 저술에서처럼.) 하지만 초기의 가장 예언자적인 사회학자들조차도

20세기 도시 생활에서 나타나게 될, 개인적인 것과는 거리가 먼 현실에 대하여 미리 알아차리고 있지는 못했던 것이다.

직접적인 개인적 대화가 존재하지 않는 세계에 대한 미래상은 언제나 공포감을 주는 예측이 된다. 연구자들은 육체적 거리에 의한 고립을 두려워하면서, 기술 혁신과 그것의 지속으로 인한 외로움과 소외를 강조한다. 하지만 과학 기술의 시대에 있어서도 한 가닥 구원의 빛줄기가 존재한다. 현대의 삶에서 나타나게 되는 인간 소외 양상들에 대응하여 개인들은, 게오르크 지멜이 언급했듯이 "그 자신의 근본을 제거해 버릴 수도 있는 그의 외부 환경이 가지고 있는 위협적인 경향과 모순에 대항하여 스스로를 보호하는 기관"(슈르츠의 1988년 저서 인용)을 발전시킨 것이다. 친밀감이 문제가 되는 사회에서 사람들은 자신들을 소외시키는 것으로 여겨져 온 의사 소통의 바로 그 측면들을 이용하는 창조적인 방식들을 찾아낸다. 그들은 과학 기술의 혁신을, 전통적으로 이해되어 온 것으로서의 친밀감을 흔히 감추고 왜곡시키는 환경 속에서의 친밀감을 다시금 고안해 내는 데 이용한다.

의사 소통에 있어서의 두 가지 가장 혁명적인 발전은 전화와 컴퓨터의 발명이었다. 분석가들은 이 각각의 도구들의 도입과 동시에 계급과 성별·인종 사이의 장벽을 넘어 의사 소통이 가능해지게 될 것이라고 환호했다. 그러나 그 각각은 우리의 정신 속에 그런 식으로 물들어 있는 사회적 구조로 인해 기대에 어긋나는 것임이 증명되었다. 우리의 내부에서 창조된 것으로서, 우리는 우리가 어디에 가든지 익명 또는 어떤 명칭으로 그러한 사회적 구조를 지니고 다니기 마련이다.

육체가 부재한 친밀함은 또한 단일한 자아에 대한 전통적 개념에 대하여 의문을 제기하는 것이 되어 왔다. 만약 간접적인 의사 소통으로 인종과 계급의 경계선들을 초월할 수 있다면, 우리는 또한 하나의 단일한, 중심이 되는 정체성으로서의 자아를 초월할 수 있게 될 수도 있다. 포스트모더니스트들은 단일 자아라는 개념을 해체시켜 버렸지만, 대신 낡은 자아 개념에 의지하는 온갖 개념들이 산재하며, 뿔뿔이 흩어져 파편처럼 되어 버린 분야라는 지뢰밭을 그 자리에 남겨 놓게 되었다.

《영화 속에서의 삶》(1995)에서 셰리 터클은 서로 대면하지 않고 통신망을 통하여 의사 소통을 하는 자아들이 포스트모더니즘 시대의 다양한 측면들을 지니고 있는 우리의 자아 개념들을 우리의 중심적인 자아를 의미하는 것과 결부시키는 일을 가능케 한다는 생각을 탐구하고 있다. 육체에서 분리된 목소리만의 의사 소통에서 나타나게 되는 이러한 복수의 자아들은 중심적인 자아에 연결되어 있는 것이 아니며, 분명하게 구분되는 실체도 아닌 것으로서, 비록 자세한 사항들과 물리적 설명은 다양하게 나타날 수도 있지만, 그 성격·기질 그리고 개성의 핵심이 되는 요소들은 불변인 채로 남아 있게 된다. 이같은 요소들은 개인에 의해 고의로 창조되는 게 아니라 오히려 신경생리학·사회화·교육을 통한 훈련, 그리고 이전의 경험에 의해 발생하게 된다. 자아 개념들은 아무런 근거도 없이 그냥 창조되는 것이 아니라, 이전부터 존재하고 있었던 제한된 한 가지 경향의 가능성들로부터 생겨나는 바이다.

포르노 산업은 산업적이라 할 수 있을 정도에 해당하는 양의 친밀감을 제조해 냄으로써, 오늘날 남성들의 소외와 여성들이 겪고 있는 매력 상실에 대응하기 위한 현대적인 의사 소통의 도구들을 이용하는 데 있어서 엄청난 성공을 거두어 왔다. 성적인 친밀감은 이제 비디오 테이프나 컴퓨터 모뎀·전화·팩시밀리 등을 통하여 육체적 접촉 없이도 '소유할' 수 있는 것이 되었다. 가상 세계 속에서의 포르노그라피에 대한 관심은 그것을 실제처럼 만들어 내게 되는 과학 기술과 나란히 발전하고 있다. 육체가 부재한 친밀감을 생산해 내는 과학 기술의 발전은, 20세기 도시의 삶이라는 정글에서 직접적인 성적·감정적 접촉의 위험성으로부터 어느 정도의 친밀감과 안정감을 소비자들에게 제공한다.

폰섹스 산업 전반에 걸친 개관

시작된 지 10년 동안 폰섹스 산업은 10억 달러 규모의 사업으로 성장해 왔으며, 그것의 이용 가능성을 억제해 보려는 광범위하고 다양한 노력에도 불구하고 계속해서 성장하고 있다. 정신적 만족을 위한 전화 회선들, 사이버 대화방, 그리고 다른 많은 종류의 서비스들이 육체가 부재한 친밀감을 추구하는 사람들의 욕구를 이용하여 등장하고 있다. 이러한 서비스들의 이용자들과 제공자들은 기괴하거나 또는 평균을 벗어나는 사람들이 아니라, 현대 사회에서 동류를 발견하고 있을 뿐이다.

여러분이나 나는 폰섹스 전화 번호를 절대로 누르지 않을 수도 있지만, 다른 사람들은 분명 그 번호에 전화를 건다. 퍼시픽 벨사는 뉴욕 시내에 대한 폰섹스 교환 업무 계약을 시작한 지 첫 12개월 동안 1천3백50만 달러의 수입을 거두어들였다.(《타임》지, 1987) 1994년, 네 개의 국제전화교환회사들(텔레스피어·AT&T·US 스프린트·MCI)은 국제 회선인 900번에 대한 통화 한 품목만으로 9억 달러의 수익을 올렸는데, 그것은 연방통신위원회(FCC)의 외설통화규제법과 연방상업위원회(FTC)의 사업 행위 제한으로부터 비교적 자유롭다는 점으로 인해서 계속 증가하고 있는 시장이다. 이러한 국제적인 수익에는 미국 내에서의 900번과 976번에서 생겨나는 그보다 훨씬 더 많은 국내에서의 수익이 더해지게 된다.(《이코노미스트》지, 1994)

독립된 네 가지의 텔레콤 관련 업체들이 900번과 976번의 취급에 관여하고 있다. 1) 정보 제공 사업자는 '나를 채찍질해 주세요'처럼 피학성 취향의 고객들을 위한 번호 같은 정보 안내 서비스를 만들어 내고, 그 서비스의 이용을 촉진시키기 위하여 광고 대행사들과 함께 일한다. 2) 이 정보 제공 사업자들은 서비스국이라 불리는 독립 대행사들로부터 필요한 컴퓨터 장비와 소프트 웨어 일체를 임대하는 경우가 흔하다. 대개 이 서비스국은 모든 필요한 장비와 서비스까지 포함되어 있으며, 낮은 가격에 미리 세워져 있는 사업 계획에 대한 선전을 통하여 정보 제공 사업자가 되고자 하는 업체를 끌어들인다. 3) 서비스국은 네 개의 국제전화교환회사들(IXCs) 중 하나로부터 장거리 송신 서비스를 임대한다. 4) 모든 900번과 976번 전화에 대해서는 국제교환통신회사들과의 협약에 따라서, 시내전화교환회사들(LECs)이 요금을 청구하게 된다. 국제교환통신회사들은 전화 이용자들이 속한 시내교환통신회사들에 적정한 요금이 어느 정도인지를 지시하고, 시내교환통신회사는 고객에게 전화 요금을 청구하게 된다. 시내교환통신회사들은 또한 요금을 징수하고, 필요하다면 요금 청구액을 조정하는 책임도 지고 있다.

사전에 지정된 양의 시간에 대한 고정 요금, 매분당 부과되는 요금, 국제 전화 요금 청구, 또는 크레디트 카드를 이용한 요금 지급 등과 같이 상이한 목적에 따라 갖가지 유형의 컴퓨터 기술이 이용될 수 있다. 전화 이용자들을 끌어모으고, 이윤을 극대화하기 위한 여러 가지 요금 체계는 각각 다른 전략을 필요로 하게 된다. 전화 이용자는 고작해야 부정확한 방법인, 단지 매분당 부과되는 요금에 대해서만 어림해 볼 수 있을 뿐이며, 비록 그 요금이 전화 이용자의 요금 청구서에 나타나게 된다고 하더라도, 그는 요금에 이자가 붙는 30일이 지나고 나서야 비용이 얼마나 들었는지를 알 수 있게 될 것이다. 경솔한 전화 이용자는 전화 요금이 얼마가 될지 알지도 못한 상태에서 자발적으로 이런 번호들에 전화를 걸어 몇 시간씩 이야기하게 될 수도 있는 것이다. 요금 청구서가 날아들었을 때쯤이면 욕망은 사라져 버린 상태이고, 그 이용자는 흔히 애당초 전화를 걸었다는 그 사실만으로도 바보가 된 듯 느끼는 것이다. 어리둥절하여 그는 이유도 묻지 못한 채 요금을 지불한다. 이러한 상황들은——요금에 이자가 붙은 상태라는 모호함, 전화 이용의 성격이 자유 의사에 의한 것이었다는 점, 그리고 그러한 일에 연루되는 것이 오명을 뒤집어쓸 수도 있는 성격의 것이라는 사실과 같은——모두 부정직하며 사기성이 짙은, 또는 높은 이자를 붙인 엉터리 요금을 청구하기에 이상적인 환경을 조성하게 된다.

이용하는 것이 가능한 수많은 과학 기술들은 협잡질을 할 수 있는 온갖 기회를 제공하게 된다. 통화를 미리 지정된 시간만큼만 할 수 있도록 제한되어 있는 회선들은, 이용자들이 그들의 선화 요금 청구서에 단일 요금으로 명시하게 되어 있는 가격으로 3분, 15분, 또는 45분 동안 전화 할 수 있게 해준다. 이윤을 극대화하기 위하여 이 회선들을 사용하는 회사측은 미리 조건으로 지정된 시간에 대하여 높은 요금을 부과할 필요가 생겨나게 되며, 그들은 흔히 통화 요금이 얼마인지를 숨기거나 속인다. 그들은 또한 이용자가 점점 더 전화를 걸도록 동기를 유발시키는 갖가지

원인들을 제공하면서, 976번에 속한 회선에서 다른 회선으로 이용자를 떠넘기는 경우가 많다.

고정 요금 회선에서 일하는 교환원은 두 개의 상충되는 목표를 갖게 된다. 만약 그녀가 이용자로 하여금 정기적으로 다시 전화를 하도록 만들고자 한다면, 그녀는 그에게 다시 전화를 걸어 자신을 또 찾으라고 설득하는 데 시간을 소비해야 할 것이다. 하지만 동시에 그녀는 귀중한 몇 초 동안의 시간 낭비 없이 다른 이용자를 맞이할 수 있도록 하려면 가능한 한 서둘러 그로 하여금 전화를 끊도록 만들어야만 할 필요도 있는 것이다. 고정 요금 회선들은 또한 그 통화에 대한 요금 전액을 청구할 수 있기 때문에 '음탕한', 또는 불쾌하게 구는 이용자의 전화를 끊어 버릴 수 있는 최대한의 자유를 보장한다. 반대로 이용자에게 부여된 동기는 자신에게 할당된 시간을 최대한 이용하는 것이며, 통화가 끝날 때까지 충분한 만족감을 얻을 수 있도록 시간을 끄는 일이 된다.

이와 대조적으로 매분당 부과하는 요금 청구 방식은 통화 시간에 제한을 받지 않고 대화를 할 수 있게 해준다. 이용자는 자신이 통화한 시간의 길이와 자신이 발생시킨 요금에 대하여 스스로 추산해 보도록 남겨진 채, 그 통화 요금은 전화 회사 또는 크레디트 카드 회사들이 청구하게 된다. 이같은 추산은 엄청나게 부정확한 경우가 아주 흔하며, 경솔한 이용자는 날마다 몇 시간씩 몇 주 동안 통화를 계속하여, 자신이 요금 청구서를 직접 구경할 수 있기도 전에 이미 수천 달러의 요금을 발생시키게 되는 것이다. 크레디트 카드에 부과되는 요금은 통화가 시작되면서 상한선을 정해 놓고 있게 되며, 이용자에게 전화를 끊든가, 아니면 추가 시간을 요청할 기회를 주게 된다. 매분당 부과되는 요금 체계에서 교환원이 취할 수 있는 최선의 방침은, 최초의 요금 청구서가 날아가기에 앞서 1개월이라는 기간 동안 이용자의 감정적·성적 궁핍함을 부당하게 이용할 수 있도록 열정적이며, 진행중인 관계를 창출해 내는 일이다.

폰섹스 교환원들이 이용자를 그 전화 번호로 계속해서 불러내기 위해 사용하는 몇 가지 기준 방식들이 존재한다. 어떤 교환원들은 이용자들로 하여금 언젠가는 자신들과 만날 수 있을 거라고 믿게 만들면서, 진행중인 관계를 발전시킨다. 이용자들에게 펜과 종이를 찾아 가지고 오라거나, 또는 교환원 자신이 설명하고 있었던 인물의 사진을 찾는 동안 끊지 말고 기다리라고 지시함으로써 노련하게 시간을 허비하도록 만드는 교환원들도 있다. 이용자가 교환원에게 연결되기 전에 시간을 허비하도록 하기 위해서, 아무것도 모르는 이용자에게 "금발을 원하면 1번, 검은 머리를 원하면 2번을 누르시오"라는 따위의 미리 녹음된 메시지를 틀어 주는 방법이 사용되기도 한다. 그러한 통화에서 매분당 부과되는 요금에 대하여 이용자들이 혼동을 일으키도록 만드는 일은, 그들이 전화를 끊지 않은 상태로 있는 동안 시간을 허비하도록 만드는 일보다는 덜 중요한 것이다.

폰섹스 회사들은 또한 시내교환통신회사들을 우회하기 위하여 800번을 이용하고, 요금을 직접 이용자의 크레디트 카드 계좌에 청구하는 방법을 사용할 수도 있다. 이용자는 통화가 시작되는 시점에서 청구될 수 있는 최대한의 액수를 정당한 것이라고 인정해 주어야만 한다. 이같은 방법은 처리할 준비도 되어 있지 않은 상태에서 요금 청구서들이 잔뜩 쌓이게 되는 일로부터 고객을 보호하게 된다. 미리 조건으로 지정된 한도에 도달하게 되면, 이용자는 전화를 끊었다가 다시 걸거나, 아니면 추가의 청구 금액을 정당한 것으로 인정할 수 있는 다른 사람이 그 번호를 사용할 수 있도록 넘겨 주거나 두 가지 중 하나를 택해야 한다. 통화의 흐름은 그 지점에서 중단되어, 이용자로 하여금 끊을 수 있는 기회를 주게 된다.

800번 서비스는 통화 내용에 대하여 교환 업무를 맡고 있는 통신 회사들이 부과하게 되는 갖가지 제한 조건들을 우회할 수 있다는 유리한 점도 가지고 있다. 이들 회선들은 외국 전화 회사들을 통하여 그들의 전화 연결을 중계하게 함으로써, 폰섹스 업자들에게 보다 개방적인 포르노그라피 규제법에 적용될 수 있도록 하고, 한층 더 분명하지 않은 방식으로 요금을 청구할 수 있게 하여, 나아가서 내용에 대한 금지 조항으로부터도 스스로를 보호할 수 있게 만든다. 800번이나 국제 회선에서 작업하고 있는 교환원은, 국내법 체계에서는 인정되지 않을 수도 있는 주제에 대해 이야기하고 있게 될 가망성이 높다. 그녀에게는 불쾌하게 만드는 이용자의 전화를 끊어 버릴 자유가 줄어들게 되며, 그녀가 어떤 종류의 전화를 받을 건지, 또는 받지 않을 것인지를 결정할 재량권도 줄어들게 된다.

이용자가 티퍼니라는 여성에게 자신의 삶에 대하여 털어놓고자 원할 때, 그는 대체적으로 그녀가 자신의 마스터 카드 번호부터 물어보는 것을 원하지는 않는다. 그가 900번이나 976번에, 또는 국제 전화 번호에 전화를 걸게 되면, 그는 자신의 크레디트 카드의 승인을 받아야 할 필요도, 전화 번호를 확인시켜야 할 필요도, 또는 주소를 입증해야 할 필요도 없게 된다. 최대 30일 후까지 그가 처리하지 않아도 될 수 있는, 전화 통화에 대한 관념상의 가격으로 그는 그러한 상호 작용이 가지고 있는 돈과 관련된 본질에 직접 대면함 없이 자신의 꿈이 현실화되는 상황을 맛볼 수 있는 것이다. 크레디트 카드를 이용한 비용의 청구는 소비자를 보호하는 것인 반면, 그들이 대가를 치러 얻고 있는 바로 그 서비스, 즉 환상 속에서 그들 자신의 능력을 감소시키는 것이다.

비용의 청구라는 문제는, 또한 이 행위에의 참여자들과 그들이 사적이고 은밀한 방식으로 나누고 있게 되는 환상 사이의 신뢰도에도 영향을 미치게 된다. 비록 그들이 주고받는 이야기는 수없이 많은 요인들에 의해 구체적인 형태가 주어지고 영향을 받게 되지만, 그 행위에의 참여자들은 그것이 그 어떤 것에 의해서도 영향을 받지 않은 그들만의 독특한 것이라고 믿고 싶어한다. 이것은 그 이용자가 대가를 치러 얻고 있는 환상의 일부분이다. 비록 중개를 해주는 몇 개의 업체들이 오가는 이 대화를 듣고 있으며, 거기에 참여하고 그것으로부터 이득을 취하고 있지만, 이 중개업자들의 본분은 자신들을 드러내지 않고 무대 뒤편에 조용하게 남아 있는 일이다.

흔히 시내 전화 회사들이라고 알려져 있는 시내전화교환회사들(LECs)은, 전국정보서비스연합(NAIS)의 산하 기관으로 통합되어 있다. 전화를 통해 오가는 대화에 관해서는 나서지 않고 조용히 뒤에 남아 있는 반면, 전국정보서비스연합은 시내전화교환회사들과 국제전화교환회사들 양쪽 모두의 이익을 위해서는 할 말을 다하는 강력한 압력 단체가 된다. 전국정보서비스연합은 통합되어 있지 않으며, 상대적으로 세력이 약한 채로 남아 있는 뜨내기 정보 제공 사업자들에 대한 규제 법령의 적용에 엄청난 성공을 거두어 왔다.

맨 처음 이들 전화 회사들이 계획하고 있었던 일은, 900번과 976번의 기술 체계가 폰섹스에서 제공되는 전혀 다른 한 가지 정보를 널리 퍼뜨리는 방법이 되도록 하려는 것이었다. 국제전화교환회사들은 에이즈 상담 전화에, 이민 정보 서비스에, 그리고 주류를 이루는 종교적 메시지들에 그것들이 이용되기를 바라고 있었던 것이다. 그런 것과는 다른 종류의 정보 제공 사업이 발달해 왔다는 당혹스러운 증거에도 불구하고 그들은 여전히 그러한 희망을 버리지 않고 있다. 1991년 다우 존스사의 원거리 통신 정책 담당자 토머스 페이스는, "오늘날의 음성 텍스트 프로그램들은 의사들이 증상을 진단하고 치료법을 처방하는 데, 투자가들이 가장 최신 정보에 기초하여 금융상의 결정을 내리는 데, 그리고 적십자사와 같은 신뢰할 만한 자선 기관들이 그들이 의도하는 바를 널리 알리고 기부금을 거두어들이는 데 도움이 되고 있다"(1991년 미의회 보고서)고 주장했다. 퍼시픽 벨사의 캘리포니아 지역 900／976번 서비스 책임자 짐 해럴드는 "캘리포니아 지역 900번은 정보의 근원, 상업적 거래를 위한 통신로, 오락 센터가 모두 하나에 포함되어 있는 것"(1991년 미의회 보고서)이라고 단언했다. 하지만 폰 섹스·사이킥 네트워크·채팅을 위한 회선들은 실질적인 수입원이 되는 반면, 시내전화교환회사들과 국제전화교환회사들의 간부들이 언급하고 있는 바와 같은 종류의 사업들은 900번으로 얻는 수입의 아주 적은 부분을 발생시키고 있다. 테네시주 출신의 하원의원 바트 고든에 따르면, "900번 전화는 야바위꾼들과 솜씨가 뛰어난 사기꾼들, 그리고 첨단 기술을 이용하는 매춘부들의 피난처가 되어 왔다"(1991년 고든 의원의 발언)는 것이다. 비록 그들이 통화 내용이 어떤 것이 되어야 한다는 바에 대한 한계를 정한 것도 아니고, 서비스국에서 중개를 하도록 내버려둠으로써 그들 스스로 그 거리를 유지하고 있기는 하지만, 이 전화 회사들은 그럼에도 불구하고 이들 사기꾼들이 사람들을 속여 이득을 취할 수 있도록 기술과 기회, 요금 청구 방법, 그리고 고객들을 제공해 주고 있는 셈이 된다.

원거리 통신과 금융에 대한 하원소위원회(1991)는, 어떻게 국제전화교환회사가 부정직한 정보 제공 사업자들에게 부수적으로 따르게 되는 사기 행위에 대한 책임을 지지 않도록 조장함으로써 이득을 취하기를 고집하고 있는지 실례를 제공했다. 휴가철을 이용해 한 사기경마도박회사는, 법원이 모든 돈을 소비자들에게 반환하도록 명령하기 전까지 청구 금액이 94만 달러에 이르는 요금을 발생시키는 데 900번 전화를 이용했다. 전화 연결 서비스를 제공하지만 사기 행위의 조장에 대한 책임은 없다고 주장하는 MCI는, 그 수익금에서 자신들의 몫을 챙겨 가도록 묵인되었다. MCI측은 그 회선들의 사용에 대한 실제 비용으로서 요금 징수는 필요한 일이라고 설명했다. 바트 고든 의원은 이러한 사건을 권총 강도가 강도질을 하고 난 다음 지갑을 돌려 주는 대신 피해자에게 권총 사용료를 청구하는 행위와 비슷한 것으로 묘사했다. 그 정보 제공 사업자측에서 자신들의 몫으로 챙겨 간 금액을 반환토록 한 일은 제대로 방향을 잡은 조치이지만, 국제전화교환회사가 자신들 몫을 그대로 소유하도록 묵인하는 것은 이 문제에 대한 편파적인 해결책으로 여겨지며, 그것은 이러한 거래에 대해 참여자들이 가지고 있는 상대적인 힘과 영향력이 그릇된 것임을 보여 주는 예이다.

비록 국제전화교환회사가 간접적인 참여자인 듯이 보이지만, 그것은 거기에 필요한 기술과 임대차 협정(서비스국들에 의해 중개되는), 그리고 무엇보다도 중요한 요금 청구 구조를 제어하고 관리한다는 것이다. 이와 대조적으로 정보 제공 사업자들은 참여자들 중에서 가장 덜 안정되어 있고, 그 책임이 제일 가벼운 축이며, 비록 그들이 그러한 상호 작용에 있어서의 중요한 미세 상호 작용 요인들을 제어하게 된다고는 하지만, 그들은 그러한 상호 작용을 구체화시키는 구조적 요인들을 처리할 만한 힘을 거의 가지고 있지 못하다.

976번과 900번 그리고 800번은 전화 회사들을 규모가 가장 크고, 어디에나 존재하는 포르노그라피 서비스의 제공자들로 만들어 왔다. 전화 회사들은 스스로 그러한 회선을 단 한 개조차도 제공하고 싶지 않지만, 연방통신위원회와 수정 헌법 제1항(언론·신문·종교의 자유를 보장한 조항)의 쟁점에 의해 그렇게 하도록 강요되고 있다고 주장한다. 그들은 그들이 얻는 수익——1994년 한 해에만 10억 달러를 훨씬 넘는 액수인(《이코노미스트》지, 1994)——이나, 또는 그들이 강요하고 있는 구조에 대한 이야기는 좀처럼 입에 올리지 않는 대신 그들이 부담해야 하는 비용과 손실에 대해서만 강조하고 있다.

시내전화교환회사들과 국제전화교환회사들은 주요 참여자들과 통화 내용으로부터 자신들을 훌륭하게 격리시켜 왔다. 그러나 운송 수단이 여행의 품질에 영향을 미치게 된다는 점은 명백한 사실이다. 통화 내용에 대한 연방통신위원회의 규제는, 사용되는 기술에 따라 변동되기 때문에 매개체가 대화의 실제 내용에 영향을 미치게 된다는 것은 분명해진다.

도표 1은 폰섹스 거래에 있어서 관련되어 있는 중개 기관들과 개인들로 이루어진 조직망을 보여 주고 있다. 이 도표는 분명 비례에 맞추어 그려진 것이 아니다. 만약 그것이 비례에 맞추어 그려진 것이라면, 국제전화교환회사들은 도표의 페이지 전체를 차지하고 있게 되는 반면에, 정보 제공 사업자들과 마찬가지로 이용자들은 단순히 작은 점으로 나타나게 될 것이기 때문이다. 이용자와 교환원은 발생하고 있는 거래에서 단지 작은 부분에 지나지 않는다.

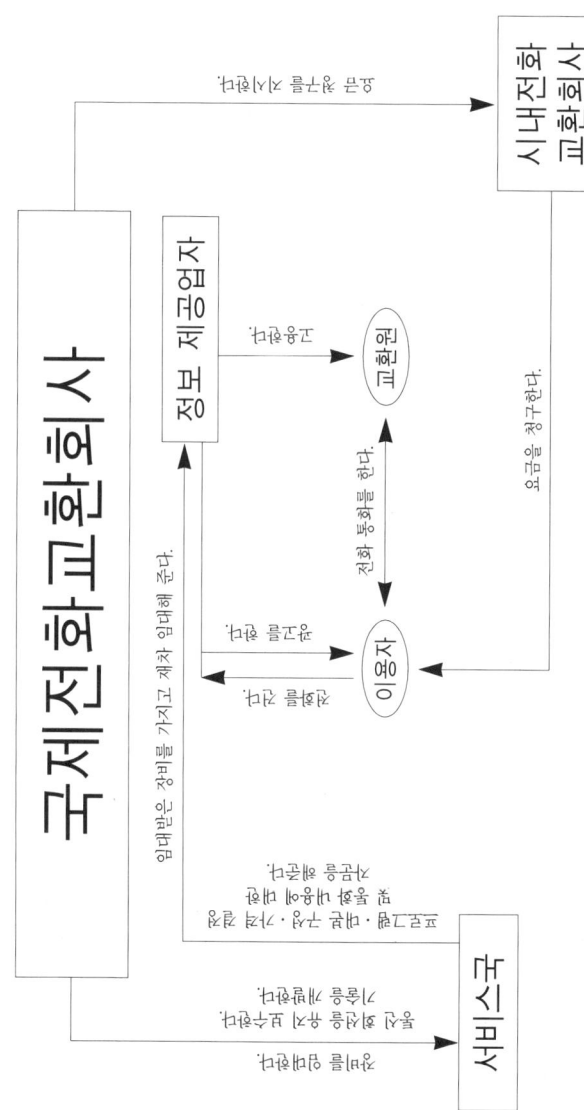

[도표 1]: 전형적인 프로세스 통화에 있어서의 상호 작용의 흐름.

이 도표는 또한 정보 제공 사업자의 제한된 힘과 범위를 분명하게 드러내 준다. 900번과 976번 그리고 800번 전화는 최소한도의 창업 비용을 가지고 소규모 사업을 시작할 수 있는 기회를 제공한다. 정보 제공 사업자는 서비스국으로부터 장비와 전화 번호, 그리고 때로는 직원까지도 임차한다. 정보 제공 사업자가 직원을 고용하면, 교환원들은 흔히 집에서 매통화마다 보수를 계산하는 방식으로 일하게 된다. 최소한의 돈과 시간 투자로 가능한 일이기 때문에, 고객들이 사기 행위와 나쁜 목적에 이용당할 수 있는 비옥한 토양을 제공하기 때문에, 그리고 이 산업이 포르노그라피와 연계되어 있기 때문에 이 정보 제공 사업자들은 대체적으로 불안정하며, 세금이나 다른 의무에 대하여 책임을 지기 어렵고, 전적으로 단기적인 수익에 대해서만 관심을 가지게 된다.

폰섹스 광고는 포르노 잡지와 신문에 가장 많이 실리게 되는데, 잡지나 뉴스레터 전체가 폰섹스 고객들을 위한 것으로 채워지기도 하고, 또한 포르노그라피와는 관련이 없는 신문이나 잡지 광고의 일부를 차지하기도 하며, 심야 시간대의 텔레비전 방송을 통해 활발하게 지속적인 광고가 이루어지기도 한다. 이러한 광고들은 대개 미모의 백인 여성을 주로 등장시키며, '살아 숨쉬는 여성'과 대화를 나눌 수 있는 기회를 약속한다. 여기에 사용되는 전화 번호들은 '1-900-99-WILD1' 또는 '1-900-226-DOLL'과 같은 기억하기 쉬운 것들인 경우가 대부분이다. 요금은 이용자가 전화를 거는 데 사용한 전화 번호로 직접 청구되며, 3분의 기본 통화에 5에서 25달러 범위이다. 나는 이같은 가격 구조에 대하여 아는 바가 없지만, 어떤 광고들은 표면상으로는 각기 다른 여성들에 속한 것이라는 이유로 각각의 전화 번호에 다른 가격이 매겨져 있는 몇 개의 번호들을 제시하고 있기도 하다.

폰섹스 광고는 그 고객들이 아주 단순함을 드러내 보여 주고 있는 것처럼 여겨진다. 어쩌면 이용자들이 정말로 어리석을 수도 있지만, 그토록 많은 수의 고객들 전부가 어리석다는 것은 있을 법한 일이 아닌 듯 보인다. 분명하게 언급되지 않은 미묘하게 이면에 숨겨져 있는 또 다른 메시지가 표현되고 있는 것이며, 또 다른 서비스가 교환되고 있는 것이다.

편리함, 고립, 그리고 욕망의 산물인 폰섹스 산업

이용자들이 실제로 대가를 치르고 구입하는 것은, 개인적인 접촉이 모호성으로 충만해 있는 사회 속에서 이루어지는 몇 분간에 걸친 인간 대 인간의 접촉이다. 육체적이고 정서적인 깊이 있는 접촉은 위험하다. 성적 접촉을 통해 전염되는 질병에 대한 육체적인 위험성, 노출에 대한 개인적/직업적 위험성, '비정상적인' 욕망이 가져올 수 있는 비난과 영향에 대한 두려움이 존재한다. 폰섹스는 그러한 위험성을 타도하자는 것이지만, 그것을 완전히 제거할 수는 없다. 폰섹스를 통한 섹스는 육체가 결여된, 기계에 의해 중개되는 것으로서 인간 관계에 내재되어 있는 위험성의 일부를 최소화하는 하나의 중재이다. 미리 조건으로 지정된 가격으로 그 누구든, 밤이건 낮이건 아무때나 자신의 환상 속에 존재하는 여성과 통화를 할 수 있는 것이다. 그들은 그들의 성적 욕망에 대하여, 그날 하루 있었던 일에 대하여, 그들의 삶이 가져온 좌절에 대하여 이야기를 나눌 수 있고, 이러한 과정 전체에 있어서 그들은 진짜 삶에서는 감정적·육체적으로 연루되는 일을 피할 수 있게 되기를 바라면서 가명을 사용하거나, 자신들이 건선 같은 피부병을 가지고 있다는 사실을 숨길 수도 있는 것이다.

폰섹스라는 존재 자체는 섹스라는 것이 하나의 과정이며, 육체적 행위와는 별개인 특정한 유형의 상호 작용이라는 사실을 드러내 보여 주는 것이다. 폰섹스에서는 육체적 접촉이 존재하지 않는다. 생물학적 행위에 대한 묘사는 존재하지만, 육체의 물질성은 전혀 존재하지 않는 것이다. '실재하는 대상'으로서의 남근과 질의 만남은 존재하지 않는다. 공유된 지각 작용은 특별히 그것 자체를 위한 것으로 구성되며, 참여자들 사이에서의 상호 작용, 그들이 이 사건에 투입하게 되는 내력과 이념으로부터 생겨나게 된다. 여기서 팔리고 있는 서비스는 '살아 숨쉬는 여성'과 나누는 대화 이상의 것으로서, 그것은 내적이고 주관적인 경험이며 지각 작용 그 자체인 바이다.

> 이 새로운 종류의 포르노그라피 작가들은 이러한 최후의 가장 중요한 사생활마저 뒤엎어 버리게 되는데, 그들은 우리의 상상까지도 우리를 대신하여 해주게 되는 것이다……. 친밀한 관계에 있어서 우리가 의존하게 되는 우리의 성행위에 대한 상상의 장면들, 반복해서 중얼거리게 되는 속삭임 같은 것들이 미리 포장된 상태로 나와 있게 되는 것이다……. 자연 도태에 대한 이론은 수족이나 기능이란 사용하지 않으면 위축되게 되어 있음을 말해 주고 있는데, 사회적으로도 서로의 존재에 대한 불확실한 유일무이함을 느끼고 경험하고 자각할 수 있는 힘 또한 위축되어 버릴 수 있다. (조지 슈타이너, 《소블》 1980)

하지만 우리는 위축되지 않는다. 대신 소외의 위험에 처하게 될 때, 우리는 인공적인 환경 속에서 지멜이 말한 '기관'인 친밀함이라는 근육 조직을 사용하게 되는 것이다. 우리 모두가 집단적인 포르노그라피 작가들인 셈이기 때문에, 그 포르노그라피 작가들은 우리가 하게 되는 상상을 우리를 대신하여 해주고 있는 것은 아니다. 의사 소통 수단들과 마찬가지로 이미지들과 그것들이 가지고 있는 의미는 기술적인 편리함과 고립, 그리고 욕망 사이에서 우리 자신이 하는 사회적인 투쟁을 반영한다. 많은 사람들은 새롭게 접근해 볼 수 있는 이 성행위를 비난하지만, 그렇게 하는 한편으로 그것이 덧없고 대처하기 곤란하며, 문제점이 많은 친밀함의 개념이라는 것과 편리함과 효율성을 증대시키는 기술이라는 것을 인정하며 기꺼이 받아들이기까지 한다.

  인위적인 친밀함의 조작은 복잡한 과정으로서, 우리의 사회적·역사적 정체성에 깊이 뿌리박고 있다. 기술과 친밀함은 폰섹스를 통한 상호 작용에 있어서 서로 배척하는 것이며, 또한 그 두 가지는 일단 뒤섞이게 되면 서로 갈라 놓을 수 없는 것이 된다. 현대적인 삶의 주류로부터 폰섹스와 사이버섹스, 그리고 육체에서 분리된 목소리만을 통한 다른 형태의 친밀함을 분리시키려 드는 사람들은 새로운 기술적 표현 형식의 힘과 영향력을 과소 평가하고 있는 것이며, 대세의 흐름에서 뒤처지게 될 터이다. 기술과 친밀함, 환상과 현실, 믿음과 기만 사이에서의 결속은 아무리 수수께끼 같다 할지라도 필요한 것이고, 결합력을 가지고 있는 깃이며, 이미 보장되어 있는 것이다.

1
판타지 공장에 대한 연구

오늘날의 기술(記述) 민족학은 독자적이며 외형적인 실재를 정확하게 나타내려는 노력으로, 그 주제를 여러 가지 각도에서 검토한다. 이 연구는 관찰과 참여·면담, 그리고 포르노그라피에 관한 몇 가지 조사 보고서의 분석이 결합된 결과로 생겨난 것이다. 각각의 방식은 폰섹스 산업을 다른 각도에서 조명하고 있으며, 그렇게 해서 개별적인 방식에 의해 가해진 편견과 모순점들이 가리고 있었던 부분들을 드러나게 해주고 있는 것이다.

단일한 연구 노력 안에서 복합적인 연구 방법의 사용은 사회과학 연구에서만 독특하게 쓰이는 것이 아니라, 탐구를 위한 연구 전반에서 공통적으로 나타나는 것이다. 예를 들면 지질학자는 땅속 깊은 곳에 감춰져 있는 미지의 물체를 탐사하기 위해 각기 다른 여러 각도에서 그 물체를 향해 전파를 발사하여 다양한 측정치를 얻어낸다. 각 정보의 조각들은 다른 조각들에 끼워맞춰지게 되고, 그 각각은 다른 조각들에 의해 생겨나게 되는 시각에 있어서의 결함이나 한계를 극복하는 데 필요한 부분을 채워넣게 된다. 개별적인 정보의 조각들은 연구자에 의해 융합되며, 모순되는 점들은 조정이 이루어지게 되고, 단일하고 포괄적이며 입체적인 대상물의 모습이 그려지게 되는 것이다.

과학적 탐구 주제로서의 섹스 산업은, 그러한 다양한 방법들이 면밀히 고찰하고 넘어가도록 되어 있는 바로 그 장애물들로 꽉 들어차 있다. 그것의 한 부분인 폰섹스 산업과 포르노그라피 산업은 적대감에 차 있는 사회 속에 존재하는 하나의 격리된 문화이다. 이러한 환경은 그것에 대한 참여를 관찰에 대한 전제 조건으로 만들어 놓게 된다. 그러나 개인적인 경험은 엄밀하게 말해 자기 중심주의적이며, 이전에 겪었던 경험의 영향을 잔뜩 지니고 있는 것이다. 이처럼 연구자는, 마찬가지로 그 업계에서 일하고 있으며 신화와 환상의 창조에 있어서 종종 연구자를 교묘한 조작과 기만이라는 장애물들을 조사하도록 강요하는 삶을 살고 있는 다른 참여자들의 지각 작용을 참고로 해야만 한다. 다른 것들에 우선하여 어떤 하나의 해석을 선택하고, 가장 적합한 부분에 초점과 확신을 둠으로써 연구자는 연구 행위라는 미로 속에서 전진하고 후퇴하며, 교차로를 지나고 막다른 골목에 이르기도 하면서 길을 뚫어 나가는 것이다. 그러한 환경 속에서 항로를 찾아 나가는 데 필요한 결정을 내리는 것은 확신과 과단성을 요하는 일이지만, 이러한 특성들 자체는 윤리적·실제적 편견이라는 새로운 지뢰밭을 만들어 내게 된다.

사회과학적 연구의 역사 속에 뿌리박고 있는 대부분의 성별·인종·계급·나이에 관련된, 그리고 여타의 편견들 대부분은 연구자가 그(또는 그녀)에게 연구비를 대주는 사람들, 이력과 관련된 이해 득실, 그리고 그 이상의 어떤 점들과 관련된 고의적 무지의 산물이 되어 왔다.(켈러, 1983) 페미니즘은 인식론·정치학과 실제 업무에 종사함으로써 얻게 된 경험, 학문 연구의 결과와 같은 모든 것들이 서로 연결되어 있다는 생각의 형성에 기여해 왔다. 자료 수집과 해석에 대한 연구와 관련된 시각에 영향을 주는 것으로 알려져 있는 이러한 점들에 비추어 본다면, 페미니즘 연구는 이제 연구자가 주제와 방법론의 선택, 그리고 그 다음의 자료 분석에 대한 지침이 될 수 있는 생생한 실제 경험을 부인한다기보다는 오히려 그것의 필요성을 강조하게 되었다.

실제로 경험한 세계가 지니고 있는 본질을 존중하는 일은, 그것을 연구하는 사람으로 하여금 그것이 가지고 있는 성격과 일치하는 방법론을 적용할 것을 요구하게 된다. 연구자와 주제 사이에서의 상호 영향이 존재함을 추론할 수 있는, 경험에 기초한 연구는 그 어느것이 되었건 상호 작용을 연구하는 과제인 것이다. 연구자 스스로의 행위에 대한 바를 다뤄야 한다는 그러한 회귀적 측면은 언제나 존재하지만, 보다 전통적인 연구 보고 방식에 있어서는 종종 감춰지게 되는 연구의 전제 조건을 보여 주게 된다. 일단 연구자의 관점이 드러나게 되면 독자는 현재 착수해 있는 연구의 정확성과 통찰에 관해, 그 또는 그녀 자신의 지식이 가해진 제대로 된 결론에 도달할 수 있게 된다.

하지만 그러한 노출에는 위험성이 없지 않다. 섹스 산업은 다루기 골치 아프며 불편한 논제가 될 수도 있다. 폰섹스 업계에서 일하면서 연구를 해왔다는 것은, 폰섹스 산업의 종사자로서 일해 왔다는 말보다 단지 약간 덜 치욕스럽게만 인식되어 왔다. 섹스 산업과의 그 어떠한 관련성도 연구자를 외설적인 흥미라는, 가부장적 입장에서의 비난이라는, 그리고 총체적 평범화라는 공격을 받기 쉽게 만들어 놓은 채 연구자의 평판을 훼손시키는 듯 여겨진다. 이러한 것들은 스스로 어떤 것을 털어놓는 속성을 지니고 있는 사실상의 법칙들이며, 그것은——사람들이 입 밖에 내지 않고 공개적으로 비난하기까지 하는 것이지만, 여전히 인지되고 인정되며 대체적으로 지켜지게 되는——무언의 지침들로서 존재하는 것이다. 치욕스러움과 비난, 그리고 평범화라는 것은 학계를 불쾌하게 만들 수 있는 그밖의 어떤 연구와 마찬가지로, 섹스와 관련된 연구에 제한을 가하는 잠재적인 기능을 맡게 된다. 만약 그 내막을 털어놓는 조건이 무모한 것이라면, 노출증 환자들을 제외한 그 누구도 자신들을 면밀한 조사 대상으로 제공하려 들지 않게 될 터이다. 논란의 여지가 있는 연구를 비난하려는 시도는 흔히 보호를 가장하여 이루어지게 되지만, 보호한다는 행위가 가부장주의와 무지함이라는 가정을 함축하고 있듯이, 대개 보호를 해주겠다고 나서는 그 사람들이 최초의 판단을 내리게 되는 것이다.

논제의 선택은 그 자체로서, 그것이 세상에 모습을 드러내는 행위가 된다. 어떤 연구자가 어느 논제에 관한 것이 되었건 광범위한 연구를 수행할 때, 흔히 개인적인 관심사가 반영된다고 가정된다. 폰섹스와 같은 논제의 선택은 어떤 몇 가지의 가정을 해야 하도록 만드는 바로서, 이어서 일어나는 개인적 사항에 대한 폭로에는 위험성이 없지 않은 것이다.

학문적인 탐구는 면밀하게 조사되고 있는 그러한 생활에 대하여, 그것으로부터의 이탈과 그것과의 연루 두 가지 모두를 요구하게 된다. 이 연구는 특히 그것 자체의 맥락이라는 자연스러운 양상 속에서 하나의 산업에 대한 탐구를 지향한다. 나는 이 연구의 시각과 발단을 독자에게 설명하기 위해서 나 스스로 이 업계에 대한 밀고자 역할을 떠맡고 있지만, 나 자신이 창피한 구경거리가 되는 일을 피하기 위해 노력해 왔으며, 그 결과 내 연구를 일화의 수준에 머물도록 한계를 정하고 있는 것이다.

나의 경험은 양쪽 어느편이 되었건 극단적인 주장들, 예컨대 섹스 산업은 선 또는 악, 선택 또는 착취, 성적 매력 또는 퇴폐 양자 중 어느쪽이 될 수 있다는 생각들에 대하여 특히 신용하지 않도록 만든다. 게일 루빈의 중요하면서도 설득력 있는 글인《섹스에 대하여 생각하기: 섹스의 질서 및 지배 관계에 있어서의 급진적 이론에 대한 소고》(1984)에서는 섹스와 관련된 상대성이라는 개념, 즉 모든 성적 행위들은 본질적 가치나 퇴폐성을 가지고 있지 않다는 견해를 개관하고 있다. 비록 이 개념이 아주 유용하다는 사실은 알고 있지만, 나는 그 개념의 사용을 분석적인 수준으로 제한한다. 경험적인 측면에서 말하자면, 나는 섹스와 관련된 상대성이라는 것은, 종종 개인들의 건강에 본질적인 기능 장애를 일으키는 어떤 성적 욕망들을 만들어 내는 실제 삶에서의 아주 특이한 경험들의 집합을 삼가여 표현하고 있다고 생각한다. 예를 들어 타인의 배설물을 먹는 것은 희귀한, 그리고 실로 후천적인 취향이다. 그러한 행위에 대한 혐오가 후천적이라는 주장은 이 분야에 대한 지식을 갖추지 못한 상태에서 단순하게 특권이 부여된 것이며, 이러한 행위의 경험적 결과로부터도 동떨어진 것이다. 그러한 행위는 종종 아주 심각한 심리적 기능 장애를 수반하고 있으며, 욕망 이외의 다른 이유에서 그러한 행위를 하는 사람들에게는 극도로 혐오스러운 일이다. 그러한 행위들을 '선택에 의한 것'으로 구분하는 일은, 그것을 유발시키는 갈등과 복잡성을 무시하고 있는 바이다.

돈은 흔히 혐오스럽거나, 또는 치욕스러운 행위에 대하여 동등한 보상을 해주는 존재로 여겨진다. 유감스럽게도 산출되는 현금은 과대 평가되기가 쉽다. 대부분의 섹스 산업 종사자들은 저축을 하지 못하며(《불로우와 불로우》, 1978) 많은 형태의 섹스 산업에서는 실제적 비용이 개입된다. 비교적 합법적이라 할 수 있는 폰섹스 업계의 사용자들조차도 의료 보험 혜택을 제공하는 경우가 드물며, 그들은 자신들이 산업 재해나 사회 보장 보험금을 지불해야 하는 의무로부터 벗어나 있도록 피고용자들을 업체에 속한 것이 아닌 계약 직원으로 고용하는 경우가 대부분이다. 이 업계의 종사자로서 나는 그러한 합의 사항이 지니고 있는 대다수의 불공평한 사례들보다 더 많은 것을 자각하게 되는 경향이 있었다. 연구자로서 나는 이 업계의 종사자들이 착취당한다는 느낌을 받지 않고 이러한 상황을 받아들이게 되는 여러 가지 이유들에 대해서 보다 더 잘 알고 있다. 개인적으로 자유로울 수 있다는 점과 종종 음성적인 수입으로서 세금을 내지 않는 넉넉한 현금을 만질 수 있다는 점을 포함하여, 섹스 산업에는 엄청나게 많은 유리한 조건들이 존재한다. 이 업계를 주목하고 있는 관찰자들의 눈에는 착취당하는 것으로 여겨짐에도 불구하고, 대다수의 참여자들은 그들이 체결해 온 밀약에 대하여 만족하고 있다.

판타지 공장의 내부로 들어가 보기

내가 사는 지역에서 비밀리에 발행되는 신문에 널려 있는 것이 '폰섹스 여자 성우'를 구한다는 광고였고, 나는 몇 군데를 지원했다. 내가 최초로 얻은 폰섹스 일은 녹음실에서 대본을 읽는 것이었다. 대본들 대부분은 예컨대 "남자 선생님이 사랑놀이에 빠진 여학생을 징계하다"처럼 성적인 '환상'을 노골적으로 드러내는 제재들이었다. 그 대본들은 대개 사회적 계층화라는 주제에 의존하고 있는 것으로서, 의사-환자·교사-학생·관리-시민의 주제가 제일 흔했다. '싱싱한' 대본들을 구하기 위한 노력이 있었지만, 그것들은 3분 길이의 사회적 계층화에, 클라이맥스를 향해 점진적으로 나아가는 구조를 가져야 한다는 점이 엄격하게 고수되었다.

이러한 녹음실에서는 또한 녹음된 다른 메시지도 만들어 냈다. 대본 하나를 예로 들면 그것은 "안녕 게리, 전 수잔이에요. 오늘 밤 전화 주세요. 제 번호는 976국에 1212번이에요"와 같은 내용이다. 이같은 메시지는 전화를 거는 사람의 이름과 번호를 짝지어 놓은 목록을 이용하여 되풀이된다. 전화를 해달라고 이름과 번호를 남기는 이 대사는 매우 '친근감을 주는' 것이었다. 이제는 그것이 속기 쉬운 것이라고 여기게 되었지만, 나는 신용 사기 사건들에 대한 의회 보고서(1991년, 미의회)를 읽기 전까지 그 책략을 기만적이라고 인식하지 못했었다. 이 메시지들은 이전의 이용자들, 또는 교제 상대를 구해 주는 다양한 서비스 및 잡지를 구독하거나, 독신 남성 고객 명단에 포함되어 있는 남자들의 전화 자동응답기에 남겨지게 되었다. 목적은 남성들로 하여금 그 여성이 개인적인 자격을 근거로 해서 전화를 했었다고 믿게끔 속이려는 것이었다. 그 남성의 욕망과 기대는 그가 앞에 붙어 있는 976이라는 국번이 무엇을 의미하는지 눈치채는 일을 불가능하게 만들고, 그 번호로 다시 전화를 하여 적어도 최소한도의 연결 요금이 발생토록 하는 동기를 제공하게 할 수도 있다. 자신의 어리석음에 대한 당혹스러움으로 인해 그는 그 요금 청구서를 놓고 논쟁을 벌이지 못하게 되는 것이다.

나 또한 다른 성우들과 마찬가지로 대본의 녹음을 완성시키는 성과에 따라 보수를 받았는데, 그것은 종종 예행 연습과 재녹음에 여러 시간이 소요되는 일이었다. 만족할 만한 정도의 녹음이 한번도 이루어지지 않을 때도 있었는데, 그러한 경우 성우는 보수를 받지 못했다. 표면상으로 우리는 '완성된' 3분짜리 테이프에 대하여 개당 40달러를 받는 것으로 되어 있었다. 하지만 비록 각각의 성우들이 3편에서 5편까지의 대본을 읽고 여러 차례 녹음을 하게 된다 하더라도, 하루 4시간의 녹음 시간 동안 1편 이상의 대본에 대한 녹음을 완성시키는 경우는 한번도 보지 못했다.

다른 성우들과 마찬가지로 나도 매주 나오는 구인 광고를 지속적으로 읽으면서, 내게 편리한 장소에 자리잡고 있는 지역의 폰섹스 구인 광고가 나오게 되면 거기에 지원을 했다. 폰섹스 산업 특유의 지원 절차는, 그 광고에 실린 전화 번호로 내가 전화를 하도록 되어 있었다. 그러면 자동응답기가 이름과 전화 번호·경험, 그리고 내가 낼 수 있는 특별한 목소리나 말투가 어떤 것인지 등에 관한 사항을 남겨 놓으라고 지시한다. 지원자들이 남겨 놓은 메시지들에서 회사는 그들이 원하는 특정 유형의 목소리를 가려 내게 된다. 한 여성이 몇 시간 이내에——모습은 본 적이 없지만 목소리는 들었을——나에게 고용되었다는 사실을 알리는 전화를 했기 때문에 내가 '합격된' 것은 분명했다.

출근 첫날, 나는 약 30분 동안 대기실에 앉아 있었다. 그동안 여드름이 잔뜩 난 키가 크고 아주 호리호리한 젊은이가 대기실 한쪽에서 광고 전단을 접어 스테플러로 찍으면서, 20대 정도로 보이는 보랏빛 머리칼에 펑크 차림의 젊은 여자와 이야기를 나누고 있었다. 그들의 대화는 그 폰섹스 회사의 사주가 비용을 대는, 곧 있을 파티에 관한 이야기에 집중되어 있었는데, 그 젊은이는 파티의 '보안요원'으로 일하도록 되어 있었다. 그들은 그 파티에서 손에 넣을 수 있는 매춘부들이나 마약에 대하여 아주 공공연히 이야기하고 있었다.

마침내 나를 면담하게 된 '재키'라는 여성은 굽이 높은 카우보이 장화에 길쭉하고 반짝거리는 귀고리를 포함, 미니 스커트가 딸린 흰색의 여성 기마경찰대원과도 같은 복장을 하고 있었다. 그 여성은 대략 25세 정도 되어 보였다. 젊은 나이와 그러한 복장에도 불구하고 재키는 만만치 않으며, 야망을 가진 직업 여성이라는 인상을 주었다. 그녀의 사무실은 비좁았지만 1급 상업 지구를 내려다보는 전망 좋은 창문이 나 있었다. 그녀가 하고 있는 사업의 성격에 어울리는 장난스러운 편안함을 증명이라도 하는 듯 사무실의 벽면들은 여러 가지 포르노그라피 영화의 포스터나 광고 전단들로 장식되어 있었다.

짤막한 자기 소개를 하는 동안 재키는 자신도 교환원으로 일을 시작했다는 말을 했는데, 그것은 나 역시 언젠가는 자신의 사무실을 갖게 될 수 있음을 암시하는 것일 수도 있었다. 이러한 이야기가 오가고 난 직후, 실제로 재키는 나를 같은 사무실용 건물의 다른 층에 자리잡고 있는 '전화일을 하는 방'으로 인도했다. 교환원들은 두 개의 층이라는 간격을 두고 있는 방의 배치에 있어서 뿐만 아니라 작업 시간에 있어서도 사무실의 직원들과 격리되어 있었다. 대부분의 교환원들은 사무실 직원들이 하루 일과를 마치고 퇴근한 이후에 출근해서 일했다. 재키를 포함하여 그 어느 관리 직원이건 내가 본 것은 처음 출근했던 날뿐이었다. 이러한 상황을 감안한다면, 승진되어 전화방을 벗어난다는 것은 딱히 불가능한 일은 아니라 할지라도 크게 가망성 있는 일로는 생각되지 않았다.

재키는 내게 한 주일 동안의 업무 계획표를 주고는 무슨 요일이라고 확정된 것이 아니며, 매주 바뀌게 될 5일 동안 오후 8시에서 다음날 새벽 4시까지 일하게 될 것이라고 설명했다. 그 다음 일요일에 한 주일의 근무가 시작되기 때문에 내 주간 업무 계획에 대한 통보는 목요일에 도착하게 될 것이며, 나는 어떤 업무 계획 요청이 되었건 그것에 대한 통보는 2주일 전에 해야만 했다. (이러한 요청은 대개 무시된다는 사실을 알게 되었는데, 그러한 경우 그 교대 시간을 채워 대신 일해야 하는 것은 내 책임이었다.) 재키는 또한 그 건물에 있는 승강기를 이용하려면 보안 카드가 필요하다는 사실도 알려 주었는데, 그 카드가 내게는 발급되지 않게 되어 있다는 것이었다. 대신 그 건물에 도착하면, 나는 아래층에 있는 공중 전화에서 수신자 지불 통화로 전화를 걸도록 되어 있었다. 요금 지불은 거부되어 통화는 하지 못하게 되겠지만 그것이 신호라는 것이 받아들여지게 되고, 그런 다음 감독자는 승강기를 아래층으로 내려보내 내가 타고 올라갈 수 있게 해주리라는 것이었다. 이러한 관행은 내가 설명을 들은 바로는 일하는 사람들을 '그들 스스로와 서로로부터' 보호하기 위하여 필요하다는 것이었다. 그러한 규제 없이는 우리가 건물에 들어올 권한이 없는 사람들(폰섹스 전화 이용자들과 같은)을 건물 안에 들여 놓으려는 유혹을 받을 수도 있다고 여겨졌던 것이다.

승강기를 이용하는 수법과 같은 것은, 이 회사가 전반적인 규칙이나 규칙의 제정에 대하여 가지고 있는 태도에 대한 훌륭한 예가 된다. 폰섹스 관리자측은 이러한 회사 규칙들은 엄격하게 지키는 반면에, 연방통신위원회(FCC)·전화 회사들·건물 관리, 그리고 그밖의 다른 규칙들은 철저히 무시해 버리는 것으로 악명 높았다. 승강기를 이용하는 이러한 예는 또한 관리상의 여러 모순된 점들 가운데 첫번째 것을 나타내 주는 바이기도 하다. 몇몇 규칙들은 의문이나 판단의 여지없이 지켜지면서 다른 것들은 무시될 때 우리가 어떤 종류의 규칙에, 그 또는 그녀가 직면해 있는지를 결정해야 한다면 어떤 일이 발생하게 될까? 마지못한 것이라 할지라도 전적으로 동의하거나, 또는 전적으로 동의하지 않는 것 둘 중 하나가 요구될 게 분명하다. '규칙의 일부에 대한 동의'란 자가당착에 해당하는 것이 된다.

재키는 그 일이 '섹스에 관한 노골적인 대화'를 수반하게 되는 것이며, '손쉬운' 일이라고 덧붙이면서 "오 자기, 당신 성기를 빨아 드릴게요"라는 식의 밸리 걸(독특한 유행어와 말씨로 풍속적 상징이 되었던 미국 소녀. 1982년에 대량으로 생겨났다) 특유의 말투로 실제 예를 들어 설명하였다. 훈련 같은 것도, 공식적인 견학 기간 같은 것도 존재하지 않았다. 재키는 다시 나를 승강기로 인도해 6층까지 내려간 다음, 긴 복도를 지나 한 방문 앞에 이르러 들어가게 해달라고 문을 크게 두드렸다.

그런 다음 나는 그곳을 담당하고 있는 감독자 낸시에게 소개되었는데, 그녀는 무무(원래는 폴리네시아 여성들이 입었던 길고 헐렁한 무명 원피스) 차림의 대략 50줄에 들어선 엄격해 보이는 여성이었다. 일단 나를 유능한 낸시의 손에 넘기고 나자, 재키는 지체 없이 자리를 떴다. 낸시는 내게 전화일을 할 때 어떤 이름을 사용하고 싶은지를 물었다. 비록 재키가 나를 '에이미'라고 소개했지만, 그것이 내가 직장에서 본명으로 불리게 된 처음이자 마지막이었다. 낸시는 이미 사용되고 있는 다른 사람들의 이름 목록을 내게 보여 주었다. 나는 나 자신의 가명을 무엇으로 하면 좋을지 아이디어를 얻기 위해 그 목록을 죽 읽어 내려갔다. 그 목록에는 생생한 성적 묘사를 하고 있는 것('오르가슴 장수')과 낭만적인 것('큰 멋쟁이 나비'), 신용에 관한 것('얇은 비단'), 그리고 심지어는 자동차와 관련된 것('포르셰')도 포함되어 있었다. 나는 그 의미가 모호한 '이사벨'이라는 프랑스식 이름을 사용하기로 결정했고, 낸시는 앞으로 사용할 칸막이를 고르라고 지시했다.

이 전화일을 하는 방에는, 비록 몇 개는 사용되지 않고 있었지만 6개의 칸막이가 여섯 줄로 늘어서 있는, 전체 36개의 전화 통화를 위한 자리들이 들어차 있었다. 각각의 자리들에는 번호를 한 사람만이 쓰게 되어 있는 두 대의 전화(주변에 있는 시설들보다 더 낡은 것으로 이리저리 실컷 사용해 온 사무실용으로 생산된 모델들로서 임차했거나, 아니면 중고로 구입한 것이 분명한)가 설치되어 있었으며, 출생 연도와 그에 일치하는 나이들, 그리고 어림잡아 계산한 고등학교 졸업 연월일이 적혀 있는, 마찬가지로 낡아빠진 대조표가 붙어 있었다. 곁에 있는 한 교환원이 사용할 전화기를 살균하도록 소독용 알코올을 내게 건넸다. 그녀는 또한 이용자들이 미성년자인지 아닌지를 가려내기 위하여 그들의 나이와 언제 고등학교를 졸업했는지를 먼저 물어야만 한다고 설명했다. 얼마 되지 않아 내 번호에 전화가 걸려 오기 시작했다.

설명을 들은 대로 그것은 대부분 손쉬운 일이었다. 외로운 이용자들은 나를 좋아했고, 동성애자가 아닌 이용자들이 그러했던 것처럼 은밀한 장소에서만 이성의 옷을 입는 성도착자(crossdresser)도 추가 요금을 부담하면서까지 단지 감사하다는 인사를 하기 위하여 다시 전화를 걸어 오기도 했다. 그러나 성적 감정을 일으키는 대상물에 집착해 있는 성도착자나 상대방을 지배하고 복종시키려 드는 성적 취향의 이용자들은, 내가 이야기를 끝내기도 전에 먼저 전화를 끊어 버린다는 것 또한 분명했다. 어느 시점에 이르러서 낸시는 조금 화가 난 기색으로 신참이기에 내게 손쉬운 이용자들만 상대하도록 해왔지만, 이제는 상대하기가 좀더 까다로운 이용자들의 전화도 내게로 돌리겠다고 선언했다. 습득해야 할 지식과 기교가 존재한다는 점은 분명했으며, 어떤 교환원들은 특정 유형의 이용자들이 전화를 좀더 오래 붙잡고 있도록 만드는 데 있어서 다른 교환원들보다 성공적이었다.

감독자가 자리잡고 있는 단이 높직하게 솟아 있다는 점은 그녀로 하여금 칸막이 안을 들여다보는 일을 가능하게 해주었지만, 다른 교환원이 또 다른 교환원이 작업하는 자리를 들여다보는 것은 어렵게 되어 있었다. 방 안에 있는 전체 칸막이들의 절반 이상이 찼던 경우는 한번도 본 적이 없었다. 대부분의 밤마다 12개 남짓의 칸막이들이 사용되었다. 감독자는 교환원들에게 그 주위에 최대한도로 많은 빈 칸막이가 존재하도록 서로간에 간격을 두라고 지시했다. 이같은 방식은 전화 통화를 하는 도중에 주변에서 나는 잡음을 최소화하는 데 도움이 되었지만, 다른 교환원들의 통화 내용은 여전히 들리는 상태였으며, 그들의 대화 방식을 듣는 일은 언제나 유용한 것이었고, 또한 흥미로운 것이기도 했다. 비록 내가 다른 교환원들과 어울린다는 것은 거리를 두고 있는 공간으로 인해, 그리고 걸려 오는 전화들로 인해 제한을 받긴 했지만 한가한 시간 동안 그들은 아주 친근했고 숨기는 것이 없었다. 농담처럼 주고받게 되는 공통적인 이야깃거리는 개인적인 성생활, 좋아하는 음식과 식당, 마약 그리고 여가 활동 등에 관한 것이었다.

때로 통화 내용이 감시를 당하기도 했지만, 그러한 감시 행위의 빈도는 그 교환원의 기교와 신뢰도에 따라 차이가 있었다. 실수를 자주 하는 몇몇 교환원들은 감시자만이 알 수 있는 부적절한 대화 내용으로 인해 끊임없이 질책을 받았다. 우리는 지국에 소속된 감독자들이 우리의 통화 내용을 감시하며, 우리 감독자들은 다른 도시의 교환원들만을 감시한다는 이야기를 들었다. 그럼에도 불구하고 나는 교환원들이 교대 근무중인 감독자들에 의해 감시를 받게 되었던 두 가지 사례에 대해서 알게 되었는데, 그 감독자들 스스로의 경솔한 언동으로 그러한 사례가 폭로되었던 것이다. 멀리 떨어져 있다는 사무실에 대한 증거의 부재와 연계시켜 볼 때, 이같은 사건들은 나로 하여금 그러한 지국 따위는 존재하지도 않는 것임을 믿게끔 만들었다. 하지만 이러한 책략은 익명의 감독 행위가 도처에 존재한다는 분위기를 조성하는 데 있어서는 성공적인 것이었다.

내가 받게 될 전화 내용에 대하여 내가 가지고 있는 생각의 단순함은 돌이켜 생각해 보면 놀라울 정도이지만, 나는 곧 내가 읽고 있었던 대본이 예외적으로 평범한 것이라는 사실을 알게 되었다. 폰섹스 산업에서 이용되는 연출 목록에는, 내가 개인적으로나 직업적으로 한번도 조사해 본 적이 없는 가학·피학성 변태성욕, 이성의 신체 일부나 의복·장신구에 집착하는 성욕 도착, 그리고 그밖의 다른 많은 유형의 성행위들이 포함되어 있었다. 나는 곧 폰섹스가 진정한 기교와 창의성을 요하는 일이라는 사실을 알게 되었다. 예컨대 발에 집착하는 성도착자와 10분, 혹은 그 이상의 시간 동안 통화하는 것에 대하여 상상해 보라. 하이힐과 스타킹을 벗고, 그런 다음 발톱에 칠한 에나멜의 색깔과 내 발가락의 모양이 어떤 것인지를 설명하는 데는 2분 남짓 걸린다. 이야깃거리가 모자라 속도가 떨어지거나 더듬거리기 시작하면 그 이용자는 전화를 끊어 버리게 되기 때문에, 나는 다른 교환원들의 이야기를 경청하면서 다양한 종류의 이용자들에 대하여 사용할 수 있는 세세한 기술과 시간 때우기 위한 이야깃거리들을 알기 위하여 그들에게 조언을 요청하기도 했다.

폰섹스 일에서 가장 큰 어려움은, 이성의 신체 일부나 의복·장신구에 집착하는 성도착이 의외로 일반적이라는 점이 아니라 그것에 대하여 대화를 나눈다는 상호 작용 그 자체인 것이다. 폰섹스가 가지고 있는, 서로 영향을 미친다는 본질은 그것을 매춘과 흡사한 일로 만들며, 그래서 교환원들은 흔히 '전화를 이용하는 갈보들'이라는 사실로 서로를 놀리기도 한다. 신참 교환원들은 자신들이 특정 이용자들에 대하여 느끼게 되었던 친밀감으로 인해 괴로워하는 경우가 흔하다. 자신이 매춘부로 일한다는 사실에 대해서도 숨기지 않는 한 경험 많은 교환원은, 자신은 그런 부류 중 하나가 아니라고 생각하려 애쓰는 그 누구든 다를 바가 없다는 점을 표명하는 일에 특히 여념이 없었다. 그녀는 "우리는 전화 갈보에 지나지 않아"라는 말을 덧붙이기에 앞서, "오 자기, 그건 정말 좋았어요"라고 매춘부들의 말투를 흉내내어 말하곤 했다.

폰섹스 교환원이라는 일자리를 얻는 데 있어서 나는 그 누구도 기만할 의도는 없었다. 나는 교환원으로 일했던 4개월 중에서 처음 2개월간의 경험에 대한 글은 쓰지 않을 작정이었다. 비록 내가 요점들을 기록해 두긴 하였지만 그것은 전적으로 다른 목적에서였다. 다시 말해 그것들은 개인적인 일지로서, 그리고 나와 통화했던 이용자들 중에서 다른 이용자들보다 좀더 상상력이 풍부한 사람들과의 대화에 기초한 소설적 이야기에 관한 영감을 얻으려는 목적으로 썼던 것이다. 내가 가지고 있던 의도가 변하였으므로 나는 다시 시작했을 수도 있었다. 나는 폰섹스 관리자라는 일자리를 얻어 내가 가지게 된 새로운 목표에 대하여 설명하고, 이러한 새로운 상황 아래에서 계속 일하면서 관찰할 수 있게 되기를 바랐을 수도 있었다. 그러나 실제적인 이해 관계가 존재한다. 불법적 행위를 한다고 알려져 있는 포르노그라피 산업(1974년 저술의 예를 볼 것)은 연구자가 주변에 어슬렁거린다는 사실을 기꺼이 받아들일 가망성이 거의 없는 것이고, 나는 이미 불법 행위를 목격하기도 했던 것이다. 내 경험으로 보면, 관리자들은 노동자들이 개인적으로 서로 영향을 미치게 되는 사안이나 대화에 대하여, 특히 급료의 비교, 태만함, 감독자에 대하여 고분고분하지 않은 태도 등과 같은 문제에 대하여 엄청난 통제를 고집함으로써 철저하게 노동자들을 억압했다. 내가 노동자들을 규합하거나, 또는 불법적인 사례들을 신고하려는 의도를 가지고 있지 않았기 때문에 나는 관리자들에게 내가 그러리라고 생각할 그 어떤 원인도 제공하게 되기를 바라지 않았다.

특권이 주어져 있는데다 백인에 중산 계급이며, 교육을 받았고, 중립을 지키는 노동자라는 내 입장은 언동이나 외모 그리고 행실에서 분명하게 알 수 있는 것이었으며, 직장에서 나는 그 점을 감추려는 그 어떤 가장도 하지 않았다. 실제로 내가 대학원에 다녔다는 점을 떠들고 다녀야 할 어떤 필요성도 존재하지 않았던 것이다. 그것은 적극적으로 자신의 권위를 확대하는 행위가 되었을 수도 있는 일이었다. 나 자신을 박사 학위 취득 예정자라고 말하는 것은 젠체한다고 여겨졌을 터였기 때문이다. 나는 또한 교육을 많이 받은 사람이자, 그리 중요하지 않은 노동자라는 내 입장을 폰섹스 산업을 위하여 다른 노동자들에게 그들의 경험을 설명토록 하는 데, 중재하거나 상담하는 데, 또는 보다 효율적인 훈련 방식들을 개발해 내는 데 이용하는 것도 피했다.

질문을 받게 되면, 나는 함께 교환원으로 일하는 동료들에게는 내가 대학원에 다녔다는 사실을 털어놓긴 했지만, 이러한 정보는 대개 제대로 받아들여지지 않게 되는 경우가 보통이었다. 그것은 동료 의식이 자리잡고 있던 곳에 대신 거리감이 자리잡도록 만들었던 것이다. 그들은 대개 열등감 섞인 어조로, 자신들은 학교에서 그리 신통치 않은 학생들이었노라고 고백했다. 나는 흔히 그들이 받게 되는 위안의 수준을 크게 높여 준다고 판단되었던, 학교에서 받게 되는 시달림과 고통스러운 점들에 대한 이야기로 그들의 고백에 응수하곤 했다.

이러한 적당한 '사기 행위'가 주는 혜택은 엄청난 것이었다. 폰섹스 교환원으로 일함으로써, 나는 단순히 그 행위가 이루어지는 상황뿐만 아니라 그 행위에 사용되는 자료들의 본질까지도 알 수 있게 되었던 것이다. 나는 전적인 관찰자, 또는 전적인 참여자 중 그 어느쪽도 아니었다. 이러한 상황은 복잡한 여러 가지 문제들을 일으키게 되기는커녕 탐구를 위한 것으로서는 이상적이었다. 결국 모든 참여자들은 관찰을 하게 되며, 모든 관찰자들은 참여를 해야만 하는 것이니 말이다.

윤리적인 측면의 탐구

 이 연구가 주는 혜택을 해악을 끼치게 될 가능성(아주 사소한 것이었던), 결과로서 이루어지게 될 연구의 가치(중요한 잠재적 의미를 지닌 것이었던), 그리고 해악을 끼치거나 범죄가 될 잠재적인 가능성(대단치는 않은 것이었던) 같은 당면해 있는 다른 변수들에 대비시켜 심사숙고하고 난 후, 나는 내가 폰섹스 교환원으로 일했던 기간 동안 수집된 자료들은 학계나 그 산업 종사자들 모두에게 마찬가지로 가치가 있는 것이며, 이 연구 결과를 발표하는 데 있어서 나 스스로가 겪게 될 신변 노출의 위험이, 비록 더 크지는 않다고 할지라도 내가 내 주제들을 노출시켜 온 위험과 동등한 것이라는 결론을 내리게 되었다.
 폰섹스 일을 하는 직장에서는 사람들의 본명은 입에 올려지지도 않으며, 알려져 있지도 않다. 내 연구에서 관찰 단계에 해당하는 기간 동안, 나는 내가 어느 특정한 개인이라는 정체에 속박되어 있지 않은 주변 환경과 과정 속에서 작업하고 있었기 때문에 익명성에 의해 지켜지게 되는 비밀에 대하여 감사하게 생각했다. 직장을 벗어난 곳에서 나는 다른 노동자들의 정체에 대하여 아는 바가 전혀 없었다. 내가 그 노동자들에 대하여 알고 있는 지식은 제한된 것이기 때문에 그들은 내가 내리는 윤리적 판단을 신뢰할 필요까지는 없다. 나는 그들이 어디에서 살았고 성장했는지에 대한 자세한 사항들을 밝혀내려는 어떤 시도도 하지 않았고, 그들의 본명과 그 일 이외에 가지고 있을 수도 있는 일거리에 대한 것, 배우자의 직업 또는 나중에 그들의 정체를 밝혀내는 데 이용될 수 있는 어떤 세세한 사항에 대해서도 캐물으려 시도하지 않았다. 이 연구 속에서 내가 정한 가명들은 함께 일했던 사람들이 직장에서 사용하던 것들이다.

심각하게 명예를 훼손시킴 없이 논의에 참가한 사람들이 불쾌감을 느끼거나, 그들을 기절초풍하게 만들 정도로 꽤 까다롭고 금기로 여겨지는 주제들을 논의해 본다는 것은 가능한 일이다. 불쾌하거나 또는 논쟁의 소지가 될 수 있는 생각들에 개인들이 노출됨으로써 어떤 방식이 되었건 손해를 보게 된다는 전제는 연구나 지식, 그리고 교육의 목적과는 정반대가 되는 일이다. 이러한 보호 정책은 그 업계에 종사하는 사람들이 연구에 대한 그 어떤 것도 알 수 없도록 막아야 된다고 명령하는 것만큼이나 모든 점에서 강력한 가부장주의를 상정하게 된다. 이러한 보다 새로운 가부장주의는, 그 업계에 종사하는 사람들이 자신들 스스로에 대한 통찰력을 가지지 못하도록 막는 일일 뿐이다.

개인적 또는 섹스와 관련된 문제들에 대하여 토론하는 데 있어서 아주 개방적인 견해를 가지는 사람들이 많은데, 이들에게 금기로 여겨지는 것은 거의 없다. 이 업계에 종사하는 노동자들이나 인터뷰에 응해 주었던 사람들 중 대다수가 공공연히 자신이 동성연애자임을 밝히고 있었으며, 사회과학적 연구가 몰고 올 수 있는 충격과 반감으로부터 이들 종사자들을 보호하기 위해 직권을 행사하고 있는 바로 그 행정관들이 충격을 받거나 혐오스러움을 느끼게 만들 수 있을 정도로 피어싱(piercing: 귀·코·배꼽·입술·눈썹 언저리 등에 작은 고리를 끼워 장식하는 것)이나 펑크 스타일의 머리 모양으로 자랑스럽게 몸치장을 하였던 것이다. 그러한 집단의 사람들이 진정 필요로 하는 보호는, 그들의 견해와 그들의 경험이 가지고 있는 실재성을 대표하게 되는 연구에 대한 검열을 하려 드는 청교도적인 판단으로부터의, 그리고 그들이 자주 겪게 되는 사회적 편견으로부터의 보호이다.

레인워터와 피트먼(1967년 저술)은 직업 윤리에 감독을 붙이지 않는 제도에는 하나의 '신조'가 요구된다는 점을 제안한다. 왜냐하면 "만약 우리가 결국 진실이 인간을 보다 자유롭고 자주적인 존재로 만든다는 점에 대한 믿음을 가지고 있다면, 우리는 일부 사람들이 우리가 폭로한 사실들이나 따돌리려는 행위들에 맞서 싸우기 위해 우리가 내리는 해석을 이용하게 되리라는 위험 정도는 기꺼이 무릅쓰게 될 터이기 때문이다. 만약 우리가 이러한 점에 대한 믿음이 없다면, 그 대신에 만약 우리가 진실이라는 것이 인간이 그러한 상황에 의존하는 일로부터 자유롭게 또는 자유롭지 못하게 할 수도 있다는 점을 믿는다면, 긴 안목으로 볼 경우에조차도 어쩌면 이러한 종류의 연구 주제는 피하는 게 나을 수도 있다."

나는 솔직한 질문이 우리를 자유롭게 만드는 일이며, 폰섹스 산업에 내가 직접 참여했다는 사실을 이용하는 것은 그러한 믿음에 있어서 내 신조로서의 역할을 하게 된다고 믿는다. 나는 폰섹스 산업과 관련을 맺고 있음으로써 내가 각오해야 할 위험은, 나와 함께 일하는 사람들이 익명으로 그녀 또는 그 자신의 삶에 대한 이야기를 나와 나눔으로써 당하게 될 수 있는 위험과 사실상 같은 것이라고 믿는다. 내가 그들에게 그들에 대한 질문을 할 수 있는 권리는 그에 대한 답례로서 기꺼이 나 자신 또한 그들의 질문을 받을 수 있으며, 그들이 나 자신에 대하여 물을 수도 있을 그 어떤 질문에 대해서건 기꺼이 답할 수 있고, 내가 그 산업에 참여하는 것과 관련된 모든 부분에 대하여 밝힐 수도 있다는 자발성으로부터 나오는 것이다.

연구 대상이 되는 사람들은 "'말대꾸를 하는' 능력이나 습관 두 가지 모두가 결여되어 있다"(레인워터와 피트먼, 1967)고들 한다. 연구 대상이 되는 사람들은 대개 자신들이 그것에 참여하는 것 이외에는 달리 선택의 여지란 없다고 이해하는 경우가 많은데, 그 점은 만약에 연구자들이 보다 높은 지위에 있거나, 또는 연구 대상이 되는 사람들이 의존하고 있는 기관들과 특별한 관계를 맺고 있는 것으로 여겨지는 경우에 특히 그러하다.(켈만, 1972) 연구자들의 권위에 종속되어 있는 참여자들이 상처를 입기 쉽다는 점은 사실이지만, 반면에 상처를 입기 쉽다는 그러한 점에 대한 평가는 연구의 위험성과 해악에 대한 판단을 내리게 될 때 합리적으로 이루어져야만 하는 것이다.

이들에 대한 보호를 지지하는 측의 견해가 가장 잘 적용되는 대상은 어린이들, 연구의 후원자측에 의해 고용된 사람들 또는 어떻게 해서든 연구 결과에 의존하게 되는 사람들에 대해서이다. 이들 보호를 지지하는 사람들의 견해는 또한 섹스 산업 종사자들, 배우자 없이 자녀를 길러야 하는 홀로 된 가장들, 집이 없어 거리에서 노숙을 해야 하는 사람들과 같이 낮은 사회적 지위에 처해 있는 사람들에게 적용될 수도 있는 것이며, 과거에도 그래 왔다. 하지만 낮은 사회적 지위에 있다고 판단되는 사람들이 보다 높은 지위를 차지하고 있다고 여기는 사람들에게 반드시 의존하게 되는 것만은 아니며, 사실 그들은 여러 면에 있어서 나머지 우리들에게 강요되는 제도적 참여의 여러 가지 특징들로부터 자유롭다. 내가 대학원생이라는 신분임을 밝혔던 동료 노동자들과 인터뷰 응답자들이 가장 자주 놀라움을 표시하게 되었던 점은——내가 폰섹스 노동자로 취직을 했다는 점 때문이 아니라, 박사과정에 있는 학생으로서 내가 맡고 있는 역할에——겸손하게 자신을 낮출 수 있는 나의 비범한 능력을 그들이 이해하게 되었던 부분에서였다.

이와 같이 설명된 맥락 속에서는 제도권 검열 부서에서 요구하는 사항들이 다소간 비현실적으로 여겨졌다. 그 검열 담당 부서는 이 연구를 다음과 같은 네 가지 조건부로 승인하였던 것이다. 첫째로, 나는 내 연구가 이루어지게 되는 곳을 가급적이면 대학 구내라는 하나의 장소를 조건으로 지정하여야만 했다. 하지만 인터뷰가 이루어지는 장소는, 시간과 의지할 수 없을 경우가 많은 교통 수단의 제한을 받게 되었던 지리적으로 광범위한 지역 출신 제보자들에게 편의를 제공할 수 있도록 융통성을 지녀야만 했다. 결과적으로 나는 제보자들을 그들의 집이나 식당, 일반 공원, 그리고 때로는 나 자신의 집과 같이 그들이 택하는 장소 어디에서나 만남으로써 그들의 요구에 적응해 나갔다.

나는 또한 인터뷰가 진행되는 동안 제보자가 정서적인 좌절을 겪게 될 경우에 대비하여 그를 병원으로 후송한다는 계획도 마련해 놓고 있어야 했다. 비록 자주 나의 준비된 병원 후송이라는 것이 아이러니라는 생각이 들기는 했었지만, 나는 이러한 요구에 동의했다. '극도로 노골적'이라는 표현이 그들 인물들의 성격을 가장 잘 설명한——공공연하게 문신을 하거나 피어싱을 한 동성연애자 또는 성전환자인 연구 대상자들과 인터뷰를 하면서, 성적인 문제에 대하여 그토록 공개적이고 정직한 그들보다 그저 평범한 학자일 뿐인 내가 혐오감과 불쾌감을 느끼며 정서적인 충격을 받게 될 가능성이 더 높을 것으로 여겨졌다.

그 검열 담당 부서는 또한 내 집 전화 번호 대신 대학 구내에 있는 내 연구실의 전화 번호로 신문 광고에 내는 전화 번호를 바꾸라고 요청하기도 했다. 공교롭게도 나는 연구실이나 연구실 전화 그 어느쪽도 가지고 있지 않았기 때문에 이러한 요구에 응할 도리가 없었다. 마지막 요구 사항은 이미 내게는 금지된 일인, 연구 대상자들을 모으는 데 사용된 신문 광고의 사본을 마련해 두라는 것이었다. 물론 나는 이 연구가 진행되는 동안 각각의 인터뷰 응답자들로부터 문서화된 승낙서를 받아두는 일을 포함하여 모든 실질적·윤리적인 연구의 요구 조건에 따라 행동하였다.

문헌 분석

이 연구의 참여자로서 관찰 단계 동안 나는 또한 포르노그라피와 관련된 문헌들을 깊이 있게 파고들기 시작했는데, 그것은 일차적으로 이성의 신체 일부나 의복에 집착하는 성도착자들과의 대화에서 통화 시간을 연장할 수 있는 아이디어를 얻기 위한 것이었다. 내 연구를 위한 착상이 떠오르기 시작하면서, 내 관심의 초점은 포르노그라피와 관련된 환상의 구조와 내용의 이해라는 새로운 목표로까지 넓어지게 되었다.

내 자료의 원천은 《플레이보이》·《펜트하우스》·《허슬러》·《포럼》, 그리고 포르노용품점이나 소규모 전문용품점에서 찾아볼 수 있는 대다수의 특별판 그림 잡지들이 포함되어 있었다. 마침내 나는 포르노그라피와 관련된 경험을 다룬 주류 문학작품이나 대중 잡지에 실린 기사들, 그리고 폰섹스에 대한 여타의 참고 문헌들까지도 포함시키기 시작했다. 2명의 폰섹스 참여자들 사이에서 오간 대화를 소재로 하는 서간체 소설인 《목소리》(베이커, 1992)와 같은 대중 소설들은, 적절한 흥미와 함께 폰섹스 및 포르노그라피와 관련된 경험이 공통적으로 가지게 되는 개념들을 드러내어 보여 주는 것이었다.

나는 또한 갖가지 성인용 서적을 판매하는 서점에 대략 20여 차례 드나들기도 하였다. 처음으로 들른 곳은 로스앤젤레스 서쪽과 할리우드 서쪽의 상류층 거주 지역에 있는 몇몇 상점들로서, 바이브레이터[전지를 이용하는 진동 장치가 달려 있으며, 발기한 남성 성기 모양의 마스터베이션 도구]와 공기를 주입하여 부풀릴 수 있는 실물 크기의 인형, 양가죽 수갑, 여성의 나체를 주로 게재하는 누드 잡지, 동성애자용 누드 잡지, 그리고 예술을 가장한 포르노 사진책 등과 같은 다양한 종류의 '성인용 장난감들'을 갖춰 놓고 있었다. 그런 다음 하나는 로스앤젤레스 국제 공항 근처에 있으며, 다른 하나는 할리우드 중심부에 있는 것을 포함하여, 포르노그라피와 관련된 좀더 본격적인 제품의 소매점들에 대한 탐색을 시작했다. 나는 또한 네바다 주의 라스베이거스에 있는 한 상점을 탐색하기도 했는데, 그곳에서 나와 주차장을 걸어 지나는 동안 그 상점에 온 몇 명의 젊은 남성 고객들로부터 잠시 괴롭힘과 위협을 당하기도 했었다. 비록 상점 지배인들은——어쩌면 내가 감시나 정치적 비난을 하기 위해 그들을 평가하고 있거나, 아니면 내가 그들의 단골 고객들을 위협하고 있다고 초조해하였을 수도 있다——때로 "뭔가를 구입하든가, 그렇게 하지 않으려거든 나가 달라"고 요구했던 적이 있기도 하지만, 대개의 경우는 내 존재를 무시하고 있거나 아니면 친절하게 맞이하기까지 했었다. 그러한 상점들은 대개 25센트에서 1달러까지의 입장료를 요구하는 것이 상례였지만, 여성 손님들에게는 입장료를 굳이 받으려 하지 않는 경우도 흔했다. 이러한 여성 고객 유치 작전에도 불구하고 스트립 쇼걸들이 껌이나 사탕을 사러 들르는 경우가 있었던, 스트립 쇼가 벌어지는 술집 옆에 있는 한 곳을 제외한다면 그러한 곳에서 나 이외의 또 다른 여성 고객을 한번도 본 적이 없었다.

만약 내가 제대로 작성된 대본들을 보게 되었을 때 그것이 제대로 된 것임을 알아볼 수 있게 하기 위해, 나는 이러한 '문헌 분석'을 나 자신이 포르노그라피 문헌에 등장하는 표준적인 대사나 이야기들에 익숙해지는 한 방법으로 이용했다. 궁극적으로 내 연구의 이 부분은 참여자로서 관찰하는 초기 단계부터 내 관찰과 인터뷰한 자료의 분석을 보강해 주는 데 기여했다. 예컨대 포르노그라피와 관련된 물품을 파는 각각의 상점을 찾아갈 때마다 나는 각기 다른 유형의 포르노 상품들에 할애된 공간을 포함, 상점의 상품 배치를 스케치했다. 이러한 배치도들은 성도착자나 상대방을 지배하고 복종시키려 드는 성적 취향의 고객들을 위한 상품이 포르노 시장의 대부분을 점유하고 있다는 이전의 주관적 견해의 경험에 근거한 타당성을 제공하는 것이 되었다.

섹스 산업에 대한 경험적 연구에는 옴짝달싹할 수 없는 함정이 존재하는데, 그것은 대단한 것이어서 "분명하고 뚜렷한 경험들이 모호한 추측들과 서로 뒤섞여 있고, 추측과 편견이 잘 알려져 있는 증거와 반대되는 것으로 나타나며, 인과 관계는 물론 동기와 수단·목적이 그것들의 진정한 관련성에 대한 분명한 이해도 되지 않은 상태에서 서로 연결되어 있다. 어디에나 단절과 중단·불연속성이 존재한다."(슈르츠, 1964) 포르노그라피 관련 자료의 내용에 대한 분석은 다양한 형태의 성행위들, 그것들에 포함되어 있는 육체적 행위들, 그리고 그것들에 딸려 있는 정서적·상징적 의미들 중에서 상대적으로 널리 퍼져 있는 것에 대한 정보를 제공해 주게 될 터이다. 이들 정보는 포르노그라피의 가치와 폐해를 두고 벌어지는 논쟁에 해결의 실마리를 던져 주게 될 것이다. 수정 헌법 제1항에서 규정짓고 있는 문제와 관련이 있건 없건간에 이러한 요인들은 현실과의 중요한 연결고리, 즉 토론의 내용과 관련된 부분에 대한 명문화의 기회를 제공하게 될 것이다. 그러한 정보는 또한 이같은 오락 체계가 가지고 있는 원인과 결과, 사회적 의미에 대한 아주 중요한 증거도 제공해 주게 될 것이다.

포르노그라피와 관련된 상품을 취급하는 대부분의 상점에서 《플레이보이》 또는 《허슬러》 같은 '덜 노골적인' 포르노그라피 잡지들은 일반적으로 그리 흔치 않은 것이라고 여겨지는 다른 형태의 것들, 말하자면 사회적으로 비난의 대상이 되고 있는 성적 취향이라 할 수 있는 가학·피학성 변태 성욕과 성도착·수간(獸姦), 어린이와의 섹스 그리고 다른 '성적 도착들'과 같은 주제들을 주요 내용으로 다루고 있는 잡지들과 나란히 진열되어 있다.(루빈, 1984) 이들 시장은 모두 합해 포르노그라피 관련 상품을 취급하는 상점들에서 잡지 소매에 할애된 공간의 대략 4분의 3을 점유한다. 이 잡지들은 좀더 일반적인 출판물들이나 비디오들이 입구 가까이에 자리잡고 있는 반면에, 좀더 생생하게 묘사적이며 좀더 전문적인 자료들은 대개 가장 안쪽의 진열대와 선반들까지 찾아 들어가야만 발견될 수 있는 방식으로 진열되어 있다. 가장 극단적으로 세분화된 내용의 출판물들은 뒷방이나 비밀 장소에

은닉되어 있는 경우가 흔하다.

폰섹스가 가지고 있는 매력들 중 하나라고 할 수 있는 것은, 그것이 없다면 포르노그라피를 이용할 수 없는 사람들에게 사이가 좋지 않은 이웃과 맞서야 하거나, 또는 포르노그라피 관련 상품을 취급하는 상점의 고객이라는 것을 다른 사람들이 알게 될 위험을 무릅쓰지 않고도 자유로운 자기 표현의 장이 주어진다는 점이다. 폰섹스의 발달과 동시에 일어난 일은 그것의 출현이 아주 잘 광고가 된 것이기도 한, 동성애가 아닌 정상적인 성적 취향을 가진 사람들의 수요에 맞추는 것을 전문으로 하는 보다 덜 노골적인 포르노그라피 제품을 파는 성인 상대의 상점들, 섹스 관련 상품만을 전문적으로 취급하는 소규모 판매점들, 그리고 소매점들이었다. 이러한 소규모 전문점들의 대다수는 섹스 관련 상품들을 취급하는 상가에 드나드는 일을 꺼릴 수도 있는 고객들을 끌어들이고 있는 통신 판매점들이다. 다른 상점들은 그리 노골적이지 않은 상품들을 취급하는 소규모 전문점들로서, 로스앤젤레스의 멜로스 구역처럼 유행을 따르며, 젊은층을 겨냥하는 소매점들이 밀집해 있다는 특징을 지닌 지역들에 자리잡고 있다. 흔히 그러하듯 섹스 관련 용품점들이 밀집해 있는 지역의 험악한 분위기를 대면하게 되는 것을 내켜하지 않거나, 또는 그럴 수도 없는 일반 시민들 대다수가 한때는 손에 넣을 수 없는 것이었던 바이브레이터나 공기를 주입하는 인형들을 이제는 가질 수 있게 되었다. '외투 안에 숨겨 가지고 다니면서 파는' 전통적인 시장이, 집에 앉아서 통신망을 이용하여 쇼핑할 수 있는 기술의 영역으로 진전되어 온 것이다.

현존하는 출판물들의 내용을 분석하는 것과 같은 조심성 있는 방식은, 보다 많은 것을 침해하게 되는 여타의 방법들보다는 윤리적으로 중립을 지키는 것이 되지만, 그 조심성을 유지하는 방식들조차도 방법론상의 결함에 대한 위험성과 기회를 제기하게 된다. 로스앤젤레스는 도시화된 하나의 거대한 공동체로서, 어쩌면 미국 내의 다른 도시들과는 다를 수도 있다. 라스베이거스도 대표성에 대한 그 어떤 비교도 허용하지 않는데, 그 도시 또한 하나의 독특한 환경으로서 섹스와 관련된 시장이 매우 발달해 있으며, 뜨내기 고객들의 요구에 맞춰 나가고 있는 곳이다. 이와 같이 나는 포르노그라피에 대한 무작위 표본 추출을 하지 않아 왔다는 점을 주장하는 것이다. 대신에 내가 얻어낸 바는 단순히 가장 널리 퍼져 있으며, 손에 넣기 쉬운 유형의 문헌들이 가지고 있는 내용에 관한 일련의 관찰들이다.

개괄 가능성이 지니고 있는 문제점들에 덧붙여서, 나는 또한 분류 도식의 발전에 있어서의 선입견이 가지고 있는 문제점들에 직면하게 되었다. 포르노그라피의 어느 특정 양상이 지니고 있는 의미에 대하여 내릴 수 있는 가능한 해석들만큼이나 다양한 포르노그라피의 소비자들 사이에서의 취향이 존재하게 된다. 주류를 이루는 성적 취향이니 변태니 하는 것은, 그것들을 보는 견해와 그것들이 처해 있는 맥락 및 역사의 문제이다. 비록 나는 도덕적으로는 중립을 지키는 상태로 남으려 노력했지만, 참여자들 스스로가 아무런 의미도 찾아내지 못하는 것에 대하여 어떤 의미를 부여한다는 일은 위험천만한 작업이다. 때때로 나는 이해의 기준으로서 사회적 가치·합법성 그리고 도덕성에 관련된 판단을 이용하고 있는 나 자신을 발견하게 되었다. 충분한 가치를 지닌 행위들을 중립적인 입장에서 보고, 그것에 대한 판단을 내림 없이 의미를 부여하려 드는 것은, 내가 회피하지 않았기를 바라고 있는 만만치 않은 무거운 부담이었다.

이용자들과 함께 진행하는 연구를 통하여, 나는 포르노그라피 관련 상품들을 취급하는 상점들이나 서점들·도서관들에서 나 혼자의 힘으로는 얻어낼 수 없었을 폰섹스 업계에서 사용되는 어휘를 발견해 냈다. 내 폰섹스 고객들이 계속 흥미를 지속하도록 만들어 보려는 열의는, 그렇지 않았더라면 내가 그저 지나쳐 버렸을지도 모를 분야에 대하여 관심을 집중하도록 만들어 주었다. 예를 들면 나는 경솔하게도 포르노그라피 시장에서의 배설과 배변 기능을 담당한 부문에 대하여 자세히 연구하는 것을 의도적으로 피하고, 그 대신에 배설자가 배설 행위의 상대가 되는 쪽을 억압하면서 힘을 과시한다는 고전적인 페미니즘의 해석 태도를 취했을 수도 있는 것이다. 그렇게 하는 과정에서 나는 이러한 유형의 환상이 가지고 있는 의미심장함과, 이 산업에서 그것의 시장 점유율이 어느 정도인지를 인지하는 데 실패했을 것이며, 또한 그러한 환상에 부수되기 마련인 줄거리에도 분명히 나타나 있는 동기, 즉 배설과 관련된 환상들조차도 궁극적으로는 순결함과 천진무구함, 욕망과 수락에 관한 것임을 놓쳐 버렸을 수도 있었던 것이다. 나는 내가 압박을 받게 되기 전까지는 이러한 특정 환상에 대한 연구를 속행하지 않았으며, 결과적으로 이 내밀한 사회적 상호작용의 잡다한 집합 속에 내재하는 주제의 깊이와 의미를 시야에서 놓치게 되는 위험을 무릅쓰게 되었다.

환상 속의 여성들과의 인터뷰

이 연구의 참여자로서 관찰 단계에서 나는 나중의 인터뷰에서 적절한 질문을 할 수 있도록 하기 위하여 주변 상황이 가지고 있는 가설들·용어들 그리고 전반적인 조건들 중 얼마간에 대하여 알 수 있게 되는 기회를 얻을 수 있었다.(베커와 기어, 1957) 그것은 내가 적절한 질문을 하여 인터뷰의 초점을 잡아 나갈 수 있도록, 중요한 문제들에 대한 직접적이며 실질적인 정보를 제공하였다.

인터뷰 응답자가 될 수 있는 가능성이 있는 사람들과 연락을 취하기 위하여, 나는 전화 성우들을 구하는 구인 광고를 대개 두 페이지가 꽉 차도록 싣는 무가의 지역 신문 《LA 위클리》의 구인 광고란에 광고를 실었다. 다음과 같은 내용의 그 광고는 4주 연속으로 그 신문에 게재되었다.

전화 성우: 박사과정에 있는 학생이 폰섹스 '대화자들'과 인터뷰를 하고자 함. 남자 또는 여자 가능. 인터뷰에 응하시는 분에게는 시간당 20달러를 지급함. 에이미〔전화 번호〕.

1개월이라는 기간 동안 나는 대략 2백여 통의 전화를 받았다. 《LA 위클리》는 상당히 고정적인 독자들을 확보하고 있음이 분명했는데, 그 까닭은 걸려 온 전화들이 그 진지함이나 빈도가 점차 감소했기 때문이다. 이 광고가 처음 나갔을 때, 나는 나에 대하여 싫증을 내게 되기까지 약 8주가 걸렸던, 집요하게 음란 전화를 걸어 온 몇 명의 사람들을 알게 되었다. 그 결과 나는 응답자들의 적격 여부를 심사하기 위하여 전화 자동응답기를 이용했다. 만약 남겨진 메시지가 충분한 일관성을 갖추고 있는 것이라면, 그 번호로 전화를 걸어 내가 남캘리포니아대학교에서 박사과정을 밟고 있는 학생이라는 점을 설명했다. 나는 인터뷰 대상이 될 사람들에게, 만약 그녀 또는 그가 참여하는 쪽을 선택한다면, 이름이

나 본인임을 확인할 수 있는 그 어떤 인적 사항도 비밀에 부쳐질 것이며, 인터뷰는 대략 1시간 정도 소요되고, 녹음될 것이며, 정보제공자들은 서면으로 된 동의한다는 서식에 서명해야만 할 것이라는 사실을 알렸다.

또한 나는 내가 습관적으로 인터뷰 대상자를, 대개 어두운 조명과 다른 사람의 눈에 띄지 않도록 가죽으로 칸막이가 된 좌석들이 갖춰져 있는 것으로 알려진 레스토랑 체인점 햄버거 햄릿 같은, 어느 정도 남의 눈을 피할 수 있도록 되어 있는 공공 장소에서 만난다는 점을 설명하곤 했다. 한 응답자는 나를 시민 공원에서 만나기를 원했고, 몇몇은 어린아이가 딸려 있어서 그들의 집이나 내 집에서 만나는 쪽을 택하기도 했다.

내 연구 계획을 설명하는 동안 나는 응답자들이 이 업계에서 일한 경력이 있는지, 즉 만약 한 곳 또는 그 이상의 회사들에 취직해 있었다면 그들이 현재에도 고용되어 있는 상태인지, 얼마나 오래 고용되어 있었는지의 여부에 대하여, 그리고 그들이 집에서 일했는지 아니면 사무실에 나가 일했는지의 여부에 대하여 엄밀히 조사하곤 했다. 나는 이러한 자기 소개에 해당하는 대화를, 그 응답자가 정보제공자로서 적합한지를 평가하는 데 이용했다. 그리고 세세한 부분에서의 일관성에 의해 드러나게 되는 언어 능력, 허심탄회함과 정직성 같은 특성들을 찾아보려 했다.

참여자로서의 관찰 단계 동안 나는 가장 성공적인 몇몇 교환원들과 그들이 고객을 대하는 말씨들을 관찰해 왔고, 후일 내가 그에 대한 적격 심사를 받게 되었던 몇 가지 특성들에 대하여 익숙해지게 되었다. 그렇게 함으로써 나는 응답자 선발에 관하여 비판받을 소지를 남기게 되었다. 비록 나는 말주변이 좋은 모든 응답자들과 인터뷰하는 쪽을 선호했을 수도 있었지만, 예산과 시간은 그것을 불가능하게 만들었던 것이다. 인터뷰 횟수를 최소한도로 제한해야 한다는 필요성과 사기성이 게재되어 있는 몇몇 응답자들의 의도를 감안하여 나는 가장 이야기하기를 좋아하며, 이야기에 어떤 초점을 지닌 이용자들을 의도적으로 선택했고, 마침내 20회의 인터뷰를 실시했는데, 그 중 한 번은 친구 사이로서 인터뷰에 함께 오는 쪽을 택한 2명의 교환원들도 포함되어 있었다.

내가 낸 광고에 대해 반응을 보인 2백 명으로 추산되는 사람들의 약 40퍼센트 가량이 남성들이었고, 그들 중 대략 80퍼센트가 정보제공자로서 적절치 못한 사람들이었다. 약 5분의 1이 폰섹스 대화를 하고 싶어 안달이 난 대학원생을 발견했다고 생각하는 식으로 광고를 잘못 이해하여 자못 품위를 지키면서 도움의 제공을 자원하는 전화를 걸었고, 5분의 2는 폰섹스와 관련된 맥락에서 여성의 이름과 전화 번호를 보자 음란 전화를 거는 식으로 반응을 보였으며, 5분의 1은 남성들로서 개인적 또는 금전적 이유에서 나로 하여금 자신들은 여성들과의 이성애 폰섹스 대화를 함으로써 급료를 받고 있었던 폰섹스 교환원들이라고 믿도록 만들려 했던 것이다. 나는 그러한 서비스를 제공하는 회선이 단 하나 존재한다는 사실을 알고 있었으며, 그것은 그 번호에서 일하는 모든 교환원들이 여성들이나 동성애 남성들 모두와 폰섹스 대화를 하도록 요구하고 있는 것이었다. (사실상 폰섹스 서비스를 제공하는 번호에 전화를 거는 여성들은 거의 없으며, 있다 하더라도 그들 대부분은 레즈비언 교제 상대를 찾고 있는 사람들이다.) 광고를 보고 전화한 대략 80여 명 가량의 남성 응답자들 가운데 12,3명 정도가 성실한 응답자들로 나타났으며, 그들 중에서 내가 인터뷰한 사람은 단지 2명뿐이었다.

광고에 반응을 보인 여성 응답자들의 약 10퍼센트가 전일제 일자리를 제공하겠다는 것으로 그 광고를 잘못 이해한 폰섹스 교환원들이었는데, 단 한 차례의 인터뷰를 하는 것에는 관심을 보이지 않았다. 다른 20퍼센트의 응답자들은 주의 깊게 내 설명을 듣고 나서는 비밀이 보장되는지, 남캘리포니아대학교가 관련되어 있는지, 만날 장소의 안전함 또는 편의성 등에 대하여 물으면서 인터뷰 참여를 거절했다. 나머지 응답자들의 대략 절반 정도가 인터뷰 상대가 될 수 있기에는 지나치게 엉터리였거나, 제대로 의견을 말하지도 못했거나 또는 경험이 없었다. 인터뷰 날짜를 잡았던 응답자들 중에서는 4명에 1명꼴로 약속 장소에 끝내 나타나지 않았다.

21명의 응답자들이라는 내가 뽑은 표본에는 2명의 백인 남성과 아직 수술을 받지 않은 상태의 이성화(異性化)를 원하는 백인(그녀가 선택코자 하는 성별의 범주에 대하여 의도적으로 모호한 태도를 취하는 것처럼 여겨졌던) 1명이 포함되어 있었다. 그 나머지는 여성들이었으며, 따라서 나는 교환원들을 대체적으로 '그녀'라는 호칭으로 언급하기로 한다. 11명의 여성 정보제공자들은 흑인이었으며, 7명은 백인이었다. 흑인 정보제공자들 가운데 몇 명은 내 표본에서 흑인 여성들이 적절한 대표성을 지니게 될 것인지에 대하여 우려를 표시했고, 대부분의 정보제공자들은 나 또한 관찰한 바 있는 사항인, 이 업계에서 흑인 여성들의 분포가 우위를 차지하고 있다는 사실을 언급했다. 비록 라틴계와 아시아계 전문 회선들이 존재하고 있긴 했지만, 정보제공자들 중에 라틴계나 아시아계는 1명도 없었다. 로스앤젤레스에 있는 최소한 두 개의 폰섹스 회선들은 다양한 문화적 배경을 가진 교환원들을 전문적으로 고용하고 있지만, 내가 인터뷰한 그 누구도 두 나라말 또는 두 문화를 함께 사용하여 대화를 진행하는 사람은 없었다.

폰섹스 교환원들의 외모는 아주 다양하다. 일부는 시간제로 일하는 대학생들인 반면, 일부는 야간에만 근무하는 혼자서 아이를 키우는 부모들이기도 하다. 일부는 폰섹스 전화 회선을 이용하여 자신의 단골을 늘리고 있는 스트립 쇼 출연 여성들이나 매춘부들이기도 하다. 일부는 자신들을 날씬한 사람으로 가장한 뚱보들이거나, 일부는 이성애 여성을 가장한 남성들이거나, 동성연애자를 가장한 동성연애자가 아닌 남성들이거나, 아니면 백인을 가장한 흑인들이다. 내가 일을 시작한 지 얼마 되지 않았을 때, 한 이용자가 환상 속의 여인을 흑인 여성으로 원했다고 내게 불만을 호소했다. 나는 방 건너편에서 걸려 오는 전화를 분배해 주는 담당자에게 전화를 걸어, "이 이용자는 흑인 교환원을 원한다"고 말했더니 그 방 안은 웃음바다가 되었다. 내 말에 대한 대답은 "그렇다면 다시 수화기를 들고 당신이 흑인이라고 하면 되지"라는 것이었다.

나와 인터뷰한 모든 정보제공자들은 최소한 6개월 정도의 경력을 지닌 사람들이었으며, 약 절반 정도가 이 업계에 5년 또는 그 이상 몸담고 있는 사람들이었다. 업체들은 사업을 시작했다 망하기도 하고, 관리자나 업주가 바뀌기도 하며, 갖가지 사기 행위로 인해 벌금을 물거나 영업 정지를 당하기도 했는데——이러한 모든 일은 빈번하게 일시적 해고를 당하고, 재취업을 해야 하는 원인이 되었던 것이다. 직업의 불안정한 성격을 감안한다면, 다수의 교환원들은 더 높은 급료와 더 나은 근무 시간, 보다 우호적인 관리 체계, 또는 이동한 대가로 받게 되는 여타의 장려금이 제공될 수도 있는 다른 자리를 습관적으로 여기저기 알아보게 되는 것이다. 이처럼 일자리를 자주 옮기게 된다는 것은, 이 업계에 종사하는 엄청나게 많은 수의 온갖 종류의 사람들이 《LA 위클리》를 훑어보고 있다는 사실을 의미하며, 그것은 또한 내게 엄청나게 넓은 범위의 업체들을 거친 경력의 정보제공자들과 인터뷰를 할 수 있게 했던 것이기도 하다. 내가 인터뷰를 했던 교환원들은 각기 평균 세 개의 업체에서 일한 경험이 있는 사람들이었다. 비밀을 유지하려는 내 노력의 일부로서, 나는 그들이 고용되었던 업체의 명칭을 따로 수집해 놓지 않았으며, 그렇기 때문에 그들이 고용되었던 업체가 어떻게 중복되는가 하는 점에 대해서는 추측해 볼 도리가 없다.

한 정보제공자는 어떻게 해서 자신이 폰섹스 교환원을 하게 되었는지 그 연유를 다음과 같이 설명했다.

LA에서 할 만한 그밖의 모든 일들을 살펴본다면, 당신은 정말로 그 업계에서 일할 도리밖에는 달리 선택의 여지가 없는 것이지요. 내가 가지고 있는 그 어떤 기술로도 나는 시간당 겨우 3달러의 급료(해외로부터의 이주자인 경우)를 벌어들일 수 있을 뿐이거든요. 그래서 그것은 내가 해볼 수 있는 유일한 일이었고, 처음에는 재미도 있었어요. 나는 여기 두 발을 높직이 걸쳐 놓고 앉아 있지요. 나는 독서를 할 수도 있고, 한잔 할 수도 있고, 담배를 한 대 피우면서 내 책상에 놓인 재떨이에 재를 털 수도 있지요. 전화 벨이 울리면 나는 어떤 괴짜와 통화를 하면서 온갖 잡다한 이야기를 나누고는 한 시간에 10달러를 받아요——이건 대단한 거지요.

나와 인터뷰한 정보제공자들의 거의 절반이 가장 최근에 할리우드에서 그 일을 한 적이 있었으며, 다섯은 웨스트 로스앤젤레스에서 일했고, 그 나머지는 산 페르난도 밸리에서 일했다. 도시 물정에 가장 밝고 포르노그라피에 대하여 무지하지 않은 것이 분명한, 할리우드에서 일했던 응답자들은 성전환자들과 이성의 신체 일부나 의복에 집착하는 성도착자들을 전문적으로 상대하는 회선을 담당했던 표본들의 대부분을 대표하고 있었다.

비밀을 지키겠다는 것을 동의하는 문서에 서명하는 일은, 그 인터뷰에 참여토록 유도하는 것 이상으로 긴장을 조성하는 원인이 되었다. 때로 그러한 서식을 채우도록 제안하는 것은 좋건궂건 연구자로서의 내 입장에서 그 직무를 행사하는 데 기여하는 것이었으며, 그것은 내가 단 한 차례 인터뷰 대상자의 성(姓)을 묻게 되는 때였던 것이다. 만약 인터뷰 대상자가 주저하는 빛을 보이게 되면 나는 가명으로 서명할 것을 제안하였는데, 정보제공자 중 2명은 그렇게 하기도 했다. 인터뷰 내용을 녹음하고 나면 나는 그것들을, 전문적으로 말하자면 글자 그대로 하나도 바꾸지 않고 문자로 옮기고 나서는 그 테이프들을 파기했다. 비밀 준수에 동의하는 문서를 제외하면, 내 연구에 정보를 제공한 사람들의 인적 사항에 대한 어떤 기록도 남아 있지 않게 되었다.

인터뷰는 정보제공자들이 자신들의 일에 대한 인식과 그것이 그들의 삶에 미치는 영향에 초점을 맞췄다. 대부분의 질문들은 회고하는 형식으로서, 그 업계 종사자들에게 폰섹스 교환원 일을 시작하기 이전에 그들이 가지고 있었던 개인적 현실이나 태도들을 기억해 내며, 지금의 현실 인식에 대비시켜 그들의 기억을 비교해 보도록 요구하는 것이었다. 과거를 회상하는 형식의 응답이 가지고 있는 어려움이란, 단지 이들 특정 응답자들로 인해 내가 직면하게 되었던 해석상의 문제점들 중 하나에 지나지 않는 것이었다.

폰섹스 교환원으로서 보다 더 큰 사회 속에서 살아간다는 것은, 폰섹스업계 종사자들을 천시하는 사회적 태도에 대한 저항을 필요로 하는 일이다. 폰섹스 교환원은 '이웃집 여자' 같은 역할을 할 수 있고, 그러한 역할을 해내는 경우가 흔하며, 이용자들은 '당신과 같은 여자'가 그러한 일을 한다는 사실에 놀라움을 표시하게 되는 경우가 흔하다. 이같은 이용자들을 상대로 일을 해나가기 위해서 교환원들은 매춘 행위라는 오명을 극복해 내어야만 한다. 그들은 또한 그들의 직업에 대하여 그들 삶의 다른 영역에 존재하는 국외자들에게 정당한 것으로 여겨지도록 만들거나, 아니면 그들의 직업에 대하여 거짓말하는 쪽을 택하든가 해야 한다. 그 결과 다른 섹스 관련 산업 종사자들과 마찬가지로 폰섹스 교환원들은(헨슬린, 1977) 흔히 자신들과 자신들의 직업, 그리고 자신들의 도덕성을 정당한 것으로 만들기에 여념이 없기 때문에 방어를 위한 합리화가 아닌 정직한 대답을 이끌어 내는 일을 어렵게 만든다.

이 연구에서 내가 피하려고 노력했던 또 하나의 작은 장애물은, 현금 결제가 이루어지는 대다수 업계에 고용되어 있는 종업원들의 경우와 마찬가지로, 섹스 산업 종사자들은 대개 그들 자신들과 타인들에 대해 그들이 벌어들인 액수를 과대 평가한다는 사실과 관계가 있다.(1974년 저술 참조) 부동산·동산·저축의 형태로 되어 있는 장기적인 수입은 드물다.(《불로우와 불로우》, 1978) 섹스업계에서 벌어들이게 되는 수입의 실제 액수는 단기간에 현금을 챙기는 데 맛을 들인 사람들——정확히 그 산업에 가장 매력을 느끼고 있는 사람들——에게는 낮은 것인 경우가 흔하다. 교환원들의 하룻밤 근무에 대하여 회사에서 지급하는 1백 달러의 보너스에서부터 회사가 제공하는 사서함, 또는 개인 사서함으로 배달되는 현금·보석·항공권 그리고 란제리 같은 고객들로부터의 팁에 이르기까지, '좋은 벌이'를 하고 있다는 일화성의 사례들에 관하여 듣게 되는 경우가 자주 있었다. 그러나 나는 그러한 보너스들의 양이나 빈도가 과장되었다고 판단해 믿지 않았다.

 전체를 관통하는, 그렇지만 종업원들을 거치는 경우는 드문 현금의 흐름과 마찬가지로, 종업원들이 창출해 내는 사건들은 일시적인 것과 주목할 만한 것 두 가지 모두에 해당된다. 그 사건들과 그것들이 미치게 되는 영향은 전적으로 회상을 통해 얻은 허구이기 때문에, 그리고 그 회상된 영향들이라는 것이 어떤 교환원의 성취를 확인시켜 주는 데 기여하는 것이기 때문에 나는 대부분의 정보제공자들은 그들이 하고 있는 일이 타인의 삶에 주게 되는 영향을 과장하고 있었을 수도 있다는 점을 염려하게 된다. 그들은 자신들이 하고 있는 일을 만족스럽게 느끼기 위한 방편으로 스스로 효과를 과장하고 있었을 수도 있고, 아니면 나를 감동시키기 위하여 자신들의 이야기를 미화했을 수도 있으며, 아니면 좀더 간단히 말해 이야기를 보다 흥미롭게 만들기 위해 그랬을 수도 있었을 것이다. 인터뷰를 하면서 몇 차례에 걸쳐 나는 이러한 가능성을 자각하고 있었으며, 그러므로 그들의 이야기를 소개할 때 그 점을 일깨우는 주석과 함께 독자들에게 제공해 왔던 바이다.

 방심하지 않는 것만큼이나 신뢰하는 분위기 속에서 인터뷰를 하는 일이 중요하다고 믿기 때문에 인터뷰를 하는 동안 내가 만들어 내는 분위기는 자유로운 것이었지만, 그럼에도 불구하고 다른 한편으로 내 심중에서 모든 것은 다 신뢰하지 않는 상태로 남아 있었다. 비록 내가 미심쩍게 여기고 있는 부분에 대하여 교환원에게 대답을 요구한 적은 한번도 없었지만, 나는 내가 염려하고 있었던 점을 은밀히 주목하고 있었다.

 인터뷰를 하는 동안 유대감을 형성하고 신뢰감이 존재하는, 그리고 나도 관계가 있다는 분위기를 구축하기 위하여 나 자신의 비밀을 털어놓는 경우도 자주 있었다. 자기 자신의 비밀을 폭로하는 것이 주는 효과는 임상 및 상담심리학 분야에서는 충분히 연구된 것이지만, 사회과학 연구자들에 의해서는 어느 정도 그리 주의 깊게 해석되지 못하고 있는 분야이다.(데를레가, 1988) 상담을 하는 상황에서 쌍방의 자기 비밀 폭로의 정도는 상호간의 고백을 이끌어 내는 데 있어서 중요한 도구로서 뿐만 아니라, 치료자와 환자간의 관계에서 힘의 균형을 이루는 데 있어서도 또한 반드시 필요한 부분임이 입증되어 왔다.(윗킨스, 1990)

연구라는 상호 작용의 호혜성은 포르노그라피 자료들에 대한 주제넘지 않은 분석에서부터 참여자로서의 관찰에까지 이르는, 모든 단계에 있어서 정보 수집의 기본이 되는 것이다. 참여자/관찰자로서 내가 얻은 경험은 나에 대한 정보제공자들의 인식을 실질적으로 바꿔 놓는 계기가 되었다. 다수의 사람들이 내가 그들과 기질이 서로 맞는다는 느낌을 받았다는 점을 특별히 언급했는데, 그들은 내가 개인적인 판단을 피하려 든다고 느꼈고, 내가 자신들과 비슷한 감정을 공감하며, 유사한 상황과 씨름을 해왔다고 여겼던 것이다. "당신도 그런 경험을 했다는 것을 알겠군요"라거나 "에이미, 당신도 이런 걸 이해할 수 있을 겁니다"와 같은, 내 개인적인 경험 때문에 내가 그들의 반응을 이해하게 될 것이며, 나 자신의 경험에 대해서도 개인적인 판단을 피하려 들게 되리라는 것을 정보제공자들이 알 필요가 있다는 사실을 드러내 주는 일이었다. 이러한 신뢰는 세세한 부분까지 들어가면 흔히 그들이 경험하게 되었던 성적인 타락, 그들 스스로가 약자로 판단되는 사람들에게 가했던 잔인한 행위, 그 결과로서 나타나게 되는 죄의식 등이 포함되어 있는, 그들 이야기의 본질에 이르는 데 중요한 것이었다. 나 또한 폰섹스 교환원으로 일했던 적이 있으며, 유사한 현상을 겪었다는 사실을 만약 그들이 알고 있지 못했다면, 그들이 이러한 행위들에 관하여 그토록 솔직하게 털어놓았으리라고는 여겨지지 않는다.

인터뷰에서 거론된 몇 가지 중요한 화제들은 최초의 정보제공자들 자신들에 의해 시작된 것이었으며, 나중에 내 의문 사항 목록에 포함되었다. 최초의 인터뷰에서부터 나는 특정 교환원의 경험과 견해에 대한 이야기를 나누는 것을 사양하지 않았으며, 내 정보제공자들은 주요 문제들이 무엇인지를 밝혀내도록 도움을 주었다. 예를 들면 어떤 교환원은 몇 차례에 걸쳐 자신이 받아 왔던 선물들의 가치를 낱낱이 계산함으로써 자기에게 전화를 건 이용자들에게 그녀가 불러일으켰던 사랑과 애정이 어느 정도였는지 보기를 들어 설명해 주었던 것이다. 나를 고용했던 회사는 우편으로 선물을 받을 수 있는 사서함은 제공하지 않았기 때문에 인터뷰를 하기 전까지는 다른 회사들이 그런 것을 제공한다는 사실을 알고 있지 못했다. 교환원들 몇 명이 이러한 점에 대하여 내게 이야기하고 선물을 받는 것에 대한 그들의 입장을 정당화하고 난 다음, 나는 그 다음 정보제공자들에게 선물에 대하여 묻기 시작했다. 그런 다음에야 나는 그 정보제공자들이 선물을 보내 온 이용자들과 휘말려 있는 관계의 범위와 그들이 이용자들에 대하여 가지고 있는 태도에 대해서 알게 되었다.

이와 같은 사건들은 적어도 부분적으로는 인터뷰를 요구하는 사람으로서의 내가 정보제공자들을 그런 쪽으로 유도했다는 비난으로부터 나를 격리시켜 주게 된다. 나는 주제의 윤곽을 따라 꼬치꼬치 캐묻는 것을 좋아했으며, 주제라는 광맥과 범주상의 유사성을 찾는 탐광자(探鑛者)의 시선으로 인터뷰에 착수했다. 예를 들면 나는 정보제공자가 통화하기를 거부하고 싶었던 전화를 받은 적이 있었는지를 묻는 것으로써 인터뷰를 시작했다. 교환원들은 이러한 질문을 그녀들이 그 전화를 받기는 했지만 불쾌한 것이었다는, 되풀이하여 쟁점이 되는 논의로 재구성했다. 이 분석의 주요한 주제가 된 바이기도 한, 이러한 도덕적 진퇴양난에서 눈길을 끄는 본질적인 문제는 나중에 가서 세우게 되는 이론적 구성의 타당성에 대한 나의 주장을 예증해 주는 것이 된다.

민족지학적 통찰을 원용하는 목적은 상호 작용에 있어서 참가자들에 의해 이용되는 의미를 설명해 내기 위한 것이다.(스프래들리, 1979) 연구자들이 폰섹스 통화에서의 독특한 상호 작용을 해석해 내기는 특히 어려운 일인데, 그 의미는 이용자·교환원 그리고 연구자라는 각각의 참여자들에게 너무도 다른 것이기 때문이다. 예컨대 수간(獸姦)은 그것에 대한 대화를 요구하는 이용자에게는 만족감을 약속하는 황홀한 의미를 전달해 주는 것인 반면, 그 전화를 특정 대본에 대한 것으로 인지하게 되는 교환원에게는 습관적이 되어 버린, 일련의 현저하게 드러나는 사건으로서의 의미를 지닌 것으로 전달된다. 연구자에게 수간이라는 것은 다시 또 하나의 문화가 함축되어 있으며, 정치적 저의가 실려 있는 한 벌의 의미들이라는 것으로 전달된다.

그러한 행위가 지니고 있는 의미들을 해석해 내는 지적 과정은 폰섹스 산업 종사자로서의 나 자신의 반응에 대한 관찰을 시작으로 하여, 단지 이 연구의 완성과 함께 끝나 버리게 되는 하나의 과정인 정보 분석을 구체화시켰다. 이 과정 전체를 통하여 방법론은 경험적인 관찰에 의해 지속적으로 연마되고, 관찰은 이론과 실용성 그리고 타당성의 시험을 거쳐야 하는 것이 되어야 하도록 그 수집과 분석은 서로 뒤얽혀 있는 것이었다.

정보는 보다 정교하고 집중된 것이 되어갔다. 예를 들면 사회과학적 문헌에 있어서 포르노그라피의 내용에 대한 분석이 부족하다는 점을 깨닫게 되면서, 이전에는 내가 회피해 왔던 자료들 가운데 일부에 대한 연구에 몰두하고, 기록 문서들에 대한 분석을 강화하게 되었다. 원고의 형식이 드러나게 되면서 나는 이용자들에 대해 뭔가를 말해야 할 필요가 있으리라는 사실을 깨닫게 되었다. 나는 이용자들에 대하여 모든 것을 안다는 것이 불가능했다고 여기기를 그만두었으며, 이용자들에 대한 설명을 하고 있는 정보들을 평가해 보기 시작했다. 이처럼 소급해 나가는 방식에서 나타나게 된 분석의 윤곽은 정보의 대부분을 구체화시키는 데 도움을 주었다.

낯선, 그것이 아니라면 잘못 정의된 주제를 연구하는 한 양식으로서 그것의 용도를 별개의 것으로 한다면, 실제적인 측면을 설명하는 방식의 연구는 또한 다른 이론들을 세우는 토대가 될 이론의 기층(基層)을 발전시키는 한 방법이기도 하다.(글레이저와 스트라우스, 1967) 충분한 근거를 가지게 되는 그러한 이론에서는 가장 흔히 과정을 연구하며, 이론의 구축은 그 자체로서 하나의 과정이라고 가정한다. 폰섹스에서 대화가 이루어지는 과정은 각각의 성공적인 대화가 보다 풍부하고 보다 밀도가 높은, 미래에 있을 대화의 기초를 제공하게 된다는 점에 있어서 이론을 세우는 것과 유사한 면을 지닌다. 이처럼 이 연구의 한 가지 용도는 앞으로 행해질 연구가 보다 내용을 지닌 것으로서 시작될 수 있도록 이제까지 세상에 알려지지 않고 있으며, 간과되어 온 분야에 대한 설명을 해준다는 점이다. 폰섹스의 한 가지 용도는 창피함, 사회적 관습, 또는 쉽게 이용할 수 없다는 이유로 방해를 받아 개인들이 잘 알고 있지 못했거나 간과하는 경우가 흔했던 성적 관심의 영역들을 만족시켜 준다는 것이다. 입증할 수 있는(또는 입증할 수 없는) 가설이 부재한 상태에서 정해진 내용이나 대본도 없이 폰섹스 교환원 일을 시작함으로써, 나는 경험적 관찰이라는 빙판 위로 발걸음을 내디뎠던 것이다. 이러한 임시변통의 방법론이 제대로 활주해 나갈 수도 있고, 그렇지 않으면 엉덩방아를 찧게 되는 것일 수도 있지만, 그것이 균형을 취하게 되는 것은 그 방법론을 구성하고 있는 정보들의 취할 점들에 의존하는 것만큼이나 독자와 연구자의 해석에 달려 있기도 하다.

2
느낄 수 있을 뿐, 결코 보이지 않는 환상 속의 여인들

현실로서의 환상, 가공의 진실

 욕망의 본질은 호기심과 신비로움이다. 폰섹스를 통해 맛보게 되는 환상의 매력은 그 여인이 실제 살아 숨쉬는 존재로서 눈앞에 나타나게 되리라는 희망에 달려 있는 것이 아니며, 오히려 사실은 그녀가 그렇게 되지 않으리라는 사실을 알고 있는 이용자의 침착함에 달려 있는 것이다. 만약 그녀가 수화기에서 나와 눈앞에 모습을 나타내게 된다면, 그녀로 인해 생겨나게 되는 진짜 관계가 주는 모호성·위험성, 그리고 곤경도 함께 나타나게 될 것이다. 그녀가 바람직한 존재가 되는 것은 오직 그녀가 추상적인 존재로 남아 있을 경우에 한해서이다. 실재성이 게재됨과 동시에 그녀는 불완전한 존재가 된다.

 이러한 명백한 사실에도 불구하고 폰섹스 이용자들은 교환원들에게 "당신은 정말로 어떻게 생겼죠?"라고 묻는 경우가 자주 있다. 그 이용자는 환상을 환상으로 받아들이는 일에 곤란을 겪고 있으며, 그 환상이 진짜라는 것에 대한 빈번한 확인을 필요로 하는 듯이 여겨진다. 예를 들자면, 교환원으로 일하고 있었던 동안 나는 할리우드에서 성공해 보려고 발버둥쳤던 여배우였다고 말하곤 했다. "아니 정말로 이야기해 봐요." 그 이용자는 말할 것이다. "당신이 정말로 누구인지 말해 봐요." 마침내 나는 내가 무용을 전공하는 학생이었고, 실직하게 된 비서·여자 재봉사 또는 가요작곡가였다는 '진실'을 고백하게 된다. 두번째 이야기가 어떤 것이 되었건간에, 그것에는 고백이라는 무게가 실리게 되고, 거의 틀림없이 인정을 받게 되었다. 발레리와 제이드는 내가 인터뷰했던 많은 교환원들 가운데서, 이용자들이 자신들의 환상을 믿는 데 있어서 확인을 필요로 한다는 것에 대해 경멸감을 표시했던 두 사람이었다.

그들 중 대다수가 알고 싶어하고, 계속해서 꼬치꼬치 캐고 들지요. "당신은 정말로 어떻게 생겼죠?"라고 말입니다. 아시다시피 우리가 원하는 것을 가지게 되기를 바란다면, 우리는 그것을 얻게 될 수도 있는 것 아닌가요?
왜 그들은 [내가] 어떻게 생겼는가 하는 점에 신경을 쓰는 걸까요? [그들은] 결코 나를 만나 볼 수 없을 텐데 말이에요. 나는 그 사람들에게 내가 마릴린 먼로와 같이 생겼다고 말해 줄 수도 있지요. 내가 어떻게 생겼는가 하는 점은 그가 믿는 방식일 뿐인 거죠. 제 말 뜻 아시겠죠? 어떻게 해서 남자들은 '정말 중요한 것은 내가 그것을 믿는다는 것'이라는 말과 꼭 그대로인지 짜증이 나요. 왜냐하면 만약에 당신이 내가 어떤 이야기를 당신에게 해주기를 원한다면, 난 당신에게 이야기를 하나 해줄 테니까요.

제이드, 또는 다른 어떤 폰섹스 교환원이 당신에게 무슨 이야기를 해주게 될 때, 그것의 바탕을 이루는 주제는 그녀 인생에 대한 이야기이다. 그 교환원의 인격은 그들이 연기해 내는 모든 배역의 기초가 되는 것이다. 비록 한 교환원이 되풀이해서 자신의 배역을 새로이 뚜렷한 특징을 가진 것으로 보여 줄 수 있는 자유가 있다 할지라도 그들은 여전히 일관된, 그리고 예측할 수 있는 존재로 남아 있게 되는데, 그 까닭은 그들이 내적 자아라는 기초 위에 세워져 있는 존재들이기 때문이다.

폰섹스에는 누구든 합리적으로 예상할 수 있는 것보다 훨씬 더 많은 진실성이 존재한다. 열정·온정 또는 멋진 유머 같은 인격을 구성하는 기본적 요소들이 통째로 날조될 수 있는 것은 아니다. 그것들은 사기 행위를 위해 이용될 수 있으며 이용되지만, 누군가 그것들을 날조하기 위해서는 그러한 특질들 자체에 대한 바탕을 이루는 지식을 반드시 가지고 있어야만 한다. 아주 냉정한 사람은 온정을 가진 것처럼 가장할 수 없지만, 온정을 경험했던 적이 있는 사람은 마음대로 그러한 특질을 그려낼 수도 있는 것이다. 게일과 발레리의 경우, 그들이 전화를 통해 만들어 낸 포르노그라피의 환상이 전형적이라 할 수 있는 것은 아니었지만, 그럼에도 불구하고 그 둘 모두는 그들 자신들과 그들이 해내야 하는 배역 사이의 신체적인 부분들에서조차도 유사성을 지니고 있다는 점을 강조했다.

대개, 그러니까 **대개** 그렇다는 겁니다. 저는 제 자신의 인상에 대하여 설명합니다. 저는 키가 5피트 3인치이며, 엷은 갈색 눈과 암갈색 머리칼에 아주 매력적이고 육감적인 몸매를 지니고 있다고 말합니다. 저는 원래 그들에게 사실대로 말했습니다. 육감적인 몸매에 커다란 젖가슴, 커다란 엉덩이, 그리고 모든 부분이 큼직큼직하게 생겼다고 말입니다. 저는 사람들에게 거짓말하는 것을 싫어하기 때문에 제 덩치가 큼지막하다는 사실을 그대로 말하는 것입니다. 저는 남자들에게 거짓말을 하는 것조차도 싫어합니다. 저는 그저 거짓말을 하지 않을 뿐입니다. 저는 몸집이 큰 여자입니다. 보시다시피 저는 덩치가 크고 예쁘게 생긴 여자예요. 그런데 사람들은 제 정직함의 진가를 인정해 주죠.

저는 개먹이로나 던져 줄 정도로 못생기지는 않았어요. 저는 그들에게 내 모습에 대해 말해 주고는 그들이 어떻게 생각할 것인지 봅니다. 그러면 그들은 말하죠. "아 정말 예쁘게 생겼나 보군요." 저도 말하죠. "글쎄요. 그리 못생긴 편은 아니죠." 그것은 단지 사소한 개인적 자아에 대한 반응일 뿐인 것이죠.

교환원들은 기본적으로 금발에 푸른 눈을 가진 백인으로 표현되는, 전형적인 미국인이라는 맥락 속에서 그들이 가지고 있는 가장 뛰어난 특징들을 취하여 그것들을 강조한다. 교환원들은 그들의 실제 자아에 그들이 연기하는 배역의 근거를 두게 되며, 또한 원래의 그들 자신이라는 원형이 가지고 있는 최상의 신체적 특징들을 취하고 있지만, 그 어떤 살아 있는 인간보다 문화적 전형에 잘 들어맞는 자아이며, 원래의 그들 자신이라는 원형이 지닌 마찬가지의 관심과 재능을 소유한 자아이기도 한, '환상 속의 자아'에 맞추어 그들 스스로에 대한 자신들의 인식을 변경시킨다. 그들이 연기하는 배역은 사랑이나 욕망——보석이나 현금과 같은 진짜 선물——과 같은 실제의 정서를 어느 정도까지는 가지고 있지만 보수를 받기 위해서만 움직이며, 상대방을 속이고, 만약 이용자가 어리석게도 자신의 잠재적인 자아를 드러낸다면 그것을 가지고 놀아도 좋은 것이다. 교환원들은 그들이 폰섹스 일에서 가장하는 인물이 지니고 있는 모든 훌륭한 요소들이 실제 인물에 근거한 것이지만, 환상 속의 자아라는 존재로 인해서 착취나 잔인함의 비난으로부터 격리되어 있다고 주장한다.

라틴어인 페르 소나레(per sonare: ~을 통하여 크게 외치다)라는 용어는 배우가 그것을 통하여 목소리를 밖으로 표현하게 되는 연극용 가면의 입 부분에 뚫려 있는 구멍을 가리킨다. 페르소나(persona: 가면을 쓴 인격)라는 용어는 결국 배우와는 별개의 존재로서 가면을 가리키는, 좀더 추상적인 의미를 지니게 되었다.(올포트와 버논, 1933) 나는 페르소나라는 말은 서로간의 대화 범위 내에서 교환원들과 이용자들 양쪽 모두가 사용하는 배역으로 창조된 인물들을 가리키는 것으로, 그리고 **자아**(self)라는 말은 인지된 상황이 요구하는 바에 부응하여 페르소나를 구성하게 되는 배우를 가리키는 것으로 사용한다. 자아에 대한 언급에는 여러 가지 복잡한 문제의 소지가 게재되어 있다. 어쩌면 근원적인 자아라는 것이 존재할 수도 있고, 어쩌면 포스트모더니즘이 암시하고 있듯이 겹겹이 층을 이루고 있는 가면만이 존재하는 것일 수도 있다. 어쨌든 자아의 개념적 이용은 창조된 인물로부터 교환원을, 가면으로부터 배우를 구분하는 데 필요하며, 따라서 여기서 나는 그것을 이 논의라는 목적에 조건으로 요구되는 바인 하나의 구성물이자 유용한 허구로서 사용한다. 나와 함께 일했던 동료 교환원들뿐만 아니라 내가 인터뷰를 했던 교환원들도 자아와 창조된 인물 사이의 구별을 자유롭게 이용했으며, 그것은 폰섹스 대화에서 생겨날 수 있는 몇 가지 문제점들을 조정하는 데 필수적인 것이었다.

개인들의 도덕적 판단이나 윤리적 행동을 침해할 수도 있는 그 어떤 거짓말이나 협잡질, 또는 교묘한 조작에 대한 비난을 그 밖의 다른 어떤 사람이 받도록 만드는 데는 엄청난 자유로움이 존재한다. 자신이 전화 통화에서 사용하는 창조된 인물과 자기 스스로를 분리시킴으로써, 교환원은 그녀 자신을 도덕적 논쟁으로부터 벗어나 있도록 만들 수 있게 된다. 그녀는 자신의 양심이나 타인들로부터의 비난과 싸우지 않아도 되는데, 그것은 모든 불만이 그 창조된 인물을 향해 쏟아지게 되기 때문이다. 비록 어떤 이용자가 금전적으로 피해를 입거나, 또는 인격적으로 감정을 상하게 된다 하더라도 그 교환원 자신은 존재하지도 않으며, 그것에 대한 책임이 있는 것도 아니다. 자신에 대한 그녀의 변호는 명쾌하다. 즉 '그것은 단지 하나의 환상이며,' 그리고 '단지 내가 사용하는 하나의 창조된 인물일 뿐'이라는 것이다. 하지만 다른 대화에서는 그러한 구별이 그리 분명치 않은 듯이 여겨졌다. 한 교환원은 '이용자의 돈을 철저하게 우려내는 일'에서 느끼게 되는 즐거움에 대하여 설명하면서, 그의 취약성을 부당하게 이용하는 사람은 그녀가 아니라 그녀가 창조해 낸 인물일 뿐이라고 말했던 것이다. 하지만 왜 그가 창조된 인물에 그토록 반하게 되었는지에 대하여 물었을 때 그녀가 한 대답은, 그녀 자신과 그 창조된 인물 사이에 두고 있다는 거리와 모순된 것으로 여겨졌다. "제 생각에는 그 사람이 저를 정말로 좋아하고 있었던 것 같아요."

실제와 환상이라는 두 개의 정체성은 실질적인 필요성에 의해 결합되어 있다. 교환원은 다수의 유사한 대화에 있어서 사소한 부분들까지 세세히 기억하고 있어야 할 필요가 있다. 만약 어떤 교환원이 음악을 전공하는 학생으로 가장하고 있지만 음악에 대한 관심 또는 지식을 가지고 있지 못하다면, 몇 분 이내에 그녀가 가장하려는 부분이 가짜임이 들통나게 될 것이다. 그리고 만약 그녀가 일상적으로 전화를 걸어대는 이용자에게 자신이 어떤 사람인가에 대하여 이전에 했던 바와 모순되는 설명을 하게 된다면 그녀는 그 이용자를 잃게 될 것이다. 단순함의 유지를 위하여 그녀는 그녀 자신을 하나의 토대로 사용해야만 한다. 여성의 역할을 했던 남성 정보제공자들——수술은 하지 않은 성전환 희망자로서 그 사실을 숨기고 있는 댈러스 같은 사람을 포함하여——은 머리색·체격 또는 다른 기본적인 특징들은 바꾸지 않는 쪽을 택한 상태로, 그들이 창조해 낸 여성 인물들에 대한 신체적 설명을 남성인 자신들의 체격을 토대로 하고 있었다. 댈러스는 다음과 같이 설명했다.

나는 그저 내 신체 치수와 목소리를 약간 변형시켰을 뿐입니다. 내 키는 5피트 4인치이고, 내가 창조해 낸 그녀도 5피트 4인치로 했습니다. 내 체중이 102파운드인데 그녀는 115파운드로 했지요. 머리카락은 긴 금발을 하고 있다고 했지만——그 당시 내 머리는 빨간색이었어요——어쨌든 나는 정기적으로 내 머리색을 바꾸었지요. 그러므로 나는 어느 정도 그녀를 내 분신으로 만들어 놓고 있었던 겁니다.

내가 만났던 교환원들은 그들이 창조해 낸 인물들에 대하여 자랑스럽게 생각하고 있었으며, 인터뷰했던 사람들 중 몇몇을 제외한 거의 모두가 그들이 가면을 씌워 내세우고 있는 인격체들이 자신들의 내적 자아에서 최선의 부분들을 나타내 준다고 여기고 있었다. 내게 정보를 제공한 사람들 대부분은 '환상'을 창조해 내는 데 있어서 수반되는 자유로움이라는 것을 들먹였고, '원하는 그 누구든 될 수 있다'는 것이 '즐거운' 일이었으며, '해방감을 만끽할 수 있는' 일이었다는 이야기를 공통적으로 하였다. 그들은 자신들이 창조해 낸 인물들이 포르노그라피의 표준이 되는 이미지에서 나온 것임을 드러내 주고 있다는 사실을 모르는 것이 분명했다.

비록 교환원들에게는 사실적이라 할지라도, 창조된 인물에 있어서의 변화는 숫자를 따라 색칠하는 그림판에 그려진 그림의 붓자국만큼이나 시시한 것처럼 여겨졌다. 창조된 인물들이란 정말로 차이가 없는 것들이며, 포르노그라피 속에서의 이상적인 여성이란 개성을 발휘하지 못하는 존재인 것이다. 비록 미세한 차이점들이 사람의 마음을 끄는 것이긴 하더라도, 그러한 차이를 보는 데 사용된 시각은 극도로 초점이 맞추어져 있다. 좀더 넓은 시각에서 본다면, 다양성을 창조해 내려는 교환원들의 시도는 융통성 없이 정형화된 대상을 상대로 기를 쓰며, 성차별과 인종차별, 어느 한쪽이 상대방을 지배하고 복종하는 관계, 자기 중심주의라는 지나치게 큰 짐——즉 포르노그라피의 환상이라는 거대한 빵 조각을 운반하고 있는 개미가 들이는 노력처럼 여겨지기 시작하는 것이다.

테리와 케이트 두 사람은 비슷한 결과물을 창조해 내기 위하여 진짜 인격적 특징들을 각기 다른 방향으로 확장시켰다. 케이트는 커다란 목소리의 떠들썩한 이야기꾼이었다. 6피트에 육박하는 키에 튼튼한 몸집, 훌륭한 풍채를 갖춘 그녀는 우리가 가졌던 인터뷰에서 말수가 적고, 좀더 내성적이고 차분한 성격의 테리와는 뚜렷한 대조를 이루는 사람으로 보였다. 굴종과 지배를 당하여 복종하는 관계를 원한다는 요구에 직면하게 되었을 때, 테리는 '노예'의 가면을 쓴 인격을 가장했다. 그녀는 무력함과 상처받기 쉬움이라는 특징을 가진 각본을 만들어 내기 위하여 수줍고 말수가 적다는 자신의 특징을 과장했던 것이다. 케이트는 무력함과 상처받기 쉬움이라는 동일한 정서를 불러일으키기 위해 그녀의 타고난 권능을 강조하고 있지만, 그것들을 통제하고 지배하는 데 사용함으로써 동일한 시나리오에 상이한 인물이 등장하도록 만드는 엇갈리는 행로를 택했던 것이다.

결국 나는 순종하는 성적 취향을 가진 이용자들을 잘 다루어 나가게 되었는데, 그 까닭은 내가 전에 그러했던 것만큼이나 엄하게 굴었지만, 내 본래 성격의 아주 적은 부분이 언제나 표출되기 마련이었고, 내 이야기는 언제나 어머니가 이렇게 말하는 듯이 들렸기 때문이었죠. "이건 너를 아프게 하는 일보다 나를 훨씬 더 많이 아프게 만들 거란다. 난 널 사랑한다. 하지만 넌 엉덩일 좀 맞아야겠다." 그리고 몇 가지 이유들로 해서 나와 이야기를 나누었던 남자들은, 최소한 그런 이야기를 되풀이해서 듣게 되었던 남자들은 그것으로 인해 성적으로 자극을 받았을 것으로 예상되는데, 왜냐하면 내 말이 내가 진정으로 그런 삶을 사는 것처럼 들렸기 때문이었죠. 내가 이런 일을 하는 게 돈 때문이 아닌 것처럼 들렸던 것이죠.

테리는 어린 '여학생' 역할을 하면서 한편으로는 그와 동시에 그녀 자신의 독립심과 냉담함의 기미가 엿보이도록 하여, 그녀의 설명에 따르면 '전형적인 노예형보다 지배하여 복종시키기에 더 흥미를 주는' 인물형을 창조해 냈다고 말했다. 케이트가 설득력을 강조하고 친절함이 나타나 보이도록 했던 반면, 테리는 잠재되어 있는 설득력을 수반하는 상처받기 쉬움이라는 특징을 강조했다.

정체성 대 창조된 인물

 존재들이 결합될 때면 그것들을 분리해 낸다는 일은 종종 문제의 소지를 안고 있게 되지만, 어떤 교환원이 창조해 낸 인물을 자기 자신으로부터 분리시키는 능력은 그 교환원이 돈을 벌기 위한 성행위들로부터, 그리고 이용자들을 조종하는 문제로부터 자신의 거리를 유지하는 데 도움을 주는 아주 중요한 것이다. 가장 적절하게도 그것은 또한 드문 경우이긴 하지만, 그녀가 자신의 사생활에서 그러한 문제의 영향을 받지 않도록 해준다. 결합되어 있지만 별개인 창조된 인물의 본질은 믿음/불신, 정체성/창조된 인물, 환상/현실과 같은 모순된 관계로 양분되어 있는 몇 가지 주제들의 화해를 가능케 한다.

 내가 인터뷰하고 관찰한 교환원들은 자신들이 창조된 인물임과 그것과는 완전하게 분리된 개인임, 양쪽 모두에 해당한다는 모순된 점을 인정함 없이, 필요에 따라 양극단을 껑충껑충 넘나들었다. 내가 함께 일했던 낸시라는 교환원이 그러한 사람들 중 하나인데, 이용자들이 보낸 선물이 도착하면 요염해 보이도록 과장되게 엉덩이를 움직이며 우리가 전화받는 일을 하는 방 안 여기저기를 뽐내는 걸음걸이로 돌아다니면서, 자신이 연기하는 인물의 목소리로 "그걸 받게 되거든 사람들에게 자랑해 보이란 말이죠. 그런데 내가 그걸 받았지 뭐예요. 자기……"와 같이 말함으로써 그 차이를 모호하게 만들 때의 그녀가 창조해 낸 인물의 경우도 마찬가지였다. 하지만 또 다른 경우에 대개는 모욕적이고 무례하며, 혐오감을 주는 이용자와 대화하고 난 후면 낸시는 그녀가 폰섹스 일을 하기 위해 창조해 낸 인물은 단지 속임수에 지나지 않으며, 그녀 자신의 내적 자아와는 전적으로 무관하다는 식으로 간단히 말해 버리곤 했다.

정체성과 창조된 인물 사이를 구분하는 일은 그것들이 가지고 있는 밀접한 연관성과 병치된다면 부자연스럽게 여겨질 수도 있지만, 교환원이 자신의 존엄성을 유지하기 위해서 그러한 구분은 필요한 것이다. 그것은 그녀를 모욕으로부터, 고리대금 같은 바가지를 쓰는 이용자의 성적 관심으로부터, 이용자들에 대한 그녀 자신의 무감각함으로부터 보호해 준다. 이처럼 한 사람의 교환원이 "내가 창조해 낸 인물 말인가요? 근본적으로 그건 바로 나예요. 나는 그저 나 자신을 이용하는 거고, 그 사람들[이용자들]은 그걸 마음에 들어하는 거죠"라는 말과, 나중에 와서는 "나는 절대로 나 자신이 노출되도록 한 적이 없어요. 절대로"라는 두 가지 이야기 모두를 하게 될 수도 있는 것이다.

20대 초반의 나이에 정상적인 성적 취향을 가지고 있는 남자인 브래드는 이성애(異性愛, heterosexual)의 여성을 가장하여 전화받는 일을 했었는데, 그가 처한 상황은 단순하게 여성의 목소리를 모방해 내는 것 이상의 훨씬 더 많은 부분들을 포함하는 것이었다. 사람들이 자신을 여성으로 믿게끔 설득력을 가지기 위해서라면 남성 교환원은 변형된 자신의 신체에 대한 심상을 창조해 내야만 하는 것이다. 내 생각에는 여성의 음성을 흉내내고 있는 대다수의 남성 교환원들이 어떤 단계에 이르러 성전환자가 되는 것은 우연이 아니라고 여겨진다. 그 수는 얼마 되지 않음이 분명하지만, 이성애의 남성 교환원들은 자신들의 모습을 여성으로 마음속에 그려낼 수 있는 능력을 가지고 있다. 나는 그러한 능력을 지닌 2명을 인터뷰했으며, 세번째 사람과는 함께 일한 적이 있다. 하지만 내가 경험한 바에 의하면, 동성애자인 남성 교환원들은 여성 음성을 모방하는 일을 그것이 개인적으로 유망하고, 또는 성적으로 더 많은 것을 알게 해준다고 여기는 사람들이 하도록 내버려두고는, 자신들은 동성애자 전용 회선으로 자연스럽게 이끌리게 되는 것이었다.

여성으로 창조된 인물의 역을 맡는 경험은 브래드에게 여성들에 대하여, 그리고 남성·여성 사이의 대화에 대하여 새롭게 인식하도록 만들었다.

당신은 어느 정도까지 남성들이 여성들을 섹스의 대상으로 여기도록 양육되는지 자각하고 있습니다. 당신은 당신이 [여성처럼 보이려고 애쓰면서 전화를 받는다는] 전체적인 상황에 처해 보기 전까지는 그것을 깨닫지 못할 것입니다. 당신은 그 이용자들이 여성을 어떤 시각에서 보는지를 알게 됩니다. [이용자들은] 여성을 섹스 심벌로 봅니다. 나도 예전에 그랬던 것처럼 여전히 그렇게 보고 있으니까요. 그 말을 들으니 어떤 생각이 드십니까?

이것이 내게 말해 주는 바는 적어도 한 개인에게는 '환상'이 실재를 변화시킬 수도 있다는 점이다. 하지만 대체적으로 볼 때, 그 방향은 비생산적이다. 만약 날씬한 여성들이 뚱뚱한 여성으로 가장한다면——그리고 키가 큰 남성들이 키가 작은 것으로 가장한다면——그 점에 대한 인식을 증대시킬 가능성은 무한하게 될 것이다. 하지만 날씬한 것으로 가장하는 뚱뚱한 여성들에게는——그리고 키가 큰 것으로 가장하는 키가 작은 남성들에게는——완벽함으로의 변신은 '즐거운' 것이기는커녕 고통스러운 불일치만을 증가시키는 일이 된다.

다른 남성과 속아서 '사랑에 빠지게' 되었기 때문에 흔히 전화

받는 일을 하는 방의 위치를 찾아내어 쳐들어오거나, 아니면 자신을 불쾌하게 만든 교환원을 노려 주차장에서 잠복하는 식의 폭력적인 앙갚음을 이끌어 내려는 시도를 했다는 이성애의 이용자들에 관한 이야기는 내가 일했던 곳의 교환원들 사이에서 자주 오갔다. 그러한 꾸며낸 이야기들은 만약 진실이 개입된다면 위협과 자극, 그리고 환상의 파괴를 가져오게 되며, 그러한 점들은 교환원들에게 지나치게 노출되는 것을 피하도록 경고하는 것이다.

다른 교환원들과 마찬가지로 흑인 교환원들도 좀더 사회적으로 완벽한 자신들의 이형(異形)을 환상 속에서 만들어 내는 데 그들의 시간을 소비했다. 그들은 억양 조절과 자신들의 모습에 대한 묘사를 통해 백인으로 가장하는 일로 근무 시간을 보냈다. 백인인 그들 동료들과 마찬가지로 흑인 교환원들도 대화를 나누는 데 있어서 갖가지 개인적인 특유의 말씨들, 그 업계에 몸담게 된 동기들, 전화를 받으면서 상대방에게 자신의 모습을 설명할 때 선호하는 특징들, 그리고 그 일에 대하여 질문을 받았을 때의 반응들을 가지고 있음을 보여 주었다.

내게 정보를 제공했던 흑인 교환원들은 모두 백인으로 가장하는 것이 날씬하다거나, 또는 가슴이 크다고 가장하는 일과 전혀 차이가 없다고 주장했다. 인종 문제에 관하여 조금이라도 양면 가치가 존재한다는 의견을 표명했던 소수의 교환원들은 그들이 백인들이나 백인 사회와 관계해 온 이력이 전화 통화를 하면서, 그리고 그 직장에서 부딪치게 되는 인종차별이란 문제에 대처하는 훈련장이 되었다는 식으로 언급했다.

인종이나 이 직업의 다른 측면에서 양면 가치를 경험한다는 교환원들은 십중팔구 폰섹스 교환원으로 일한 지가 그리 오래 되지 않은 사람들이다. 나이 어린 신참인 한 흑인 교환원은, 자신의 아이를 양육하는 데 필요한 일자리를 얻기 위하여 자신의 나이 (16세인 그녀는 18세라고 주장했던 것이다)를 속였다는 사실을 솔직하게 털어놓았다. 그녀가 받았던 시간당 8달러라는 급료는, 그녀의 용어를 사용하자면 '정직한 일'을 해서 벌어들일 수 있으리라고 그녀가 여기는 액수의 거의 2배에 달했던 것이다. '코르벳'이라는 가명을 사용했던 그녀는 자신의 일이 섹스와 관련된 본질을 지니고 있다는 점에 대한 죄의식과 양면 가치에 대하여 자신이 생각하고 있었던 것을 큰 소리로 떠들어대는 경우가 자주 있었다. 그녀는 인종차별·매춘·이용자들에 대한 교묘한 사기 행위, 그 업계에 종사하는 교환원들에 대한 착취와 같은 모든 도덕적 문제가 일어나게 될 때마다 그것을 붙잡고 씨름을 하는 듯했다. 그녀는 전화를 붙잡고 이용자들에게 물론 자신이 흑인이라는 사실을 드러내면서, "여기서는 내가 백인 행세를 하길 원해요"라고 푸념을 늘어놓곤 했다. 그녀에게서 매력적인 점을 발견해서였는지, 어떤 이용자들은 계속해서 그녀를 찾기는 했지만, 다른 이용자들과는 언성을 높여가며 의견 대립을 보이게 되었다. 그녀는 대부분의 이용자들을 '병적인' 상태라고 즉각 비난했고, 그들이 성적으로 변태라는 점을 들어 그들을 마구 후려갈겨댔다. 코르벳은 똑똑했으며, 단순히 목격자일 뿐인 나까지도 질겁하게 만들 정도로 신랄했다. 우리 모두에게 다행스럽게도 그녀는 곧 직장을 떠나게 되었다.

이와는 대조적으로 그 일의 분위기에 순응해 온 흑인 교환원들은 그밖의 다른 문제에 대하여 가장하는 것과 마찬가지로 다른 인종을 거짓으로 꾸미는 문제에 반응을 보인다. 예를 들면 게일이라는 교환원은 자신을 백인으로 가장하여 설명해야 한다는 사실을 그녀의 환상이 진실에 대하여 가지고 있는 근시안적 유사성을 들어 최소화했다.

그 어떤 존재로 가장해야 하건 나는 그것에 전혀 개의치 않아요. 인종이란 문제에 관한 한 내가 혼혈 가계에서 태어났기 때문이죠. 내 엄마는 백인과 인디언의 피가 반반씩 섞였고, 아빠는 흑인이에요. 그러니까 나는 어떤 인종이건 가장해서 전화를 받을 수 있는 거죠. 나는 백인이나 흑인 둘 다 될 수 있어요.

게일은 자신이 부분적으로는 백인이기 때문에 백인 역을 하는 일이 정당화된다고 느끼고 있다. 하지만 그녀는 어떤 방식으로 이것이 폰섹스 대화에서 타당성을 가지게 되는지에 대해서는 결코 설명해 내지 못했으며, 보다 깊은 수준의 내 질문에 대한 응답은 피했다. 브리아나 같은 다른 교환원들도 인종 문제에 관한 질문에 대한 답은 이와 유사하게 회피하는 길을 택했다.

대개의 경우 사람들은 내 정체가 무엇인지를 알 수가 없었죠. 그들은 나를 백인이라고 생각했어요. 나는 말하곤 해요. "그렇지 않아요. 난 백인이 아닌걸요. 내가 백인처럼 여겨지나요?" 그들은 말합니다. "글쎄요. 그래요. 백인이라는 생각이 들어요." 난 말하죠. "사실 난 하와이 원주민과 인디언의 혼혈이에요." "저런 나는 이제까지 하와이 여자와는 한번도 자본 적이 없는데."

브리아나는 대략 20세 정도의 아주 예쁘장하고 체중이 많이 나가 보이는, 피부색이 그리 검지 않은 흑인 여성이었다. 게일과 마찬가지로 그녀도 자신의 실제 외모가 어떤 지에 대하여 넌지시 암시했다. 그녀가 하와이 원주민 그리고/또는 인디언의 혈통을 지니고 있으리라는 이야기는 그럴 듯해 보이는 것이었다. 그녀는 또한 자기 자신을 '덩치가 크고 곡선미가 있다'고 묘사하면서, 전통적인 환상에 부합하는 체형인 자신의 뚱뚱함을 슬쩍 내비치곤 한다. 그리 대단치 않은 자기 자신의 이력을 이용하여 브리아나는 백인에다가 날씬하다는 전통적인 포르노그라피 환상을 반영하는 인물을 창조해 냈던 것이다. 그녀는 그녀 자신에게——그리고 겨우 두번째로 나에게——그녀가 창조해 낸 인물은 "정말 완벽하게 예쁘다"고 말함으로써 이러한 모순을 정당화했다.

나와 함께 일한 적이 있었던 또 다른 흑인 교환원인 재나두는 때때로 영국 출신의 흑인을 가장하기도 했다. 그녀는 이용자들에게 "나는 흑인이지만 상관할 바 없어요. 왜냐하면 나는 영국인이니까요"라고 농담을 하곤 했다. 그녀가 이용자들과 나누는 이야기의 어떤 부분은 내게 대단히 인종차별적으로 느껴졌다. 그녀는 자주 노예 제도와의 관계를 부인함으로써 자신이 흑인이라는 사실을 부인했던 것이다. 예를 들어 그녀가 이용자들에게 자신이 영국인이라고 말하는 것은 그녀의 조상들 가운데 그 누구도 노예였던 적이 없었음을 의미하는 바이며, 그녀는 그것을 자기 조상들이 뛰어난 지적 능력을 지니고 있었다는 증거가 되는 것으로 여겼다. 마찬가지로 흑인인 미미는 만약 그렇지 않았다면 불쾌하기 그지없었을 상황에 대하여 어떻게 편안함을 느낄 수 있는지에 대하여 설명했다.

대부분의 남성들은 블론드(금발에 흰 피부, 푸른 눈의 백인 여성)를 원하고, 그래서 [나는] 대개 블론드를 가장해요. [웃음] 나는 대개 녹색 또는 옅은 갈색 눈을 가진 것으로 꾸미는데, 그 까닭은 사람들마다 약간씩 다른 외모를 좋아하기 때문이죠. 나는 한때 잠시 동안 빨간 머리를 가졌다고 한 적도 있어요. 나는 그것을 왔다 갔다 번갈아 가며 사용했죠.

이용자들이 흑인 여성을 원하는 경우는 좀처럼 없어요. 좀처럼 말이에요. [이용자의 목소리를 흉내내어] "이런 제기. 난 정말 당신이 흑인이길 바라고 있었는데 하지만 할 수 없지. 어쨌든 당신과 그냥 이야기를 하겠소." [이 시나리오가 안고 있는 모순에 대하여 웃는다.]

나는 나 스스로를 아주 흑인 중심적이라고 생각하지만, 그것이 크게 신경 쓰이지는 않아요. 전화를 걸어 오는 흑인들은 별로 많지 않고, 설령 있다 하더라도 그들은 대개 백인 여성을 원하니까요. 우리는 대부분이 백인들로 이루어져 있는 사회에 살고 있기 때문에 그들이 원하는 상대가 내가 아닐 수도 있다는 것도 이치에 닿는 일이죠.

잘 알려져 있는 대학에서 음악을 공부하는 재즈연주가인 미미는 극단적으로 실제적이며, 현실에 입각해 있는 듯이 보였다. 우리가 나눈 대화는 '아주 흑인 중심적'이라는 그녀의 스스로에 대한 견해를 확증해 주는 것 같았다. 그녀는 몇 차례의 적극 행동 (affirmative action: 소수민족 차별 철폐와 여성 고용 등을 추진하는 것)을 요구하는 학내 시위에 참가해 왔으며, 정치적으로도 밝고 의식도 있어 보였다. 이와 대조적으로 재나두는 인종차별주의란 존재하지 않으며, 흑인 여성을 원하는 사람이 많다고 이상화한 영국 사회라는 자신의 환상 속에서 번민하는 일을 즐겼던 것이다. 그렇게 하는 과정에서 그녀는 그녀 자신이 가지고 있는 정신의 중요한 일면을——그리고 내 정보제공자들 사이에서 존재하고 있었던 갖가지 역설과 모순들 가운데 하나를, 즉 흑인 중심적이며 의식을 지닌 듯이 보이는 교환원들이 백인 흉내를 내야 한다는 현실과 가장 쉽사리 타협을 하게 되는 사람들이었으며, 자신들의 신체적 유형들을 가장 많이 인정하는 자들이 포르노그라피의 전형인 듯 거짓 태도를 꾸며야 하는 사실에서 가장 편안함을 느끼는 사람들이었다는 점을 드러내 주게 되었던 것이다.

현실 세계는 그것이 창조해 내는 환상 세계의 중요한 부분이다. 만약 이용자가 단순히 통화를 하면서 사정(射精)을 원하는 경우라면, 교환원이 어떻게 생겼는가 하는 문제는 그 중요성이 덜할 것이다. 녹색 눈을 가지고 있다는 것은 본질적으로, 그리고 그것만으로는 교환원이나 이용자 그 어느쪽도 자극하거나 만족시키지 못한다. 이러한 환상이 해내는 일은——궁극적으로 교환원들이 자신들의 내적 자아가 가지고 있는 사회적 가치를 측정하는 데 사용하게 되는——사람의 마음을 끌게 된다는 것의 가장 이상적인 모습들이 대략 어떠한지 그 윤곽을 밝히는 것이다.

이처럼 직무 수행 능력과는 실제적인 관계가 없는 보조적 특징들이 평가의 기준으로 사용되는 예는 드물지 않다. 에버렛 휴스는 그의 저서 《사회학적 시각》(1951)에서 1950년대 미국 남부의 대다수 백인들은 흑인 의사에게서 치료받는 일을 그리 달가워하지 않았다는 사실을 거론하고 있다. 이들을 내켜 하지 않는 환자들은 그럼에도 불구하고 꼭 필요한 경우, 또는 위급한 환자가 생겨 어쩔 수 없게 된 경우에는 자신들이 가지고 있는 불안감을 무시하곤 함으로써 처음부터 존재하고 있었던 내재적인 이해를 입증하게 되었던 것처럼, 그 보조적인 기준들이라 함은 불합리하며, 비록 그 기준들이 대체적으로 중요하다고 여겨진다 할지라도 그것들은 직무 수행 능력 또는 잠재적 능력에 대한 본격적인 평가에 있어서는 실상 별반 소용이 없는 것이다.

코르벳이 보여 주었던 정직한 단순함의 가치를 인정하는 일부 이용자들은 교환원이 가지고 있는 넓은 범위의 특징들을 인정하고 즐길 수 있는 능력을 지닌 사람들이다. 폰섹스 일자리들은 특히 여성들을 자신들의 집에서 일할 수 있게 허용하는, 스스로 추한 외모를 가지고 있다고 느끼는 이들에게 제격이다. 예를 들어 뚱뚱한 여성들, 상처 등으로 얼굴이 손상된 여성들, 집을 비울 수 없는 여성들——이들은 모두 그러한 일에 낮은 급료를 주고도 쉽사리 작업에 투입할 수 있으며, 감사히 여길 수 있는 후보들——말이다. 만약에 그렇다면——만약에 이용자 자신이 외로운 처지에 있거나 부끄러워할 부분을 가지고 있는 이라면——이용자는 그러한 처지와 동일한 수준에 있는 누군가와 접속되는 것에 만족해할 것인가? 그에 대한 답은 단언코 '아니오'일 터이다. 부끄러워할 부분을 가지고 있는 그 어떤 사람도 자신과 같은 점을 지닌 다른 어떤 사람과 연관되는 일을 통하여 자신이 이미 가지고 있는 그러한 치욕스러움을 더하려는 사람은 없는 것이다.(고프먼, 1963) "애인을 구해 주는 서비스 업체를 이용해 볼 수도 있지만 말이야." 한 희극배우가 무표정한 얼굴로 말한다. "누가 내 짝이 될지 봐야 한다는 게 두렵거든."

하지만 때때로, 흔히 우연에 의해서 또는 목소리가 가지고 있는 음색이나 말하는 방식만큼 추상적인 어떤 것에까지 이르는 환상 속의 사소한 단 한 가지 부분을 기초로 하여 진짜 관계가 이루어지는 경우도 있다. 나와 함께 일했던 적이 있는 티퍼니라는 교환원은 그녀 자신의 가장 친한 친구인 레이첼과의 관계에서 생겨나게 되었던 문제점에 대한 이야기를 어떤 이용자에게 말해 주었다. 비록 그녀는 자신의 마음속에 자리잡고 있었던 문제를 대화에 이용하고 있기는 했지만, 그러한 말썽이 한 남자를 둘러

싸고 일어나는 일에 중점을 두어지도록 함으로써 상황 전체를 세세한 부분까지 본질적으로 변화시키고 섹스와 관련된 것이 되도록 하여, 그 이용자가 필요로 하는 환상에 들어맞도록 만들었던 것이다. 그 이용자는 진지한 조언을 제공하는 반응을 보였다. 문제의 자세한 부분들이 진실에 점차 더 가까이 접근하면서, 그들의 대화는 친구들 사이에서 오가게 되는 대화와 구분할 수 없을 정도가 되었다. 통화가 끝나고 나서 티퍼니는 전화를 걸어 오는 사람들 중에서 때때로 '친절한 남자들'을 만나게 된다고 말했지만, 마치 내가 그럴 생각을 하고 있는 사람이라도 되는 것처럼 그러한 이용자를 직접 만나는 일은 그가 아무리 친절할지라도 피해야 한다고 주의를 주었다.

앞서 말했듯이 이용자들을 직접 만났다가 구타를 당했거나, 아니면 강간을 당한 적이 있는 교환원들을 예로 드는 교훈이 되는 이야기들은 교환원들 사이에서 자주 오가는 것이었다. 이러한 이야기들은 전화를 통하여 알게 된 사람은 그 어떤 방식이 되었건 실제로 연락을 취하지 않는 편이 낫지만, 자기들끼리 의견을 교환할 수 있는 체계를 갖추고 있지 못한 이용자들은 교환원들을 만나는 일이 지니고 있는 위험성에 대해 그러한 꾸며낸 듯한 이야기들을 모르고 있다는 생각을 보강해 주는 데 도움이 되는 것이었다. 이처럼 교환원들은 만남을 바라고 있으며 '만나지 못할 이유가 어디 있는가?'라는 확신을 가지고 있는 대다수의 이용자들을 교묘히 조종할 수가 있는 것이다. 이러한 조심성의 부족은 남녀의 성차이로 돌려져야 하는 것일 수도 있다. 남성들은 대체로 여성에게 구타를 당하거나 강간당하는 것을 두려워하지 않는다. 이러한 변수가 생겨나게 만드는 힘은 동성애자 전용 회선에서는 다른 것일 수도 있는데——여기서는 남성 이용자들이, 교환원들이 이용자들을 만나는 일을 두려워하는 것과 같은 정도로 교환원들을 만나는 일을 두려워할 이유를 가지고 있을 수도 있지만, 내 정보제공자들 중에서 동성애자 전용 회선에서 일한 적이 있는 유일한 인물인 피터는 그것이 사실이 아니라고 극구 주장했다. 그는 단순함과 약점을 가진다는 특징은 동성애와 동성애가 아닌 이용자들에게 보편적으로 분포되어 있으며, 이용자가 무릅써야 하는 일은 실재하는 그 어떤 위협적 요인과 결합되어 있는 것이 아닌 대신에, 그 환상이 실재하는 것이어야 한다는 필요성 속에 존재한다고 주장했다.

이용자들은 자신들이 교환원들에게 속임을 당하거나 이기적인 목적으로 이용될 수도 있는 취약성을 지니고 있다는 점을 어느 정도까지 자각하고 있어야만 한다. 결국 교환원들은 이런저런 이용자들을 계속해서 대해 나가게 되며, 그들이 하는 일이라는 게 이용자가 통화를 하기 위해 들이게 되는 비용을 극대화시키는 것이니까 말이다. 숙달된 교환원은 돈을 바라고 그런 일을 한다거나 뚱뚱하다는 쪽으로, 또는 그러한 점에 있어서라면 흑인으로 분류되는 것을 자기 대신 택할 수 있는 '그들'에 대하여 규정해 버림으로써 회피한다. "여기서 일하는 여자들 중 얼마는 정말 뚱보예요"라고 어떤 교환원은 말할 수도 있으며, 그렇게 되면 이용자는 그녀의 아첨에 다음과 같이 보답한다. "당신과 통화하기 위해 전화를 거는 친구들 대부분은 도무지 쓸모가 없는 자들임이 틀림없죠." 뛰어난 교환원은 대화 속에서 '우리'와 '그들'이라는 말이 자리를 잡을 수 있도록, 판단 기준을 통화가 시작되면서 바꿔 놓는다. "당신은 정말 그런가요?"라고 끊임없이 물어대는 이용자들이나 일부 조심성 없는 교환원들은 신중하고 교묘히 만들어진 사회적 구조물을 파괴하게 된다. 그러한 질문에 대한 진실에 바탕을 둔 대답은 그 환상을 파괴하게 될 것이며, 그것에 대한 부인은 거짓말처럼 들릴 것이다. 무엇이 실재하는 것이고, 무엇이 환상인가 하는 점에 대한 물음에는 정답이 존재하지 않는다.

코르벳이 이용자들에게 자신이 흑인이라는 사실을 털어놓았을 때 그들은 때로는 동정과 연민, 그리고 장시간의 대화라는 좋은 반응을 나타내기도 했다. 그녀의 비밀에 가려진 자아에 그들을 포함시킴으로써 자신이 그 폰섹스 업체를 배반하는 일에 그들이 참여토록 권유한 셈이 되며, 그들은 진실이 무엇인가 하는 점에 대하여 그녀가 가지고 있는 환상의 포로가 되는 것이다. 그녀가 비밀을 털어놓자 이용자들은 사악한 관리자들과 백인 사회에 대항하는 음모를 그녀와 함께 꾸밀 수 있는 기운을 얻게 되었었다. 이러한 은밀한 방식으로 코르벳은 어쩌면 몇 명의 동정적인 이용자들의 견해를 교화시켰을 수도 있는데, 그 이용자들은 영리하면서 순진한 소녀, 흑인 포르노그라피의 여왕, 순진한 창녀같이 코르벳이 지니고 있는 잡동사니 같은 모순된 점들과 상호 작용을 한다는 생각을 관대하게 받아들이는 자들이었던 것이다. 비록 코르벳은 이러한 것을 부지불식간에 이루어 냈지만——그리고 하나의 대본이 완성되기 전에 그만두게 되었지만——다른 교환원들은 교묘함을 하나의 기술 그 자체로서 숙달시켰다.

기술익히기

그것은 도미노 이론입니다. 당신은 최초의 고객으로부터 배우게 되고, 그런 다음 그 다음 고객에게 그것을 전해 줍니다. 그리고 당신이 그러한 성적 관심을 불러일으키는 대상물에 열중하는 더 많은 사람들과 대화를 나누게 되면서 그에 대한 용어들이 생겨나기 시작하는 것이죠. 나는 몇몇 잡지를 읽습니다. 아시다시피 나는 지배하고 복종하는 관계의 성적 취향에 관한 상품들을 취급하는 작은 서점들이나 포르노 상점(포르노 잡지·사진·기구·최음제 등을 판매하는)들에 들렀습니다. 거기서 판매하는 것들은 상대방의 몸을 결박해 놓은 상태에서 하는 성행위, 이성의 신체 일부분이나 의복 등에 대한 맹목적인 애호와 같은——온갖 잡다한 성적 취향들에 관한 잡지들입니다. 따라서 아시다시피 당신은 그같은 것에 대해 약간 조사를 하게 되지만, 사실 그렇게까지도 할 필요가 없는데, 이런 상점에서 일하는 친구들은 온갖 것을 다 알고 있으므로 그 친구들에게서 배울 수가 있기 때문입니다. 그렇게 해서 배우게 되는 겁니다.

실행을 통해서 배우는 것은 십중팔구 대부분의 성적 지식이 습득되는 방식이다. 몇몇 폰섹스 업체들은 주로 작업실 여기저기에 놓아둔, 포르노그라피 잡지들인 교환원용 자료들을 제공하기도 하지만 이러한 '훈련 교범'들은 이례적인 것이다. 그러한 잡지를 출간하는 일부 잡지사들은 자체적으로 폰섹스 전화 회선들을 운영하면서 그 잡지에 그들이 제공하는 폰섹스 상품들에 대한 광고를 싣고, 흔히 특정 여성들을 지명하여 언급하고 있는 그 광고를 교환원들이 참조할 수 있도록 그들이 펴낸 잡지들을 제공한다. 하지만 일반적으로 이 일은 전반적인 훈련 또는 교육을 필요로 하기에는 지나치게 '쉬운' 것이라고 여겨진다. 폰섹스는 어떤 기교를 개발하는 것 이상의 무언가를 필요로 한다. 섹스는 타고난 능력으로 여겨질 수도 있지만, 이성애의 성적 취향을 가진 사람에게 동성애자는 어느 정도까지 타고난 것으로 여겨질 수 있을까? 이성의 발을 보고 성적 욕구를 느끼게 되는 사람은 그러한 욕구를 한 번도 경험한 적이 없는 사람에게 어느 정도까지 타고난 것으로 여겨질 수 있을까? 어떤 시늉들·말씨, 표현의 강도는 천부적인 지식이 아니며, 배움을 통해서만 얻어질 수 있는 것이다.

피터는 로큰롤 가수가 되기 위하여 로스앤젤레스에 왔는데, 부업으로 할 수 있는 일자리를 찾고 있었다. 그는 20대 초반의 나이로 귀여운데다 할리우드 돌아가는 사정에 아주 밝았다. 그가 성적인 측면에 관대한, 젊은층이 즐기는 다양한 음악 세계에 노출된 것으로 인해 온갖 종류의 성행위들에 대한 이야기를 할 준비가 되어 있을 거라고 여겼던 것은 잘못이었다.

이 일을 처음 시작했을 때, 내게 맡겨진 것은 동성애자 전용 회선이었는데, 내 첫 반응은 이런 것이었습니다. "맙소사 난 동성애자들이 어떤 식으로 행동하는지 아는 게 없는데." 그런데 나는 다른 사람이 동성애자와 통화하는 것을 듣게 되었던 겁니다. 그들은 여러분이 상상할 수도 없을 만큼 덩치가 큰 조라는 동성애자 곁에 내 자리를 마련해 주었던 거죠. 제 반응은 이랬죠. "바로 이런 것이로구나." 그런 다음 그들은 동성애자가 아니라는 것을 나도 알고 있었던 어떤 다른 남자 옆에 나를 앉도록 해주었는데, 그 사람도 똑같은 일을 하고 있었고 그래서 나는 이렇게 생각했죠. "좋아 못할 것 없지."

폰섹스 교환원이라는 일의 기술적 요건은 좀처럼 일반적으로 인정을 받지 못한다. 그들의 자아와 그들이 창조해 낸 인물들 사이의 유사성에 대하여 논하면서 교환원들은 흔히 그들의 이력에 대한 추억에 잠기게 되는 경우가 흔했는데, 그들이 현재 가지고 있는 직업에 비추어 생각을 수정하면서, 그들을 폰섹스 교환원이 되도록 만들었던 개인적 특성과 관심이 어떤 것이었는지를 찾고 있었던 것이다. 대부분의 정보제공자들은 어린 나이에 지니게 된 성적 관심과 천성적으로 숨기는 게 없는 솔직함의 발현을 관련이 있다고 보았다.

샤를렌은 귀고리를 몇 개씩 달고 있으며, 잭 다니엘스 티셔츠 차림에 아기가 딸린 동안(童顔)의 엑스 세대였다. 그녀는 능숙한 교환원에게 필요한 것이지만 타고나야 하는 요건들에 대하여 설명했다.

당신은 생판 모르는 남에게 "오 자기, 제 항문에 섹스를 해주세요"라고 말할 수 있어야 합니다. 그런 말을 해낼 수 있는 사람들도 있고, 그렇지 못한 사람들도 있지요. 전 해요. 저는 그래요. 전에도 그래 왔고, 앞으로도 항상 그럴 거예요.

내 생각에 가장 경험이 많고 능숙한 교환원들은 자신들이 포르노그라피 산업과 연관되어 있다는 점에 대해서, 자신들의 성적 관심에 대해서 그리고 자신들의 이력에 대해서 편안하고 솔직했던 것으로 여겨진다. 그들은 흔히 성적이라는 특징이 주어졌고, 포르노그라피로 전락해 버린 것으로 설명될 수 있는 그들 사신들의 과거를 회상하곤 했다. 논쟁하기를 좋아했던 어린 시절을 기억하는 변호사들이나, 젊은 시절 차고에서 연극을 상연했던 적이 있음을 강조하는 배우들처럼 교환원들도 흔히 그들의 미래 직업이 무엇이 될 것인지 어렴풋이 감지할 수 있게 해주었던 개인적인 이력에 대하여 이야기한 경우가 잦았다. 게일은 그녀가 갖게 된 폰섹스에 어울리는 성격의 씨앗이 어렸을 적에 이미 뿌려져 있었던 것이라고 설명했다.

'스내퍼(Snapper: 꽉꽉 무는 성기)'[그녀가 폰섹스에서 사용하는 가명이다]라는 별명은 폰섹스 일을 시작하기 훨씬 전에 생겨난 거예요. 내가 열일곱 살이었을 때 어떤 포르노 영화를 본 적이 있는데, 그 제목이 《스내퍼 신데렐라》였어요. 그런데 그 영화는 신데렐라가 등장하는 것이었고, 그녀는 바로 섹스를 할 때 남성의 성기를 꽉꽉 무는 성기를 가진 여자였어요. 그래서 나는 친구들에게 내 별명을 스내퍼라고 해두고 싶다고 말했던 것이죠. 난 말했어요. "난 스내퍼야. 난 꽉꽉 물어 주는 성기를 가졌으니까. 섹스를 할 때 내 성기는 남자의 그것을 꽉꽉 물거든." 그래서 모두들, 모두들 말이에요——제 친구들 모두와 이웃 사람 모두를 말하는 거예요——나를 스내퍼라고 부르곤 했죠. 그러니까 그게 그 별명이 생겨나게 된 이유인 셈이죠. 이제 그 스내퍼는 '연인 스내퍼'였고, 그녀는 '달콤한 스내퍼 양'이었다가 이제는 '꽉꽉 무는 성기 스내퍼'가 된 것이죠.

게일이 10대 시절에 봤다는 그 포르노 영화가 만약 여러 해가 지난 후 다른 제목으로 재상연되지 못했더라면 그녀의 기억에서 잊혀져 버렸을 수도 있었을 것이다. 교환원들은 그들 자신의 어떤 부분들을 확대하고, 다른 부분들을 최소화하며, 종종 보는 사람을 즐겁게 하기 위하여 자신들의 이력에 새롭게 특징을 부여한다. 그 이야기의 일부는 듣는 사람에게 그것이 지어낸 이야기가 아니라 욕망과 이름, 섹스와 관련된 성벽들이 **자연 그대로의 벌거벗은 모습으로 존재하는 듯이 여겨지게 하는 설득력을 지닌다. 연구자이자 관찰자이며, 대화를 나누고 있는 동료 교환원으로서조차도 나는 관찰자의 역할에 있는 이용자들에 포함되어 있었고, 정보제공자들의 능력은 타고난 것이라는 점을 신뢰하게끔 되었던 것이다. 교환원들은 초현실적이며 철학적인 것 모두에 해당하는 루소식의 연민·호감, 그리고 운명의 바다 속에서 일한다. 이것 역시 환상의 일부이지만 내가 관찰했던 현실은 루소(앙리 루소 또는 장 자크 루소)에게보다는 시몬 드 보부아르 쪽에 더 가까운 논거를 두고 있었다. 존재의 양식은 한 벌의 학습된 기술들이었으며(보부아르, 1949), 그러한 기술들 중 하나가 모든 걸 천부적인 듯이 여겨지도록 만들고 있었던 것이다. 마치 피터의 다음과 같은 이야기처럼 말이다.

전화일을 하는 방 안에 앉아서 동성애 남자들과 통화를 하면서, 나는 동성애자가 아닌데도 사람들 앞에서 내가 마치 그 동성애자들과 섹스를 하고 있기라도 한 듯 숨을 헐떡거리기 위해서는——당신 자신이 그런 일을 할 수 있도록 모종의 정신적인 조건을 갖추고 있어야 한다는 것은 분명한 일입니다. 사람들은 대부분 [이렇게 말하곤 합니다] "나는 그런 짓을 하지 않을 겁니다. 절대로 말입니다!" 내가 그 일을 시작하지 않았을 적에 난 이렇게 말했죠. "맹세코 난 동성애자들과는 말도 하지 않겠어"라고 말입니다. 아시겠어요? 하지만 이제 나는 그런 일에 면역이 되어 있습니다.

이러한 면역, 즉 훈련은 거짓말하기, 불쾌한 환상에 동조하는 척 협력하기, 타인의 욕망을 읽어내고 교묘하게 조종하기 그리고 두려움 없이 금기를 깨버리기라는 다섯 가지의 기본적인 기술을 가르쳐 준다. 이러한 기술들은 교환원들이 이용자들과 관리자들, 그리고 폰섹스 환경과 상호 작용하는 것을 가능케 해준다. 그들은 자신들의 사적인 삶뿐만 아니라 사업을 영위해 나가기 위해서도 그것들을 필요로 한다.

폰섹스 교환원의 가장 기본적인 기술은 거짓말을 해내는 능력이다. 대개의 거짓말은 '환상'을 가장하여 제공된다. 이용자는 그가 원하는 이야기를 듣기 위해 대가를 치르는 것이기 때문에 어느 정도까지의 악의 없는 거짓말은 필요하다. 대다수의 폰섹스 관리자들 또한 교환원들에게 사실에 입각한 자세한 부분들에 대해서는 거짓말을 하도록 압력을 가하기도 한다. 예를 들면 내가 일했던 곳에서는 누적되어 가고 있는 전화 요금에 대하여 경고하는 내용의 녹음 메시지를 이용자들이 개의치 말도록 설득하는 방법에 대한 조언을 제공했다. 이용자들은 미리 녹음된 그 메시지를 듣는다 하더라도 대신에 환상을 믿는 쪽을 선택하는 경우가 더 흔했다. 이처럼 연방통신위원회(FCC) 규정은 개별적인 통화 내에서 지켜지는 것일 뿐만 아니라 또한 위반되는 것이기도 했다.

관리자들은 교환원에게 그녀가 어떻게 해줄 것을 기대하는지에 대해 상당히 솔직하게 말하며, 내가 관찰했거나 인터뷰를 했던 어떤 교환원도 그 제안된 행위의 부정직성에 대하여 관리자 측과 맞선 적이 있었다는 사람은 하나도 없었다. 예를 들면 내가 교환원 일을 하면서 하게 되었던 기본적인 거짓말은 다음과 같은 방식으로 작용했다. 한 이용자가 연방통신위원회의 요구대로 최초 기본 3분 통화에 약 15달러이며, 그 이후는 매분마다 1달러씩 추가되는 통화 요금을 밝혀 놓은 광고를 보고 전화를 해오게 된다. 교환원은 그 전화를 받아 어쩌면 15초 정도 잡담을 늘어놓다가는 이야기를 더 하고 싶지만 바삐 돌아가는 그 전화받는 방 안에서는 아무 생각도 제대로 할 수 없다고 말한다. 그런 다음 그녀는 사람들의 방해를 받지 않고 통화할 수 있는 개인용 칸막이가 된 곳에 설치된 개인 회선으로 전화를 받을 수 있도록 다시 전화해 달라고 제안하게 된다. 그녀는 그 '개인 회선'이라는 것의 기본 3분 통화료가 49달러 95센트나 된다는 사실에 대해서는 입도 벙긋하지 않는 것이다.

그보다 비싼 개인 회선에서의 통화시 매3분마다 그 교환원은 보너스 점수 1점을 받았다. 50점의 보너스 점수에는 50달러, 1백 점은 1백 달러의 상금이 지급되었다. 그 두 점수의 중간에 해당하는, 예컨대 20점 또는 70점 같은 점수에는 상금이 추가 지급되지 않았으며, 그 점수들은 단 한 차례의 교대 근무 시간 동안에 누적되는 것이어야 했다. 그런 규정에도 불구하고 관리자측에서는 보너스를 유보하거나 그것을 몰수하는 권리를 자유롭게 행사하면서 교환원에게는 그것의 상환을 청구하거나 그러한 불만 사항을 처리할 수 있는 어떤 수단도 제공하지 않았다. '감독자에 대한 무례함' 같은 행동은 보너스를 받지 못하게 되는 근거로 여겨졌고, 이러한 '규칙들'에는 결코 이의가 제기될 수 없었던 것이다. 어쩌면 교환원들은 이미 그 점수가 만들어지는 방식에 대하여 불확실함을 느끼고 있었으며, 어느 정도 수준에서는 자신들의 권리가 빈약한 것임을 자각하고 있었는지도 모른다. 이처럼 그것은 쉽게 얻은 것은 쉽게 나간다는 속담과도 같은 경우였으며, 교환원들은 그들 자신이 훔쳤던 것을 쉽사리 강탈당했던 것이다.

이러한 독특한 책략은 너무도 성공적이어서 이미 주어져 있는 제약과 악습을 감안한다 하더라도, 매일 저녁 8시에서 다음날 새벽 4시까지의 교대 근무 시간 동안 대략 반수 가량의 교환원들이 1백 달러의 보너스를 받을 자격을 가지게 되는 것이었다. 충격적이고 당혹스럽게도 우리의 비난받아 마땅한 행동으로 인하여 보너스 지급 계획이 중단되게 되었는데, 우리는 이 정직하게 일하는 업체에 높은 수익을 주는 고객들을 이런 인정할 수 없는 방식으로 교묘히 조종하는 일을 그만둬야 할 것이며, 그렇지 않을 경우에는 모두 해고될 것이라는 취지의 서면 통보를 나중에서야 받게 되었던 것이다. 내 동료였던 교환원들은 대부분 그 점수를 몰수당하는 대신 해고되지 않는다는 것에 만족스러워했다. 나는 교환원들 가운데 그 누구도 관리자측 책략에서 나온 이러한 지시에 반대하는 목소리를 내는 것은 듣지 못했고, 다만 그 사건이 있은 직후 가장 뛰어난, 그리고 가장 능숙한 몇 명의 교환원들이 다른 폰섹스 일자리를 찾아 이 회사를 그만두어 버렸을 뿐이다.

일부 폰섹스 업체들은 특별 '채팅 회선'을 갖추고 있는데, 그 회선으로 교환원들은 전화료를 납부하는 이용자들을 만나고 싶어하는 전화료 미납의 이용자들로 행세하는 것이다. 그들은 시카고나 피오리아·위네통카에서 전화를 하고 있다고 주장하면서 도시 이름들을 이용한다. 그 도시에 사는 주민인 이용자들은 자신들을 직접 만나는 일에 관심을 가지고 있을 수도 있는 여성들로서 자신들과 같은 이용자들과 통화하고 있는 것이라고만 믿게 된다. 이러한 신용 사기가 먹혀 들어갈 수 있다는 것이 내게는 놀라운 일이었지만, 이같은 꾸며낸 이야기들 대부분을 이용자들이 받아들이는 듯이 여겨진다는 사실에 놀라게 되었던 경우가 자주 있었다.

책략과 갈취는 폰섹스 산업에서 인정되고 예상되는 사업의 일부이다. 비록 환상의 범주 너머에 존재하는 것은 분명한 사실이지만, 교환원들은 이러한 책략들을 그들이 하는 일 —즉 이용자가 믿고 싶어하는 바를 믿도록 설득하는 일의 일부라고 설명한다. 능숙하고 자신감에 차 있는 교환원은 그녀가 하는 일이 지니고 있는 도덕성에 의문을 제기하지 않는다. 그 대신 그녀는 속임수와 무관심이 자긍심을 가질 수 있게 해주는 원천이 된다는 직업 윤리를 주장한다.

당신은 완전한 사기꾼이 되어야만 해요. 당신은 생각 같은 것은 할 필요도 없이 재빨리 거짓말을 할 수 있어야 되죠. 그게 중요하거든요. 그들은 어떻게든 당신을 궁지에 빠뜨릴 수도 있겠지만, 당신은 주저하지 말아야 해요. 당신은 그저 하던 거짓말을 계속해 나가야 하는데, 만약 그들이 그것을 알아채지 못한다면 알아채지 못하는 대로 대하면 되고, 만약 그들이 그것을 알아차리게 된다면 변명할 구실을 만들어야 하는 거죠. 사기 행위――교환원들은 자신들의 직무 내용 설명에는 그것이 들어가 있어야만 해요. 즉 '당신은 훌륭한 사기꾼이 되어야만 한다'는 것이죠.(아니타)

거짓말은 가장 중요한 기술로서 기본적으로는 그 사람이 필요로 하는 것을, 정확하게는 그들이 원하는 바를 얻고자 노력하는 것이어야 하며, 매번 다른 사람이 되는 방법을 배우는 것이지요. 처음에는 거짓말을 그렇게 많이 해야 한다는 게 어려운 일이었지만, 나는 그것에 익숙해져 버렸어요.(마리아)

《화이트 칼라》(1953)에서 C. 라이트 밀스는 백화점 점원들이 자신들의 일에서 요구되는 성실성을 억지로 내보여야 하는 것 때문에 혼란을 겪게 된다는 사실을 주목했다. 그들이 그들의 진짜 성격의 특징들이라는 목록에 불성실함이라는 특성을 첨가하기 위하여 '성실하게 불성실해지는' 방법을 배우고 나자, 그 딜레마는 해결되었으며 그들의 일은 보다 덜 부담스럽게 되었던 것이다. 역설적이게도 불성실함은 점원들에게 그들이 성실함을 거짓으로 꾸며낼 수 있도록 도와 주는 내면적 극복 기제인 하나의 적응 방식이 되었던 것이다. 그러한 위선은 부담스러운 것이 아니었으며,

오히려 점원들의 도덕적 양심에 대하여 진정한 편안함의 원천을 제공하였다.

《즉석 음식과 즉석 대화》(1993)에서 로빈 라이드너는 서비스 직종 종사자들이 근무하면서 거짓으로 꾸며낸 친절함의 결과인 성실성과 완전함이라는 문제를 면밀히 검토할 경우, 때로 경험하게 되기도 하는 자기 인식과 자기 과신의 증가에 대하여 설명한다. 보험 상품 판매원과 즉석 음식 업체 종업원들에 대한 한 연구에서, 라이드너는 개인적 특질로서 불성실함과 타인을 이기적인 목적에 이용하는 쪽을 택하는 경우에 초래하게 되는 것으로 여겨질 수도 있는 부정적인 결과에도 불구하고, 그러한 진전은 또한 득이 되기도 한다는 점을 예증하고 있다. 교묘한 조종과 기만 행위는 물질적인 보상을 가져다 주지만, 그것들은 또한 성실함과 진정함이라는 문제를 면밀히 검토하는 것을 통하여 얻게 되는 역설적인 지혜를 가져다 주게 되기도 한다.

폰섹스 교환원들은 거짓말을 잘 하는 것이 그들의 직무를 잘 수행하기 위한 하나의 요건이며, 그것이 제2의 천성으로 되어 버리면서 그들의 사생활에도 영향을 미친다고 보고함으로써 손실편익 분석(cost-benefit analysis)의 유사한 예를 입증해 보인다. 일을 통하여 그들은 사소한 거짓말이 가지고 있는 편리함을 알게 되고, 그것을 업무와 관련 없는 상황에서도 사용하기 시작한다. 그들은 또한 다른 사람들로부터 더 강력한 불신을 받게 됨으로써 거짓말쟁이가 받아야 하는 대가를 치르게 되기도 한다. 발레리는 다음과 같이 말한다.

나는 거짓말쟁이에게는 확실히 거짓말을 할 수 있다는 것을 배웠는데, 그것은 그들이 모두 거짓말을 하고 있다는 사실을 알고 있으므로 나도 그들에게 거짓말을 하겠다는 점 때문이기도 하지만, 사실은 그들이 내 말을 정말로 믿기 때문입니다. 나는 사람들이 거짓말을 하고 있을 때 그것을 알아낼 수 있는 방법을 알게 되었다고 생각하며, 아무런 이유 없이 그저 아주 정색을 하고는 멀쩡한 표정으로 거짓말을 늘어놓을 수 있는 잠재적 능력을 지닌 친구들을 좀더 잘 파악할 수 있습니다. 그러한 점은 확실히 나로 하여금 좀더 경계하도록 가르쳐 왔다고 생각합니다.

교환원들은 또한 치료사와 환자 사이에서 오갈 수 있는 대화를 흉내내는 일을 포함하여 할 필요가 없는 종류의 상호 작용이 이루어지게 되는 상황을 읽어낼 수 있어야만 한다. 대다수의 교환원들은 그들이 일을 시작했던 초기에 어떤 이용자들에게 교환원들 자신에게는 변태라고, 또는 병적이라고 여겨졌던 성적 관심에 대한 치료법을 제공하게 되었는지를 설명했다. 이러한 기교에 의해 진정이 되기는커녕 불쾌해진 이용자는 대개 전화를 끊어 버리게 된다. 그런 일을 당한 교환원들은 당연히 그 거부를 그들 자신들의 기술이 부족한 징후라고 받아들이게 되었다. 치료 방안을 제공하는 식의 대화로 도움을 주는 일에 실패하는 것을 보면서, 그리고 이용자가 충분히 장시간 통화를 계속하도록 만들어 수익을 올리는 일에 실패하는 것을 보면서 교환원들은 치료는 이용자들이 원하는 바가 아님을 재빨리 간파하게 되었다. 성공적인 교환원들은 이용자의 욕망에 동조하는 법을, 그를 변화시키려는 시도 없이 그것을 읽어내고 교묘히 조종하는 법을 곧 배우게 된다. 내가 인터뷰를 했던 21명의 교환원들 가운데 8명이 그렇게 하라는 격려 또는 자극을 받지 않고도 독자적으로 자신들이 이러한 주제를 내놓고는, 그것이 성공을 거두기 위해서 교환원들이

애써야 하고 해결해야만 하는 중요한 학습 과정이라고 설명했던 것이다.

나는 교훈적이 되려고 아주 애썼어요. 무슨 말인지 아시겠죠? "저 이봐요. 당신 애인에게는 그런 방법으로 섹스를 하지 말아야만 해요" 하는 식으로 말입니다. 제 말뜻 이해하시죠? 그들은 내가 그렇게 말하는 것을 좋아하지 않았어요. 그렇게 말하고 난 다음 그들은 갑자기 전화를 끊어 버리게 마련이었죠. 나는 결국 쓸데없는 말은 입 밖에 내지 않는 편이 좋다는 것을 배우게 되었어요.

나는 그들에게 미안하다는 생각이 듭니다. 그들은 날 사랑한다고 말하곤 했는데, 나는 이렇게 말하곤 했어요. "맙소사 당신은 날 정말로 사랑하지 않아요. 당신은 당신이 나라고 생각하고 있는 것을 사랑하는 거예요." 그런데 내 감독자가 말하는 거예요. [목을 자르는 시늉을 하면서 말이에요.] "그들에게 치료법에 대한 이야기를 늘어놓지 말아요. 그냥 '나도 당신을 사랑해요. 이제 저를 어떻게 하고 싶으세요?'라고 말하기만 하면 되는 거예요."

나는 그들에게 조언을 해주려 들었죠. 하지만 내 감독자는 그런 짓을 하지 말라고 했죠. 그들로 하여금 설명하려 들게 만들지 말아라. 그들을 현재의 자신들에 대한 책임을 지닌 존재로 만들지 말라는 것이었죠. 처음에 나는 그들에게 내 기분을 상하게 하는 것이 좋으냐고, 이유가 무엇이냐고 묻곤 했는데, 내 감독자인 그녀는 말했죠. "그런 식의 이야기를 시작해선 안 돼요. 그들을 돕는다는 식으로 이야기를 시작하지 말라는 말이에요. 그들의 아내들이 어디에 있는지 따위를 묻기 시작하지 말아요. 사태 전체를 가지고 들먹거리지 말라는 뜻이에요. 그건 당신이 할 일이 아니에요. 당신이 할 일은 그들이 오르가슴에 달하여 사정하게 만들면 될 뿐이에요."

섹스와 관련된 일에서는 당신이 해야 할 일이 무엇이고, 하지 말아야 될 일이 무엇인가를 알고 있어야 한다. 교환원과 이용자 사이에서의 상호 작용은 교환원인 여성과 이용자인 남성 사이에서의 상호 작용과는 엄청난 차이를 지닌다. 전화상으로만 알 수 있는 교환원의 모습 이면에 존재하는 실제 모습을 알고 있기 때문에 이용자는 만족하지 않게 될 가능성도 존재한다. 양측 공통의 입장이 형성되는 것은 단지 그들이 맡고 있는 역할과 대본으로 작성되어 있는 상호 작용을 통해서일 뿐이다. 에버렛 휴스는 다음과 같이 말한다. "매춘부나 정신과 의사 양자 모두는 상당히 개인적인 문제를 가지고 그들을 찾아오는 고객들과 지나치게 사적으로 연루되지 않도록 주의해야만 한다."(휴스, 1951) 하지만 정신과 의사들은——비록 어떤 의사들은 그러한 점을 지키는 데 다른 의사들보다 훨씬 성공적임을 보여 주는 경우도 있기는 하지만——형식상의 지침을 가지고 있으며, 고객들을 치료할 때 그들 자신들의 사적인 문제는 무시해 버리도록 하는 훈련을 받아 왔다. 이와는 대조적으로 대부분의 폰섹스 교환원들에게 명시된 목표는 어떻게든, 그리고 언제든 가능하다면 돈을 갈취해 내는 이기적 목적에 그들의 고객을 이용한다는 것이다. 예를 들면 만약 특정 고객이 전화 회사 또는 크레디트 카드 회사와 더 이상 좋은 신용 관계를 유지할 수 없게 되어 나중에 다시 전화를 할 수 없게 된다면, 정말로 능숙한 교환원은 그로 하여금 그의 친구 집에서 전화를 걸도록 만들게 될 터이다.

최초의 통성명에서부터 교환원은 그 사람이 필요로 하는 어떤 것이 환상이란 평면의 아래쪽에 어떤 식으로 자리잡고 있는지를 감지해 낼 필요가 있다. 모습이 보이지 않은 상태에서, 그리고 단지 목소리라는 최소한도의 단서만을 가지고 교환원은 그 이용자의 모든 것을 읽어내고, 그 결과에 따라 이용자의 행동을 교묘히 조종하는 것이다. 피터는 내게 통화를 지속할지 확신이 가지 않는 동성애 남성들에게 그들이 열렬히 믿고 있는 바를 이야기에 끌어넣음으로써 장시간 통화를 하도록 만들었던 방법을 말했다.

당신은 조금 멍청하고 우스꽝스러운 유형의 사람처럼 말하기만 하면 되는 겁니다. 이렇게 말이죠. "이봐요, 좀 들어 봐요. 도대체 당신들은 왜 같은 남자들끼리 동침을 하는 겁니까, 예? 당신들은 어떤 사람이죠? 제 정신이에요? 그건 신의 섭리에 어긋나는 일이에요." 당신은 그들이 왜 동성애를 하지 말아야 하는지 그 이유를 주워섬기는 것처럼 멍청이들이나 하게 되는 이야기를 하는 겁니다. 그러면 그들은 그 이야기에 빠져들게 됩니다. 그들도 뭔가 반박을 해야만 할 테니까요. 만약 당신이 뭔가 똑똑한 소리를 하게 된다면 그들은 이렇게 말하겠죠. "당신이 그렇게 생각하든지 말든지 내가 알 게 뭐요?" 만약 당신이 뭔가 멍청한 소리를 하고 앉아 있다고 생각되면, 그들은 이렇게 이야기하지 않고는 배겨내지 못한단 말입니다. "당신 도대체 뭘 모르고 있는가 본데 말이야……" 이렇게 되면 그들은 통화를 계속하게 되지요.

비록 이러한 꾀를 부리는 것에는 스스로를 해치게 되는 어떤 저주가 따라다니게 마련이지만, 이런 방식으로 행동을 교묘히 조종하는 법을 배우는 것에는, 흔히 이 직종에서 일종의 보너스라고 언급되는 어떤 득이 되는 면을 가지게 된다. 피터는 계속해서 이용자들에 대하여 자신이 지니고 있는 짐짓 겸손한 척하는 견해를 설명하면서, 그것을 세상 전반에 관한 이야기로 확장시키고 있었다.

당신은 다른 사람들의 환상과 같은 어떤 것들에 대하여 알고 있습니다. 사람들, 미국의 평균적 수준의 사람들은 "나는 언제나 두 여자를 데리고 살고 싶었다"는 식으로 이야기를 하게 될 수도 있습니다. 그런데 당신은 그가 진정으로 그것을 원치 않는다는 사실을 이해하고 있습니다. 하하! 그는 그것을 원한다고 생각하지만, 실제로는 그걸 원치 않죠. 나는 어떤 사람이 동성애자라는 것을 그들 자신이 동성애자라는 사실을 알게 되기도 전에 알아볼 수 있어요. 어떤 면에서 그것은 겁나는 일입니다. 그것은 내가 차라리 몰랐기를 바라는 무엇이지만, 좋건 나쁘건 말입니다……. 당신은 그것이 때로는 모든 것을 망쳐 놓게 되기 때문에 그것을 몰랐기를 원할 수도 있습니다만, 동시에 왠지는 모르지만 그것이 어느 면에서는 멋진 일이기도 하죠.

마찬가지로 멋진 일은 시각적 묘사, 즉 듣는 이의 마음속에 시각적 이미지가 생겨나도록 하는 기술의 습득이다. 이들 이미지들에는 포르노그래피 잡지들만큼이나 많은 수의 연애 소설들로 채워져 있다. 다중의 은유적인 형용사들과 수식 어구들, 유장하며 리드미컬한 두운, 쉰 듯하게 조절된 음성과 거친 숨소리——이러한 기교들은 폰섹스 상연 목록의 일부이다. 비록 표현 방식은 아주 다양하게 나타날 수 있지만, 대다수의 교환원들은 개개의 낱말에 지나치다 싶을 정도의 숨가쁜 강세를 주고, 숨을 내쉬는 것이 상대방에게 들리도록 분리시키기 위하여 경음의 자음들을 사용하여 아주 천천히 말한다. 모음들은 한껏 과장하고, 문장에서 중요성이 덜한 낱말들도 길게 늘이며 강조해서 발음한다. 피터는 영국인이기 때문에 부드러운 강세와 유장하고 리드미컬한 말씨의 덕을 보고 있었지만, 그가 습득하기에 그보다 더 어려웠던 기술들에 대하여 설명했다.

서둘지 않고 모든 것을 아주 상세히 설명하는 법을 배우는 것입니다. 아시다시피 그들에게 당신의 혀가 있는 곳까지 당신의 손톱으로 그들의 등을 훑어내리는 것을, 그리고 당신 몸의 나머지 절반은 무엇을 하고 있는지를 설명하면서, 단지 당신이 누군가의 등을 긁어 주는 일을 설명하는 것으로만 10분을 잡아먹도록 만든다는 겁니다. 당신은 모든 느낌을 설명하고, 그 느낌을 표현하는 소리를 보태며 그것을 자세하게 열거합니다. 당신은 단순한 것을 그들에게 설명하면서도 시간이 많이 걸리도록 함으로써 그들이 통화를 계속하도록 만드는 법을 배웁니다. 따라서 당신은 그러한 자세한 부분들에 대하여 그것이 어떤 느낌인가, 그것이 정말로 어떤 느낌인가를 설명하려 들게 되는 것입니다.

그렇다면 교환원들은 직장에서 일하는 시인들과도 같은 셈인데, 그 까닭은 "한 편의 시가 가지고 있는 생명은 연속적으로 이어지는 서술이나 전개된 주장 그 어느쪽도 아니며, 특정 자질과 세기를 가진 정서적이며 감각적으로 충만한 의식의 진행에 의존하고 있는 것이기 때문이다."(로젠탈과 골, 1983) 교환원은 이용자들이 성행위나 폭력·두려움·분노 또는 환상과 그밖의 다른 요소들에 관하여 추정할 수 있도록 만들어 주는 억양·리듬, 그리고 말하는 방식들을 개발하여 사용한다. 숙달된 교환원은 '유감이지만'이라든가 '난 당신을 원해요'라는 말조차도 하지 않는다. 그녀가 하는 행동은 이러한 정서를 창조해 내며, 뚜렷한 설명 없이도 그것이 그들 마음속에 떠오르도록 만드는 것이다. 역설적이게도 폰섹스에 있어서 명백히 나타나는 성적인 측면은 서술적이고, 생각을 환기시키는 것이며——일부 시들에서보다는 덜 뚜렷하지만, 그럼에도 불구하고 대부분의 시각적 매체를 이용한 포르노그라피보다는 더 분명하게 나타난다.

내가 인터뷰했던 모든 교환원들, 그리고 함께 일했던 교환원들 대부분은 자신들이 미성년 이용자들과 대화하고 있게 될 때, 그것을 알아챌 수 있을 만큼 충분히 이용자들의 마음을 읽어낼 수 있다고 믿는다. 왜냐하면 폰섹스 회선을 철폐하거나 또는 그것에 규제를 가하려는 움직임의 대부분은 어린아이들이 노골적인 성행위에 접근하여 그것을 이용할 수도 있다는 가능성 쪽에 집중되어 왔기 때문에, 교환원들에게는 나이와 그 나이에 일치하는 출생 연도, 그리고 그 나이와 근사치를 이루는 고교 졸업 연도를 나열해 놓은 표가 지급된다. 교환원들은 앳된 것처럼 들리는 목소리를 가진 이용자들에게 이러한 정보에 대해 간단한 질문을 해봄으로써 나이를 판단하게 된다.

미성년 이용자들이 전화를 걸어 오면 먼저 끊어 버리도록 지시를 받기는 하지만, 대다수의 교환원들은 걸려 온 전화를 그 어린애 또는 10대의 젊은이에게 900번에 전화를 거는 일의 해악과 높은 전화 요금에 대한 훈계의 기회로 삼곤 한다. 이러한 윤리적 행위의 과시는 몇몇 교환원들간에는 자긍심의 원천이 되는 것이었으며, 그 직장에서 나는 또 다른 교환원이 미성년 이용자와의 통화를 거부했다고 큰 소리로 알리는 것을 자주 들었다. 물론 그 교환원은 통화를 지속토록 한 일에 대한 칭찬을 받게 되었으며, 만약 그 어린 이용자가 전화 회사에 서면으로 이의 신청을 하지 않는다면, 그 전화 가입자는 잔소리를 들은 대가를 지불하여야 했던 것이다.

때때로 어떤 이용자는 미성년으로 의심이 가는 목소리를 가지고 있지만 최초의 시험을 통과한다. 열두 살짜리 아이라면 자신의 생년월일과 고교 졸업 연도를 계산해 내느라 곤혹을 치렀겠지만, 열여섯 살난 청소년이라면 그저 2년을 더하기만 하면 되는 것이다. 이처럼 나이가 그 경계선에 근접해 있는 미성년 이용자들을 발각해 내기가 가장 힘들다.

한 번은 내가 '숀'이라는 이용자의 전화를 받은 적이 있었는데, 그는 아주 어렸고 정말 애처로울 정도로 수줍어 폰섹스 환상 속의 여인인 나와 대화를 나누는 것조차도 크게 어려워했었다. 교환원들은 어떤 통화가 성적인 측면에 관한 것이 되도록 먼저 주도하는 법이 거의 없으며, 대신에 이용자가 그 통화에서 뭘 하고 싶어하는지를 털어놓도록 꼬치꼬치 캐묻게 된다. 숀은 마침내 '자위행위'가 도덕적으로 그른 것이고, 신체적으로 해로우며, 또는 종교적으로 금지되는 일이라고 생각하느냐고 내게 물었다. 우리는 그것에 대하여 약간의 토론을 벌였고, 나는 누구나 자위 행위를 하며 그것을 금지시킨 사람들조차도 하니까 그것은 아주 자연스러운 현상으로 여겨진다는 내 생각을 말해 주었다. 그러나 대체로 나는 계속해서 숀이 믿고 있는 바를 그와 함께 탐색해 나갔고, 내게는 그가 자신의 청년기(19세)의 성행위에 대하여 지나치게 수치스러워하며 걱정하고 있는 것 같은 생각이 들었다. 그는 그것에 대하여 함께 이야기를 해볼 수 있는 사람이 아무도 없는 듯이 보였으며, 섹스·여자·데이트의 기본적인 사항들과 사교적인 행사나 성적 관심에 대한 다른 핵심적인 문제들에 대하여 전적으로 무지한 상태에 있는 것처럼 느껴졌다.

나는 숀의 신뢰를 받기에 이르렀고, 그는 재빨리 여자들에 관한 주제로 화제를 옮겨 갔다. 그는 섹스라는 것이 어떻게 작용하는 것인지, 최초의 순간은 어떤지, 자신이 어떤 식으로 행동할 것을 상대방이 기대하고 있는지에 대하여 알고 싶어했다. 나는 우리 둘 사이에서의 가상 데이트를 예로 사용했다. 나는 어떻게 그가 나를 데리러 와서 내 아버지의 허락을 받고, 그런 다음에는 둘이서 일찍 상영하는 영화를 보러 근처의 영화관에 가게 될 것인지에 대하여 설명했다. 그는 팝콘을 큰 것으로 한 통 주문하게 될 것이고, 우리는 그 팝콘을 함께 먹으면서 이따금씩 서로 손이 스치게 될 것이다. "집중해요." 내가 그에게 말했다. "우리 손이 닿게 될 때, 내가 보이게 되는 반응에 대해서 말이에요. 내가 손을 얼른 떼나요? 아니면 그대로 놔두고 있나요? 서로 눈길을 맞추나요? 만약 확실하게 긍정적인 조짐이 보인다면, 그대로 계속하는 거예요." 나는 그에게 영화에서 슬프거나 감동적이거나, 아니면 재미있는 장면이 나오기를 기다렸다가 눈길을 마주친 다음 미소를 짓고, 한쪽 팔을 내 어깨에 올려 놓고는 여전히 반응을 살피라고 지시했다.

이러한 방식으로 나는 숀에게 첫 데이트 실습을 대강 끝낼 수 있었다. 내가 그에게 설명해 준 데이트에는 헤어질 때의 작별 키스 이외의 성적 접촉에 관한 일은 포함되어 있지 않았다. 모든 진행 과정은 여자 쪽의 동의와 자발성을 조건으로 하는 것이었다. 이 데이트의 목표는 섹스를 하기 위한 것이 아니라 그 여자에 대해 알고, 그 여자의 느낌과 욕구를 읽어낼 수 있게 되며 하나의 관계를 향한 진전을 위한 것이었다. 내 추측으로는 만약 그의 부모, 또는 그 누가 되었건 그가 자위 행위에 대하여 열거했던 것과 같은 억압적인 생각을 가지도록 가르친 사람들이 이 전화의 실제 내용을 알게 되었다 하더라도, 그들은 실제로 그가 배우게 된 교훈의 중요성에 대해서는 인정을 했을 것이다.

이 전화는 나에게 이 일에 대한 엄청난 만족감을 얻도록 해주는 원천이 되었으며, 나는 그 통화 내용을 몇 명의 동료 교환원들에게 들려 주었고, 그들은 각기 자신들이 겪었던 이와 유사한 섹스에 대하여 알고자 하는 경험이 없는 이용자에 대한 이야기를 한 가지씩 내게 들려 주는 식으로 반응을 보였다. 각각의 교환원은 자신이 선호하는 쪽으로 그 젊은이를 가르치는 것으로써 그 상황에 대응했다. 그녀들은 각기 다정다감하며 섬세한 풋사랑을 탄생시켰다고들 느끼고 있었으며, 그렇게 함으로써 커다란 만족을 얻었다고 말했다.

교환원들이 개인적인 방식을 발전시키면서, 각각의 이용자에게서 새로운 정보를 받아들임으로써 일을 통해 배우게 되는 것과 마찬가지로, 이용자들은 폰섹스 전화를 포함하여 각자의 사적인 대화로부터 약간씩의 정보를 얻음으로써 행동을 통해 배우게 된다. 만일 정말로 미성년 이용자들이 제대로 가려내어질 수 있다면, 18세 이상의 일부 경험이 없는 남성들(또는 여성들)은 사실 폰섹스 전화를 성교육 도구, 즉 그들이 새로 얻은 지식을 실생활이라는 상황에서 실험하기에 앞서 경험과 확신을 얻는 한 가지 방식으로 사용할 수도 있는 것이다.

작업 재해

폰섹스 교환원이 가지고 있는 가장 복잡한 기술 중 하나는 다른 기술의 숙달이 가져오게 되는 영향을 통제하는 일이다. 교환원들 대부분은 그들의 사생활에 있어서 자기 자신들의 성적 억제력과 언어, 그리고 기질에 대하여 느슨해져 마음을 편히 먹게 된다는 점을 알아채게 된다. 대부분은 이러한 영향들을 강점으로 여겼지만, 적어도 2명의 정보제공자들은 전화 통화일과 사생활의 품행 사이에서 생겨나는 괴리로 인해 상처를 받고 있는 것으로 나타났다. 샤를렌은 자기 남편과의 감당하기 힘든 관계에 대해서 설명했던 적이 있다. 그녀는 아주 젊고 강인했지만, 내게는 자신이 가지고 있는 상처받기 쉬운 점을 감추기 위해 지나치게 애쓰는 사람으로 비추어졌다. 그녀는 내가 인터뷰했던 그 어떤 교환원들보다도 더 자신의 직업에 대하여 만족하지 못하고 있는 것으로 보였지만 교육이나 기술의 부족, 그녀 자신의 젊음, 그녀의 억압적인 남편, 자신의 아이에 대해 져야 하는 전적인 책임, 그리고 페미니즘을 '브래지어를 불태우는 시위나 하는 일' 정도로, 그리고 여자다움을 나약함 정도로 치부하는 여성성에 대한 아주 인습적인 견해에 갇혀 있는 것처럼 보였다.

남편은 내게 때로 이렇게 말해요. "제길 전화를 건다는 그 친구들은 나보다는 나은 성생활을 하고 지내는 거야." 그 말에는 정말 기분이 상해요. 내 남편은 내가 실생활에서는 절대로 하고 싶어하지 않을 어떤 것을 해주길 바라죠. 그 하나가 그런 것에 대해 말하는 것이에요. 당신은 누구에게나 당신 항문에 성교를 해달라고 말할 수도 있고, 그렇게 말한다는 게 대단한 일도 아니지만, 나 자신의 개인적 삶에서는 그런 말을 하기에도 부끄러운 것이죠. 나는 그런 종류의 인간이 아니거든요. 내 말은 나도 이 일을 시작하기 전에는 그런 말을 입에 담는 것조차도 부끄러워했다는 거예요. 이제는 보시다시피 그런 말을 하는 것이 문제도 아니게 되었죠. 하지만 그것을 실제 행동으로 옮기는 건 어떠냐는 말인가요? 잊어주세요!

대부분의 교환원들은 말과 행동 사이에서의 구체적인 차이들을 열거했다. 행동으로 옮기는 것은 언어와는 분리된 별도의 존재, 즉 언어와는 별개의 것이며 관계도 없고 연결되지도 않은 것이며, 비슷한 점도 없는 그러한 존재로 여겨진다. 흔히 우리가 하는 말이 우리가 누구인가 하는 점에 대하여 영향을 미치게 된다는 바를 인정하면서도, 우리가 무슨 말을 하건 그리 중요한 것은 아니라고 우기게 된다. "인간의 본성이야 어떻게 막을 수가 있겠느냐, 세상이 뭐라고 흉을 보건 상관 않겠다."(《햄릿》 4막 7장)

그건 그저 질문하고 응답하는 행위일 뿐이죠. 나는 말하는 것을 두려워하지 않아요. 따라서 당신이 어떤 식의 말을 사용하건 [어떤 식의] 표현 소재를 사용하건…… 어떤 사람들은 일상 생활에서는 이런 말을 쓰지 못하지만, 나는 일상 생활에서도 이런 말을 어느 정도까지는 할 수 있었어요.

하지만 말과 행동은 관련되어 있는 것이며, 그 둘의 연관성을 부인한다는 것은 무의미한 일이다. 그러한 연관성이 부인될 때는 말의 효능도 상실된다. 공허하며 교묘하게 조작된 경험의 직접적인 효과란 어떤 파괴적인 힘으로 여겨질 수도 있으나, 사실상 나는 교환원의 사적이며 실제의 삶에 대한 이러한 영향들 가운데 대부분이 부인할 수 없는 것임을 알게 되었다.

불유쾌한 것들을 입에 올리는 일이 주는 효과들 중 하나는 그것들이 그 힘을 잃고, 덜 불유쾌한 것으로 되어 버린다는 점이다. 대부분의 교환원들은 그들이 실제 생활에서 그런 말을 사용하고 났을 때, 그러한 불유쾌한 행위에 대한 내성이 증가하는 것을 경험한다는 말이다. 이러한 경험을 하기 이전이었다면 이 마찬가지의 행위들은 혐오스럽고 이질적인 것으로 여겨졌을 터이다. 대다수의 교환원들은 이성의 신체 일부나 의복에 대하여 집착하는 성도착자들, 상대방을 지배하고 복종시키려는 성적 취향을 가진 성도착자들, 수간을 하는 성도착자들, 그리고 어린이를 성애의 대상으로 삼는 성도착자들도 흔히 놀라울 정도로 정상적인 대화를 할 능력을 가진 사람임을 알게 되었다는 이야기를 내게 해주었다. 피터는 동성애자 전용의 폰섹스 회선에서 하는 일이 어떻게 그로 하여금 편견과 무지를 극복하는 데 도움을 주게 되었는지에 대하여 말했다.

나는 성전환을 한 사람들, 남녀 양성에 대한 성적 관심을 가진 사람들, 그리고 동성애자들의 삶에 대하여 많은 것을 알게 되었어요. 나는 요즘 텔레비전 광고를 보면서 전에는 절대로 알아채지 못했을 곳에서 "저 남자는 동성애자다"라고 알아맞히게 됩니다. 전에는 결코 몰랐지만 이제는 알아볼 수 있으며, 지금은 어쩌면 자신이 그렇다는 사실을 내게 감출 수 있는 사람은 아무도 없다는 것, 내가 배우게 되었던 것이 그것입니다.

나 자신에 관한 어떤 면도 마찬가지로 존재합니다. 아시다시피 남자들은 언제나 그렇다고 할 수 있을 만큼 빈번하게 경쟁심이라는 장벽을 가지고 있는데, 동성애자는 그런 것이 없습니다. 따라서 당신이 그를 당신의 생각에 동조하도록 끌어들이게 되는 순간 어떤 유대감과 어떤 친밀함이 존재하게 되는 것입니다. "아 안녕하세요. 당신은 남자네요. 나도 남자예요. 우리는 둘 다 한 가지 같은 걸 가지고 있어요. 나는 당신이 무슨 생각을 하고 있는지 이해해요." 그것은 당신이 정상적인 남자에게서는 얻을 수 없는 긴밀한 유대와도 같은 것인데, 그 까닭은 그들도 마찬가지이기 때문이며 …… 그들은 자신들이 감정을 가지고 있다는 사실을 인정하지 않을 것입니다. 그들은 자신들이 문제점이 있다는 사실을, 어쨌든 다른 남자의 면전에서는 인정하지 않을 것입니다. 그들은 당신이 그들을 사정없이 비난하여 자신들을 해로운 존재로 보이게 만들려고 할까 봐 두려워하는 것입니다. 나는 그것을 알게 되었습니다.

그리고 나는 성전환자들이 겪어야 하는 일에 대해서도 알게 되었습니다. 삶이라는 것이 그들에게는 근본적으로 지옥과도 같아요. 아시겠어요? 그들은 강간을 당할 수도 있고, 그리고도 그것에 대해서 언제나 그랬던 것처럼 아무런 일도 없었다는 듯 넘어가게 될 수도 있겠지요. 그들 대부분은 마약이나 매춘에 빠져 있습니다. 유감스럽게도 그것은 그들이 하고 있는 일에 부수적으로 늘 따라다니는 것일 뿐입니다. 그것이 내가 알게 된 사실들입니다. 나는 이제 그들을 알아볼 수 있어요. 나는 그들이 어디에 있는지를 알고 있으며, 그들의 삶을 이해합니다.

성전환자들이나 그 부류의 사람들과, 그들이 원하는 조건으로 그들이 사용하는 언어를 써서 이야기하고, 그들의 성적 관심이 매력을 지닌 것이고, 놀라울 바 없는 일상적인 것이기라도 한 듯이 이야기하면서 시간을 보내다 보니 교환원들은 엄청나게 다양한 사람들에게 익숙해지기 시작하게 된다. 발레리는 그녀의 삼촌이나 오빠들이 거리낌없이 돌려보던 여자 누드를 특색으로 하는 잡지나 영화라는 형태로 된 '엄청난 양의 포르노그라피들' 속에서 성장했다. 폰섹스 시나리오의 대부분은 그녀에게 친숙한 것이었으나, 그 중 몇 가지만은 그녀의 삼촌이니 오빠들이니 하는 남자 친척들의 마음을 끄는 바이기도 했던 전형적인 포르노그라피의 범위 너머로까지 확장된 것들이었다. 그녀는 자신 또한 판에 박힌 성격 묘사의 틀을 깨왔다고 설명했다.

누군가가 "아 저 사람은 은밀히 이성의 옷을 입는 성도착자야"라고 말하는 것을 듣게 되었을 때, 우리가 "오, 맙소사"라고 당장 말하지 않게 되는 일과 마찬가지로, 그것은 나를 사람들에 대하여 좀더 관대해지도록 만들었습니다. 전에는 이성의 옷차림을 한 성도착자들을 거리에서 보게 되면, 그들을 두렵게 여기는 것이 보통이었죠. 나는 이렇게 말하곤 했어요. "정말 이상해, 정말 섬뜩해." 숨어서 이성의 옷을 입는 성도착자들은 정말 괜찮은 사람들이고, 나는 그들의 그러한 행동 이면에 자리잡고 있는 심리 상태를 알고 있으며, 그런 까닭에 우리 사회가 안고 있는 어떤 상황에 대해 관대히 대하는 법을 몸에 익히게 되었다고 느끼는 것입니다.

내가 인터뷰했던 다수의 교환원들은 자신들의 마음속에 관대함이 자리잡게 되면서 그들의 사적인 성생활에 있어서 새로운 것들을 실험해 보기 시작하게 되었다고 말했다. 비록 내 정보제공자들 가운데 그 누구에게도 그들의 사적인 성생활에 대한 일을 물어본 적은 없었지만, 소수의 몇 명을 제외한 모두가 자발적으로 그들 자신이 가지고 있는 성적인 관심사에 대하여 내게 정보를 제공했다. 대부분은 자신들의 성생활이 어떤 식으로 변화를 겪게 되었는가 하는 점에 대하여 솔직하게 사실대로 말했다. 몇몇은 인터뷰가 시작될 즈음 내게 "나는 당신이 뭘 묻고 싶어하는지 알고 있어요. 내가 정말로 성적으로 도취하게 되었느냐는 것이겠죠?"라고 말하기도 했다. 사실 나는 특별히 알고 싶어한 것은 아니었으며, 한 번도 그런 것을 물어보겠다는 생각조차도 한 적이 없었다. 하지만 최소한 그러한 주제를 끄집어 낸 사람들의 질문에 대답하자면, "그렇다"였다. 어떤 이용자들은 교환원이 성적으로 반응을 일으키도록 환기시키게 마련이다. 다수의 교환원들이, 예를 들면 상대의 몸을 결박해 놓고 성행위를 하는 것에 대한 대화를 하는 동안 성적으로 자극을 받고 난 다음, 집에 가서 그것을 실제로 해보게 되었던 것이다. 게일은 그녀의 일이 개인적으로 영향을 미치게 되는 점에 대하여 자발적으로 정보를 제공해 주었던 교환원들 중 한 사람이었다.

그것은 내게 분명히 영향을 준 셈이 되는데, 그 까닭은 전에는 내가 열중하지 않았던 것들이 많았기 때문입니다. 내 말은 이 일을 처음 시작했을 즈음이라면 나는 결코 남자가 나를 묶고, 엉덩이에 찰싹찰싹 매질을 하거나, 아니면 그와 비슷한 어떤 짓도 하도록 내버려두지 않았었을 겁니다. 아시겠어요? 그런데 폰섹스가 그런 면에 영향을 끼쳤다는 생각이 드는데, 그 이유는 짐작하시겠지만 이제는 내가 그런 행위들을 좋아하게 되었기 때문입니다. 섹스를 하는 동안 나는 상대가 내 엉덩이를 찰싹찰싹 때려 주는 것을 좋아합니다. 아시겠지만 나는 그것이 변태적이라고 생각은 해요. 그러니까 성적으로 말하자면, 나는 전보다 훨씬 더 변태적이 되어왔다는 생각이 드는 거죠. 그것은 분명 영향을 끼쳤던 겁니다.

각기 별도로 가졌던 인터뷰에서 브리아나와 미미도 같은 의견이었다.

그것은 그저 정상적인 요조숙녀형의 평범한 섹스로부터 좀더 나를 개방적으로 만들었죠. 점점 실험을 더하게 됩니다. 그 실험을 하는 부분이 좋았던 거고, 그것은 잘못된 것이라고 배척할 그런 것이 아니었어요.

그것은 내 성생활에 영향을 주었다고 생각해요. 그것은 내가 원하는 것에 대하여 내가 훨씬 더 적극적이 되도록 만들었죠. 다른 성행위에 대하여 나를 훨씬 더 개방적이 되도록 만들었고, 나를 단순히 훨씬 더 성적 관심이 강한 여자로 만들었어요. 이전 같았으면 요구하지 않았을 행위들을 남자친구에게 요구하게 되었고, 이전에는 한번도 사용한 적이 없는 섹스 기구들에 관해 [내 남자친구에게] 말하게 되었으며, 그에게 이렇게까지 묻게 되었죠. "나, 그리고 다른 여자와 셋이서 함께 섹스를 한다는 것에 대해 한 번이라도 생각해 본 적 있어요?" 폰섹스 일이 아니었다면, 그와 같은 것에 대해서 결코 생각할 수도 없었을 것이며, 그런 것을 물어볼 정도로 적극적이 되지도 못했을 겁니다.

소수의 교환원들은 그 정반대의 효과를 느꼈다. 두 곳에서 하는 폰섹스 일 외에 매춘부 노릇까지도 했던 적이 있는 한 교환원은 자신의 한계점에 도달해 있었다.

나는 섹스에 대해 생각조차도 하기 싫었어요. 나에게 섹스에 대해 말도 꺼내려 들지 말아요. 내 몸에 손도 대지 말고, 그대로 날 내버려둬 줘요. 그짓을 하루에 16시간씩 해야 된다면 당신도 현실 속에서 실제로 남자의 성기를 쳐다보게 되는 일조차도 원하지 않는 지경에 이르게 될 테니까요. 그렇게 되는 거예요. 당신도 그렇게 됩니다.

대다수의 교환원들은 폰섹스 일이 그들 사생활의 나머지 부분에 대해서도 유사한 영향을 끼쳤다고 말했다. 섹스 종류에 대한 목록이 늘어가는 것을 즐겼던 사람들은 자신들의 사회적·심리적 목록이 늘어가는 일을 즐겼던 반면, 일을 그르칠 정도로 섹스를 지나친 것으로 여겨 물리쳐 버렸던 사람들은 또한 그것과 관련된 영향들에 대한 생각도 물리쳐 버렸던 것이다. 교환원들은 새로운 성적 태도 뿐만 아니라, 몇 가지 새로운 인물의 특징을 가지고서도 실험을 했다. 그들 대부분에게 이것은 새로운 것을 깨우쳐 주는 일이 되기도 했지만, 그 나머지 사람들에게는 정체성을 가지고 실험한다는 사실은 즐기기에는 너무 불안하게 만드는 것이 되었다. 브래드가 지적하고 있듯이 때로 가장(假裝)은 그것을 실제로 만들어 버릴 수도 있다.

그것은 우리를 보다 자신만만하게 만듭니다. 우리는 환상이 어떻게 우리에게 좀더 정신적으로 긴장을 풀도록 만드는지 알고 있습니다. 그리고 이와 같은 어떤 것을 직접 해보게 될 때까지 우리는 그것을 반드시 자각하지 못하고 있게 될 수도 있습니다. 그런 다음 우리는 깨닫게 됩니다. 나는 사람들이 그것을 얼마나 즐기게 되는지 어느 정도 알 수 있습니다. 그걸 즐긴다는 것은 쉬울 거라고 상상이 가니까요.

하지만 다른 사람들은 보다 위협적인 교훈이 들어 있다고 보았다.

만약 당신이 섹스를 하는 중에 당신이 폰섹스 일을 하느라고 하게 되었던 어떤 말들을 하기 시작한다면 그것은 정말로 두려운 일이라고 생각하는데, 무슨 말인지 아시겠죠? 그런데 내가 그런 적이, 그런 말을 한 적이 있었다는 겁니다. "오 맙소사!" 그런 말을 한다는 것이 뭐 잘못되었대서가 아니라, 그것이 잘못된 것이 아니기 때문입니다. 나는 그런 말을 하는 것이 어느 정도는 도발적이라고 생각하지만, 동시에 당신은 "나도 섹스를 그 어떤 사람들처럼 하고 있는 건가?"라고 생각하게 됩니다.

직업상의 가장과 사생활

폭력적인 것, 또는 수간(獸姦) 같은 몇몇 형태의 성적 취향을 인정한다는 것은 어려운 일이다. 이러한 이용자들과 상종하면서 그들과 같은 방식으로 생각을 하고, 그들이 사용하는 말을 한다는 것은 그것을 견뎌내는 우리의 능력과 공감을 증대시켜 주지 못할 수도 있다. 피터는 동성애자가 아니면서도 마치 동성애자인 듯이 대화하는 법을 익혔을 뿐인 남자였는데, 그는 자신이 이용자들과는 다르다는 점에 대한 강화된 인식을 가지고 있는 것처럼 보였다. 동성애자가 아닌 여성들이 동성애자가 아닌 남성들과 대화하는 것 이상으로, 피터는 마치 자신과 그들 사이에 뚜렷한 선이 그어져 있기라도 한 것처럼 이용자들에 대하여 말했다. 피터에게는 유감스러운 일이지만, 그는 그러한 선에 대하여 믿기에는 너무 똑똑했으며, '그들'과 '자신' 사이의 차이에 대한 그의 모호한 정당화는 우리 인터뷰에 속속들이 배어 있었다. 내가 생각하기에 그는 이용자들이 '정상이 아닌 이상한 사람들'이라는 자신의 생각과 섹스 산업 노동자로서의 자기 자신의 참여와 정체성이, 이용자들을 인간으로 보는 자신의 견해가 그리고 그들은 어쩌면 친구들·친지들 그리고 자아로 이루어진 자기 자신의 세계 속에서 다른 남성들을 대표하는 존재일 수도 있다는 사실에 대하여 자기 자신이 가지고 있는 의구심이 동일선상에 위치하지 않도록 하는 점에는 궁극적으로 성공을 거둔 것으로 여겨진다.

그것은 우리에게 심리적으로 영향을 미친다고 생각합니다. 우리는 사물의 본성에서 나쁜 쪽만을 보게 되는 경향이 있습니다. 당신은 사람들의 비밀스러운 환상에 대하여 듣고 있습니다. 당신은 사람들이 원하는 것들에 대한 그들의 내면 가장 깊숙한 곳에 자리잡고 있는 욕망에 대해서 듣고 있습니다. 그런데 그것은 당신으로 하여금 그것이 어디에서 유래된 것인가?라는 궁금증을 갖게 만듭니다. 그것은 인간 본성에서 어떤 종류에 속하는 것일까요? 나는 그것이 어떤 영향을 미친다고 생각하는데, 그것은 나쁜 영향이라고 생각합니다. 어느 정도 좋은 영향도 존재한다고 생각합니다. 하지만 좋은 영향보다는 나쁜 영향이 더 많이 존재한다고 생각하는데, 무슨 말인지 아시겠죠? 그리고 우리는 정말로 정신을 집중해야만 하며, 그렇지 않으면 그것은 나쁜 방식으로 우리에게 이르게 됩니다.

피터는 나쁜 영향이 계속해서 궁지에 몰려 있도록 만드는 데 소요되는 노력에 대하여 강조했다. 그러한 영향은 급료를 받는 노동과 그것이 그 노동자의 삶에 미치는 영향에 대한 무수한 연구들을 해내는 비옥한 영역을 제공해 왔다. 예를 들면 혹스차일드는 직업상 하게 되는 가장이 개성을 파괴하는 특징을 가지고 있다는 점에 대한 분석을 해왔으며, 피터처럼 서비스 경제로 전환되어 감에 있어서 "우리는 우리의 감정에 대하여 듣게 되는 방법에 있어서, 그리고 좋건 나쁘건간에 그것이 우리 자신들에 대하여 말해 주는 바가 무엇인가 하는 점에 있어서 대가를 치르게 될 수도 있다"고 우려하고 있다.(1983년, 21쪽)

맥도널드 햄버거 점포의 종업원들과 보험 상품 판매사원들에 대한 라이드너의 연구(1993)를 통해 드러난 사실은, 고객들과 서로 영향을 미쳐야만 되는 서비스직의 노동은 개체성을 틀에 박힌 것으로 만들어 버리며, 노동자들이 확실성·개체성 그리고 인격적인 완전성에 대한 심각한 의문에 직면하지 않을 수 없게 만들었다는 점이다. 그녀는 노동자들이 이러한 문제들에 대한 검토에서 이득을 얻을 수 있으리라는 점에, 특히 외부적인 힘들에 의해 생겨나지 않을 수 없는 가면을 쓴 인격과의 사이에서의 균형은 개인이 그녀의 진정한 자아를 표출하기 위한 독자성을 갖는 것에 의해 제대로 조화를 이루게 된다는 점에 주목한다. 라이느너가 발견해 낸 것은, 그녀가 관찰했던 서비스업에 종사하는 노동자들이 그들 자신들의 변화하는 욕구에 적합한 것이 되게끔 자아를 연출해 내도록 규정하고 있는 작업 규칙에 대하여 그들 나름의 해석을 구성해 나가고 있었다는 사실이었다. 비록 그 변화라는 것이 전적으로 친절한 쪽을 향해 가는 것은 아니라는 점에 그녀가 주목하고 있기는 하지만, 그녀는 꽤 까다로운 고객들에 대한, 마음에서 우러나는 것이 아닌 비위맞추기처럼 감정을 이용해야 하는 노동 같은 다소 불리한 요건 아래에서 노동자들이 발전시키게 되는 적응 기제에 초점을 맞추고 있다. 그녀는 이러한 대처 기제가 자신감의 증대, 고객들보다 우위에 있는 힘의 인지, 그리고 품위를 떨어뜨리도록 만드는 상황으로부터의 심리적 보호 등을 포함하여 그것들 나름대로의 이로운 점들을 가지고 있음을 발견한다.

급료를 받는 노동은 노동자들의 사생활에 영향을 미치는 것으로 알려져 있는데, 그것은 그들의 생활 수준, 일일 계획, 그리고 사회적·경제적 힘에 생겨나는 변화에 의해서이다. 라이드너는 "서비스를 위해 대본에 기초하고 있는 대화에 참여해야 한다는 것은, 사람들이 자신의 권능을 의식하게 되는 것, 그들이 타인들에게 기대하게 되는 것, 그리고 그들이 타인들을 향해 가지고 있는 의무에 대한 그들의 믿음 같은 것들을 포함하여, 사람들이 사회적 관계를 이해하는 데 영향을 미치게 되는 냉소주의와 방어적 태도를 훈련시키게 된다"(1993년, 230쪽)는 사실을 발견했다. 친절하다든가 도발적이라든가 하는 인격적 특징들이 일정한 형식을 따르도록 하는 것은 서비스 업종의 일을 전반적으로 문제점을 가진 것으로 만들게 되는데, 특히 폰섹스는 이러한 의식과도 같은 행위가 빈번히 그리고 대량으로 적용되는 필연적인 결과를 수반하게 된다. 폰섹스는 또한 폰섹스업과 관련을 맺고 있는 사람들——교환원 또는 이용자——에게와 그녀 또는 그와 낭만적으로, 혹은 성적으로 관련되어 있는 사람 누구에게든 문제점들을 제기하게 된다. 교환원들이 자주 논의하게 되는 것은 자신들이 섹스와 관련된 일을 하면서 동시에 사적인 인간 관계를 유지해야 하는 데서 생겨나는 곤란함에 대해서이다. 아래 논의에서 제이드는 폰섹스 일이 그녀 자신과 남자친구와의 관계에 끼친 영향에 관해서 말한다.

제이드: 처음에는 그 사람이 날 도와 줬어요. 재미있었죠. 그 시기가 지나자 그는 나를 좀 멸시하는 듯한 눈으로 보는 거였어요. 그는 일종의 멸시하는 태도로 나를 대했던 거예요. 아시겠어요? 그는…… 그에게 신경을 써주는 것은 힘든 일이었어요. 정말로 신경을 써줘야 할 사람은 그였는데 말이죠. 무슨 말인지 아시겠죠? 그런 다음에는 그가 내 모든 전화 통화에 대한 시간을 재기 시작했던 거예요.

AF(에이미 플라워즈): 왜 그가 전화 통화 시간을 재었죠?

제이드: 왜냐하면 나는 어떤 평균치를 유지해야만 했기 때문이죠. 내가 무슨 말을 하고 있는지 이해하세요? 하지만 이용자들은 실제로는 평균 통화 시간이 어느 정도나 되어야 할지에 대해 그다지 개의치 않는 편이죠. 만약 평균적으로 통화하는 시간이 약간 짧아지게 되면, 이용자들이 전화를 끊어 버리거나 하는 것과 같은 일들이 발생하기 때문에 평균 통화 시간은 곧 다시 원래대로 조금 길어지게 되는 것이죠. 하지만 그 당시에는 때때로, 그는 그랬어요——뭐랄까 통화를 하려면 텔레비전을 끄고, 전축도 끄고 해야 했으니까 다소 힘들어했어요. 그 사람은 이런 감정을 가지게 되기 시작했던 것 같은데, 그건 내 여자는 온갖 잡놈들과 전화통에 대고 입에 담지 못할 음탕한 소리를 지껄여대는 일을 해야 하는데, 나는 그저 여기 앉아 그걸 들어야 하는구나……. 이런 식으로 생각하는 거였겠죠. 내 말뜻을 아시겠어요? 내가 하고자 했던 바는 단순히 그가 직장에 출근했을 때 내가 그 일을 할 수 있게 되는 것이었음을 아실 겁니다. 하지만 그 당시에는 정말 취직자리

를 찾기가 힘들었어요. 그러다가 그가 실직을 당해 버렸던 거예요. 그러니까 이제 우리는 다시 원점으로 돌아온 셈이죠.

내가 인터뷰한 21명의 교환원들 중에서 겨우 4명만이 지속적으로 사귀는 남자친구나 남편이 있었으며, 그들은 각기 그들의 일로 인하여 사적인 친교에서 생겨나는 독특한 곤경에 대하여 언급했다. 이들 교환원들의 친교 관계에 관련된 두 가지 장애물들은, 첫번째는 그들의 배우자들이 이용자에게 기울이는 주의에 대한 질투였고, 두번째는 배우자들이 점차 음란해지고 지나친 요구를 하게 되며, 자신들이 이용자들을 닮아가게 된다는 점이었던 것이다. 거래되고 있는 친밀함을 질투하고 있었던 그녀들의 남자친구들 중 3명은 또한 그 거래로 인해 생겨나는 소득에 의존하고 있기도 했다. 어쩌면 그들을 분노와 적대감으로 괴롭힌 것은 바로 이러한 의존 그 자체였을 수도 있다.

그러한 것들을 참아내면서 관계를 지속했던 교환원들은 비슷한 연애 사건들로 점철된 과거로 인해 여전히 잘못된 관계로 남아 있어야 하는 운명이라고 느꼈기 때문이거나, 또는 모든 남자들이란 근본적으로 심술궂으며 남자와 함께 산다는 것은 학대에 대한 인내가 요구되는 일이라고 느꼈기 때문이거나 둘 중 하나의 이유에서 그렇게 했던 것이다. 제이드는——그녀의 남자 친구가 그녀의 통화 시간을 쟀고, 다음에는 필요 이상 통화 시간을 길게 끌면서 그것을 즐기고 있다고 비난했던——자신이 그를 사랑한다고 내게 말했다. 그녀는 "사랑이 그런 것이라면, 누군가를 정말 사랑한다면 우리는 누구든 그런 이야기를 하고 있는 걸 바라지 않겠죠"라고 말하면서, 그의 불안정한 심리 상태를 당연히 있을 수 있다고 생각했다. 이들 4명의 교환원들은 각기 그들의 주의와 성적인 활력을 분리해야 하는 것에서 오는 죄의식에 초점을 맞추었다. 그녀들은 자신들이 다른 남자들에게 전화를 통해서 해주어야 하는 서비스는 집에 있는 자신들의 남자가 필요로 하는 서비스와 동일하며, 거래되고 있는 친교의 모든 부분들은 자신들의 배우자의 몫이 되어야만 한다고 여기는 것처럼 보였다.

대체로 교환원들은 자신들의 일을 근무 시간 넘어서까지 연장시키지 않았으며, 대다수가 회사일은 가정으로까지 끌고 들어오지 말고 '사무실에' 놔두는 것의 필요성에 대하여 말했지만, 그럼에도 불구하고 그들의 폰섹스 대화는 근무 시간을 넘겨 그들의 사적인 애정 관계 안으로까지 연장되며, 사적인 친구 관계 안으로까지도 연장되는 경우가 흔했던 것이다. 그들은 여전히 그러한 영향들을 최소화하려는 시도에서 일과 사생활 사이를 조심스럽게 구별짓고 있었다.

재닌: 나는 그들[이용자들]이 내가 알고 있었던 남자친구들이라고 생각했던 적이 두어 번 정도 있었는데, 이날 이때까지도 나는 여전히 뭐가 뭔지 알 수가 없어요. 나는 그 점에 대해 철저히 따져 본 적이 한 번도 없었으며, 두 경우 모두 내가 말을 채 끝내지도 못하고 그냥 전화를 먼저 끊어 버렸던 것으로 기억해요. 나는 그 이유를 알고 싶지도 않았고, 설령 내가 알고 있었다 할지라도, 만약 그들이 그런 짓을 한다면 나도 그 이유를 알고 싶어하지 않았을 것이기 때문이죠.

AF: 만약 전화를 건 쪽이 그 사람들이었다면 어땠겠어요?

재닌: 모르죠. 나는 할 수조차 없었어요……. 난 언제나 그런 걸 염두에도 두지 않고 있었거든요. 그들이 전화를 했다면 지저분한 말로 내게 약간 충격을 주었겠죠. 그건 내게 남자들에 대하여 전

혀 다른 시각을 갖게 해주었겠죠.

'남자들에 대한 전혀 다른 시각'이라는 말은 내 정보제공자들이 아주 공통적으로 하는 것이었으며, 그 말에 지체 없이 이어지는 것은 자아에 대한 전적으로 새로운 시각이라는 말이었다. 그 일이 그들의 사적인 생활을 잠식하면 할수록 직장에서의 삶과 사적인 삶, 이용자와 일반인 사이의 구분은 더욱더 중요해지는 것처럼 보였다. 실제로는 모든 남자들이 폰섹스 이용자들이라는 견해는 동시에 모든 폰섹스 교환원들도 본질적으로는 전화를 이용하는 매춘부들이었다는 사실을 함축하고 있는 것으로 여겨졌다.

거리낌이 없어지고 실험적이 되어가는 폰섹스에서의 성적 관심과 함께, 일부 교환원들은 특정 이용자들로부터 걸려 오는 전화들을 점점 더 즐기기 시작하게 되었다. 이것은 어떤 의미에서는 그들의 참여를 이용자들의 그것과 유사하게 만들어 놓는 것이다. 교환원들은 걸려 오는 전화 중에서 특히 즐기게 되는 통화가 있다고 내게 자주 말했으며, 몇몇은 폰섹스 통화를 하는 동안 때때로 '성적으로 도취하게' 되는 경우가 있었음을 털어놓기도 했다. 이것은 말할 것도 없이 포르노그라피 문헌들과 광고 내용에 있어서 증명되고 있듯이, 어떤 지속적이고 육체적이며 깊은 관계에 해당하는 방식으로 교환원을 감동시키고자 하는 이용자의 소망이며 꿈이자 궁극적인 환상인 것이다.

3
폰섹스의 소비자들: 남편들, 그리고 친구들일 수도 있다

현실에 대한 평가

 4개월에 걸친 근무 기간 동안 나는 대략 3천2백 명 정도의 이용자들과 통화를 했던 것으로 추정하지만, 그들에 대하여 내가 가지고 있는 지식은 제한된 것이었는데, 그 이유는 사실적인 측면에 관한 정보 —— 소득·키·성기의 길이 —— 가 확인할 도리가 없어서 과장의 여지가 있었기 때문이다. 나는 다른 교환원들과 그들은 이용자들이 어떤 사람들이라고 생각하는지에 대하여 상세한 이야기를 나누었으며, 이 장에서는 인터뷰를 통하여 정보를 제공했던 사람들의, 내 동료였던 교환원들의, 그리고 나 자신의 지각 대상이 되었던 이용자들은 어떤 사람들이었는가 하는 점에 대해 논의하기로 한다. 내 교대 근무 시간 동안 전화를 받는 방에서 나는 내가 이용자들과 나누었던 대화의 요점들을 기록해 두었다. 교환원들이 이용자들의 이름과 여타 자세한 관련 사항들을 담고 있는 목록을 가지고 있는 것은 보기 드문 일이 아니었으며, 그것은 그렇게 하지 않는다면 상당히 혼동을 일으킬 수도 있는 연속적으로 나열된 이름들과 그 이름의 주인공들과 나누었던 온갖 꾸며낸 이야기의 줄거리를 잊지 않고 제대로 기억하기 위해서이다. 교환원들은 흔히 매시간마다 10명, 하룻밤에 60명에서 80명이나 되는, 그리고 때로는 동시에 2명의 이용자들과 대화를 한다. 만약 어떤 교환원이 숨을 헐떡이면서 내쉬는 한숨과 함께 가슴에 털이라고는 찾아볼 수도 없는 헨리라는 이용자에게 "오 톰, 난 당신의 털북숭이 가슴이 좋아요!"라고 말한다면, 그 이용자는 그녀에게 두 번 다시 전화 따위를 하지 않게 될 것이다. 대부분의 교환원들의 것보다 내 기록은 단지 좀더 그 범위가 넓고, 좀더 개인적이며, 이에 덧붙여서 나는 거기에 날짜를 표시하여 모아 놓았다는 차이가 있었다.

나는 전화 통화를 하는 것만으로도 알아낼 수 있는 단서들을 통하여 몇몇 이용자들이 자신들의 사회적 자아에 대하여 주장하는 사실이 가지고 있는 확실성을 어림해 보았다. 문법, 억양, 배경으로 들리는 소음은 좀더 구체적인 요소들 중 몇 가지에 해당하는 것이며, 한편 교육 수준이나 직업 분야에 대한 평가는 내가 수집한 보다 주관적인 인상들에 속하는 바이다. (물론 나 자신의 개인적인 예민함에 의한 판단이 지니고 있을 수 있는 오차가 어느 정도인지는 알 수 없는 일이며, 나는 그저 그것이 충분히 정확한 것이라고 추측할 수 있을 뿐이다.)

교환원들이 몇 가지 기본적인 태도를 가장하는 데 있어서 어려움을 겪어 왔던 것과 마찬가지로, 우리는 이용자들 역시 당연히 그러한 어려움을 겪어 왔으리라고 본다. 사람들은 누구나 이전에 전화로만 알던 사람을 직접 만나 예상했던 바가 얼마나 실제와 잘 부합하는지 비교함으로써, 전화를 통해 받았던 인상이 얼만큼 정확한 것이었는지를 시험해 볼 수 있다. 앞서 경험한 바에 근거한 그와 같은 관찰은 대부분의 교환원들에게 확실성의 점검 기준이 되는 지점을 제공하게 되며, 흔히 어떤 이용자가 자신에 대해 설명하는 바의 사실 여부를 평가하는 데 이용되기도 한다.

교환원들이 이용자들의 정체성에 관한 자신들의 의견을 가지고 자유롭게 토론하고 있는 것을 듣게 되었을 때, 나는 그들이 사회적 계급을 돈과 연관지음으로 인해 너무도 쉽게 속아 넘어간다고 생각했었다. 그들에게는, 예를 들면 의과 대학 인턴을 '유명한 심장 수술 전문의'로 생각하도록 만드는 것도 쉬운 일처럼 여겨졌지만, 말버릇이 더럽다면 대규모 건설 회사의 사주도 당장에 수상쩍은 사람으로 느껴질 수도 있었던 것이다. 다른 교환원들은 정확한 문법과 교육 수준을 재정적인 부유함을 나타내 주는 구체적인 지표들로 받아들였던 반면, 정확하지 못한 문법은 신분을 가장하고 있는 사람임을 확실히 나타내 주는 증거로 받아들였다. 엉터리 문법의 사용에 관한 그들의 회의론에는 나도 공감하는 바였지만, 화이트 칼라 집단에 대해서는 한층 더 회의적인 생각이 들었다. 만약 화이트 칼라임을 내세우는 어떤 이용자가 자신이 변호사라고 주장하며, 법률 용어들에 대하여 잘 알고 있는 것처럼 보이는 경우, 내가 내리게 되었던 결론은 그가 법률 회사의 한 사무소를 맡고 있는 관리자이거나 별볼일 없는 사무변호사일 수는 있지만, 십중팔구 건물관리인이나 자동차수리공은 아닐 수 있으며, 의사나 또는 주식중개인도 아니리라는 것이다. 요컨대 나는 보편적인 것으로 여겨지는 정보는 인정했지만, 그 정보의 자초지종까지는 받아들이지 않았다. 비록 나는 그 사무소관리자가 법률 회사의 대표가 '될' 수도 있다고 여겼지만, 건물관리인이나 또는 법률 사무소와는 전혀 관련이 없는 문외한이 그러한 이야기를 의심이 가지 않도록 훌륭히 해내리라는 점은 믿을 수가 없었던 것이다.

AF: 당신은 실제 인물[이용자]에 대하여 어느 정도까지나 정말로 안다고 생각하나요?

발레리: 아마 80퍼센트 정도일 겁니다. 왜냐하면 우리는 중요한 점들을 엄청나게 많이 찾아낼 수 있기 때문입니다. 그들이 정직한가? 그들이 폭력적인가? 그들이 여성들을 증오하는가? 그들이 자신들의 외모에 대한 이야기를 하고 있을 때조차도 만약 그것이 사실이기엔 너무 훌륭하다 싶으면, 우리는 그들이 거짓말을 하고 있다는 것을 알 수 있거든요. 나는 정말로 우리가 그것을 알 수 있다고 생각합니다. 또한 섹스는 그것이 사실인지를 분명히 드러나게 하지요. 돌연 우리는 그들에 대해서 정말 잘 알고 있게 되는 겁니다.

섹스는 친밀함이라는 환상을 창조해 낼 수도 있으며, 어떤 교환원이 자신은 그 이용자를 잘 안다고 생각하도록 만드는 원인이 될 수도 있지만, 사실상 이러한 앎은 그것이 처해 있는 전후관계라는 정황에 크게 좌우될 수 있는 것이다. 나는 공격적이거나 폭력적인 이용자들은 흔히 초반부터 자신들의 모습을 드러내게 된다는 발레리의 견해에 공감하지만, 교환원들이 그러리라고 의심을 품고 있는 것보다 훨씬 더 많은 이용자들이 교환원들을 속이고, 자신의 어떤 부분을 감출 수 있는 능력을 가지고 있다고 여긴다. 예를 들면 어떤 이용자들은 십중팔구 세금을 포탈하거나, 계속 한 직장에 다닐 수 없거나, 아니면 자신들의 아내를 학대하지만 더할나위없이 친절한 사람처럼 보이며, 그들 삶의 다른 부분들에 대해 이야기를 할 수도 있는 것이다. 만약 모든 대화에 있어서 그러한 인격적 특성, 또는 문제점이 명백히 드러나지 않거나 만약 그 문제점이 어떻게 해서든 폰섹스 대화와 결합되어 있는 것이 아니라면, 교환원은 그 점에 대해 알 수가 없게 된다. 교환원들은 이러한 외적 요인들이 폰섹스 대화와는 거의 관련성이 없다고 얕잡아 보는 경향이 있다. 브리아나는 이용자에게 하는 그녀 자신에 대한 설명이 근본적으로는 진실에 바탕을 둔 것으로——즉 과장된 것일지언정 절대로 거짓말은 아닌 것으로 변해 간다는 점에 대해 설명했다. 그녀는 이용자들도 근본적으로는 그러리라고 믿으면서 이러한 가설을 그녀와 통화하는 이용자들에게까지 확대했지만, 이용자들이 보여 주는 모습을 전적으로 믿는 상태에서 그렇게 생각하는 것은 아니었다.

브리아나: 나는 실제 삶에서도, 정말로 친절한 남자들인 것처럼 여겨지는 몇몇 이용자들과 통화하게 되었던 적이 있어요. 우리는 이 일이 조금 비참하게 느껴지도록 만드는 일부 이용자들을 만나게 되기도 하지만, 대개의 경우 대다수의 남자들은 내게 정말 마음씨 곱고 친절하게 대했죠.

AF: 이용자를 직접 만나 본 적이 한 번이라도 있었던가요?

브리아나: 아뇨, 그렇게 하고 싶지 않았거든요. 난 어떤 여자의 이야기를 들은 적이 있는데, 그녀는 전화를 통해 어떤 이용자와 아는 사이가 되었죠. 그녀와 만난 이 이용자는 그녀를 강간했어요. 나와 일한 적이 있는 또 다른 여자는 이용자가 사는 뉴저지까지 찾아갔어요. 그녀는 이 남자에게 빠져 거기까지 갔던 것이고, 그녀가 그 남자의 집에 들어서자마자 그는 그녀를 두들겨패기 시작했는데, 그녀가 그 집에서 빠져 나올 수 있었던 것은 신의 은총이랄 수밖에 없는 일이었죠. 나는 그녀가 그러한 일로 해서 교훈을 얻었으리라고 생각해요. 나는 절대로 이용자와 어떤 관계에 빠져들게 되는 것을 내가 원하지 않는다는 사실을 알고 있어요.

"이용자들은 정말 친절하지만, 나는 그가 나를 구타하거나 강간하거나, 아니면 살해할 수도 있기 때문에 직접 만나는 일은 원치 않아요"——라는 이러한 신념들이 지니고 있다고 여길 수 있는 부조화는 전혀 이해하지 못할 일이 아니다. 실리적인 교환원은 오로지 전화 대화에만 관심을 갖는다. "만약 이용자가 살인·강간과 관련된 시나리오를 연기하고자 한다면 그건 좋아요. 하지만 그건 단지 그가 상냥하게 요구할 경우에 한해서이죠."

게일: 내가 진정으로 싫어했던 이용자는 한 사람도 없었어요. 그저 근본적으로 나를 화나게 했던 이용자들은 있었지만, 그것은 사실 어떤 것을 좋아한다거나 또는 싫어한다는 문제는 아니에요. 나는 그 이용자들이 내가 좋아하거나 또는 싫어하는 사람으로 생각지 않아요. 그저 또 하나의 매춘부를 이용하는 고객일 뿐이죠. 아시겠어요? 무슨 말인가 하면, 나는 전화를 이용하는 매춘부라는 말이고, 따라서 이것은 단지 내가 하게 되는 성적인 거래일 뿐이라는 겁니다. 내가 그들을 좋아하거나 또는 싫어하거나 하는 문제가 아니라는 거죠. 그런데 이렇게 말하는 어떤 남자가 있었어요. "나는 푸들이 내 항문에 묻어 있는 스키피 프리미엄 땅콩 버터를 핥아먹는 것을 당신이 지켜봐 주었으면 해요"라고 말이에요. 그러니까 그 남자는 무슨 말인가 하면, 그 말이 이제까지 내가 들어 본 이야기 중에서 가장 병적인 것으로 생각된다는 거예요. 하지만 우리는 이상한 일을 많이 겪게 되지요. 그건 정말이지 그걸 좋아하고 싫어하고의 문제가 아니죠.

게일의 견해는 기본적으로 "이용자가 수화기 저 너머에 있는 한, 그가 무슨 말을 하건 참아 줄 수 있어요"라는 것이었다. 만약 그가 그녀의 이웃이나 또는 직장 상사라면 '땅콩 버터 이야기를 했던 남자'는 게일이 다소 덜 좋아할 그런 사람이 되었을 터이다. 다수의 교환원들은 폰섹스 번호에 전화를 거는 온갖 유형의 남성들과 그들이 실제로 살아가면서 알게 된 온갖 유형의 남성들——그들의 이웃들·남자친구들, 그리고 가족 구성원들——과는 구분해야 할 필요가 있음을 알게 된다. 브래드는 말했다. "나는 그들[이용자들]이 길을 건너고 있을 수도 있다고 생각하고 싶어요. 그러면 당신도 알게 되겠지요."

교환원들은 대부분 이용자들이 누구인가 하는 점에 대해서 자신들이 정말로 모르고 있다는 점을, 그리고 그 이용자들은 누구인가 하는 것에 대하여 우리 모두가 생각하고 있는 전형적인 모습이란 교환원들에 대하여 우리가 생각하고 있는 전형적인 모습만큼이나 그릇된 것이 분명하다는 사실을 인정치 않으려 한다. 교환원들은 대개 이 이용자들이란 도대체 어떤 사람들인가 하는 점에 대하여 오랫동안 심각하게 생각해 왔다고 이야기하는 경우가 흔했으며, 어떤 교환원들은 자신들이 어떤 공통적인 특징들을 찾아내기 시작하였다고 느끼고 있기도 했다.

3년을 일하는 동안, 나는 딱 1명의 여성과 통화를 한 적이 있었어요. 진정한 대화였죠. 여자들은 전화를 걸지 않아요. 여자들은 그런 짓을 하지 않으니까요. 나는 그러한 사실을 사람들에게 많이 알렸고, 남자들에게도 알렸어요. 그런 짓을 하는 것은 여자들이 아니다. 이런 짓을 하는 것은 당신들 남자들이다라고 말이에요.

인종적인 문제로 끌고 들어가자는 것은 아닙니다만, 전화를 걸어 오는 남성들 대다수가 백인들이에요. 아시겠어요? 이 번호로 전화를 걸어 오는 라틴계나 아시아계, 또는 흑인은 그리 많지 않아요. 전화를 거는 남성들 대다수는 백인들입니다. 따라서 이러한 점 때문에 나는 백인 남성들에 대하여 조금 신기하다는 생각이 들게 되었던 겁니다. 아시겠어요?

대부분의 이용자들이 백인들이기 때문에, 실제 대부분의 백인들은 폰섹스 전화 이용자들이라고 생각하는 것에는 논리적 오류가 존재한다. 그러나 몇 명의 흑인 정보제공자들은 폰섹스를 '백인 문화'라고 설명했다. 대부분의 이용자들이 백인이라는 것은 사실인데, 그것은 어쩌면 대부분의 광고가 그들을 겨냥하고 있기 때문일 수도 있다. 흑인 교환원들이 전문적으로 맡고 있는 전화 회선들도 있기는 하지만, 내 정보제공자들 중에서 그러한 회선에서 일했던 사람은 하나도 없었다.

직장에서 건 장거리 전화들에 대하여 주 공무원들이 컴퓨터로 실시한 1982년의 한 조사에서는 버지니아 주의 이용자들에 대한 아주 흥미로운 정보가 밝혀지게 되었다. 그해 3월에만 2천5백9통의 통화들(어떤 한 번호에 가장 집중되어 있었던)은 미리 녹음된 57초짜리 폰섹스 메시지를 듣기 위해 걸었던 것들이었다. 이 통화들 가운데서 가장 숫자가 많았던 것은 버지니아대학교에서 걸려 온 것들이었고, 그 뒤를 바싹 추격하고 있는 것은 도로교통성에서 걸려 온 것들이었다.(미의회 보고서, 1991) 교환원들은 자신들과 통화하고 있는 이용자들이 자주 비합법적인 방식으로 전화를 걸어 오고 있다는 사실을 알고 있었으며, 사실상 이것은 일부 교환원들이 그 일에서 만족을 얻게 되는 원천이 되기도 했던 점이다. "그 이용자가 단지 나와 이야기를 나누기 위해 거쳐야 하는 시간·거리를 생각해 보세요." 이용자들은 그들의 직장에서 일과처럼 전화를 걸어 오는데, 전체 노동자들의 작업 예정표를 대표하듯이 근무 시간중에는 공통적으로 화이트 칼라 이용자들이며, 한편 밤이 깊어질수록 이용자층들은 다양해진다. 소규모 인원이 회합을 가지기 위해 모인 화이트 칼라 남성들이 단체로 '웃을 수 있는 거리'를 얻기 위해 폰섹스 회선들에 전화를 거는 일은 전혀 드문 일이 아니다. 이용자가 근무중인 사무변호사이건 연구실에 있는 교수이건 어떤 가정집을 털고 있는 강도이건 관계 없이, 이 상황에서 교환원에게 가장 중요한 것은 그것을 무시해 버리는 일이다.

갖가지 유형의 이용자들

비록 그 조화가 균형을 잃은 것이긴 할지라도, 교환원들은 온갖 종류의 이용자들과 대화를 하게 된다. 교환원의 반응뿐만 아니라 그녀의 접근 방식에도 영향을 미치게 되는, 이용자들에 대한 유형학이 생겨나게 되는 것이다. 나는 개인들로서의 이들 이용자들에 대해서는 많은 것을 이야기할 수 없지만, 이용자들로서의 그들에 대해서는 자세히 논의해 보기로 하겠다. 이 자료들은 참여자로서의 관찰 기간 동안 작성한 현장에서의 기록으로부터, 그리고 그 직장에서와 인터뷰에서 정보제공자들이 했던 언급에서 나온 것들이다.

동료 교환원들과의 인터뷰와 토론에서 시종일관 빈번하게 대화의 주제로 떠올랐던 것은 이용자들에 관한 내용이었다. 이용자들에 대한 교환원들의 의견은 매우 일관성을 가지고 있는 듯이 여겨지는 것이었으며, 비록 그들이 사용한 분류 방식은 크게 다양성을 지닌 것이었으나 하나의 분명한 유형학이 생겨나기 시작했다. 아래에 나오는 분류 일람표는 내가 다른 교환원들과 가졌던 토론에서 비롯되었지만, 각각의 범주를 가리키는 분류 명칭은 나 자신이 만들어 낸 것들이다. 다른 교환원들은 좀처럼 이용자들을 유형에 따라 계통적으로 분류하지 않았지만, 개별적인 이야기들이 연속되면서 이러한 분류법이 나오게 되었다.

마약밀매자형(Candymen): 대부분의 이용자들에 해당하며, 대화를 거의 또는 전혀 하지 않으려 하고, 대개는 단시간 내에 해치울 수 있는 특정한 성행위에 관한 대화를 요구한다.

정신병자형(Psychos): 위험할 정도로 폭력적인 이용자들로서 여성에 대한 증오심을 가지고 있고, 어린아이들을 성애의 대상으로 삼는 변태들이다.

순정파형(Gomers): 동일한 교환원에게 되풀이해서 전화를 해대는 실연당한 이용자들로, 미래에 대한 설계를 하면서 결혼하자고 조른다.

질투형(Goobers): 교환원이 직업상 가지고 있게 되는 성적 관심에 대하여 질투심을 느끼게 되어 버린 순정파형으로서, 낭만적인 관계를 성적인 의미를 띠도록 만드는 것을 통하여 그들 자신들의 성적인 영역을 정해 놓으려는 시도를 한다.

매력형(Turners): 교환원에게 진짜로 성적 또는 개인적 관심을 불러일으키게 되는 매력적인 이용자들로서, 교환원의 입장이 뒤바뀌게 하여 그들이 나누는 대화에서 오히려 그녀가 이용자 또는 관음증 환자가 되게 만든다.

마약밀매자형
자양분으로서의 낮은 값어치 때문에 그런 이름이 붙여진, 이

'마약밀매자형'은 전화 요금이 충분히 누적될 정도로 통화를 오래 끌지 않는데, 그들이 가지고 있는 한 가지 득이 되는 점이 있다면, 그것은 그들의 수가 많다는 사실 뿐이다. 내 연구에서 참여자로서의 관찰자 단계에 해당하는 기간 동안, 신속한 성행위를 요구하는 이들 이용자들은 나의 1일 고객들 중에서 적게는 10퍼센트에서 많게는 75퍼센트까지 차지했다. 나는 그러한 변수가 광고의 유형과 광고가 실리게 되는 매체를 관리자측에서 어떤 것으로 선택하느냐에 달려 있다고 여긴다. 이용자들은 주기적으로 광고에 대한 언급을 하게 되는데, 나를 그 광고에 출연했던 모델로 여겨 그런 말을 하는 경우도 흔하다. 다른 동료 교환원들이 확인해 주고 있는 바와 같이, 신속한 성행위를 요구하는 이용자들은 좀처럼 어떤 특정 교환원에게 되풀이해서 전화를 거는 경우도 없지만, 연결된 어떤 교환원과 통화하기를 거부하거나 무시할 정도로 까다로움을 부리는 일도 거의 없다. 일부 마약밀매자형 이용자들은 폰섹스 경험으로부터 자신들이 원하는 것을 얻어내는 데 너무도 능숙해서, 그들의 전화는 조작하기가 엄청나게 쉬운 반면, 교활하거나 또는 성적으로 적극적이지 못한 이 유형의 다른 이용자들은 만족시키기가 힘든 경우도 있다.

정신병자형

비록 어느 정도의 예절은 정중함이 요구하는 바에 의해 지켜지게 된다고 여겨질 수도 있지만, 이용자들의 행동은 넓은 범위에 걸쳐 다양하게 존재한다. 대화에서 교환원의 이름을 사용함으로써, 쾌활한 어조로 이야기함으로써, 그리고 통화를 끝내면서 고맙다는 인사를 함으로써 교환원과 인격적인 친교를 유지하는 사람은 교환원으로 하여금 최선을 다하여 대화에 임하도록 격려하게 되고, 그러한 대화는 그녀에게 만족감을 느끼게 만들어 준다. 하지만 교환원들이 쾌활하고 상냥한 면을 보이기 위해 최선을 다하도록 격려하는 데 모든 이용자들이 다 관심을 가지고 있는 것은 아니다. 일부 이용자들은 대립하는 쪽을 선호한다.

내 현장 기록은 이용자들의 대략 15퍼센트 정도가 여성들에 대하여 극도의 증오심을 나타냈음을 보여 주고 있지만, 내 동료였던 다른 교환원들은 단지 이와 같은 험악한 이용자들 가운데서 가장 극단적인 경우만을 제한하여 '정신병자형' 쪽으로 분류했다. 어떤 번호들은 직접 이러한 유형의 이용자들을 겨냥하여 광고를 내기도 하지만, 내가 일했던 직장에서는 그렇게까지 하지는 않았다. 이러한 이용자들은 다른 교환원들에게 있어서도 마찬가지였던 것처럼 내게 있어서도 주목의 대상이었는데, 그 까닭은 그들이 자신들의 대화 상대자가 실제로 고통을 느낄 것을 요구하는 듯이 보였기 때문이다. 이 이용자들이 듣기를 원하는 것은 가장된, 또는 상상에 의한 것이 아니라 진짜 고통의 목소리이다. 피터는 그 차이에 대하여 다음과 같이 설명했다.

이 남자는 병적이었어요. 이 남자는 정말 병적이었어요. 미쳤다고 여겨질 수 있는 말은 한 마디도 하지 않았지만, 그는 병적이었던 겁니다. 나는 그가 걸어다니는 폭탄과도 같은 정신병자이며, 그것도 제프리 다머나 뭐 그런 유형이라는 사실을 알 수 있었어요. 그의 목소리에는 어떤 분노 같은 것이 담겨져 있었는데, 무슨 말인가 하면 목소리 아래에 감춰져 있는 엄청난 분노 말입니다. 나는 이 남자가 어떻게 생겼는지 보고 싶어요. 이 남자를 찾아내어 그저 그가 뭘 하는 사람인지 어떤 직장에 다니는지 자식들은 있는지 알아보고 싶다는 것이죠. 제 말뜻 아시겠죠? 나는 그를 두려워하게 될 겁니다. 그가 두렵기 때문에 그와 이야기를 한다는 일도 무서워질 거구요. 그와 이야기만 나누었을 뿐인데도 내가 받게 된 느낌은——그는 한번도 폭력적이거나 아니면 소름끼치는 이야기를 한 적이 없지만——그저 오싹한 것이었어요. 만약 내가 한 번이라도 우연히 그와 마주치게 된다면 나는 그의 목소리를 분명히 알 수 있을 겁니다. 그의 목소리를 확실히 알 수 있을 겁니다. 나는 결코 그의 목소리를 잊지 못합니다.

비록 판단 기준에 영향을 줄 수 있는 방식으로, 그리고 주관적으로 평가된 바이긴 하지만 가장하기를 즐기는 사람과 정말로 고통스러워하는 목소리를 듣고자 하는 사람 사이에는 인지될 수 있을 정도의 상당한 차이가 존재한다. 각본들은 유사할 수 있으며——실제로 그것들은 동일할 수도 있는 것으로서, 그 차이가 존재하는 것은 목소리 속에서이다. 어떤 것에 대하여 극단적일 정도로 맹목적 애호를 보이는 이용자들이 모두 다 정신병자형인 것은 아니다. 어떤 사람들은 '친절한' 또는 '우호적인' 쪽으로 묘사되기도 하며, 그 차이는 이용자가 그러한 행동을 취하는 데 있어서 어느 정도나 진지하냐에 달려 있다. 대부분의 교환원들은 어떤 정신병자형 이용자가 진짜로 정신병자일 경우와, 단순한 관음증 환자로서 자신의 쾌감을 위해 그저 그녀를 겁먹게 하려 드는 경우를 분간해 낼 수 있다고 말한다.

폭력적인 행위에 열중했던 사람들이, 그리고 그 폭력적인 행위에 진심으로 열중했던 사람들이 있었습니다. 내 말은 그 폭력적이라는 것이 당신의 목을 조른다거나, 목에 칼질을 한다거나 하는 것처럼 섹스와는 전혀 무관한 것들이며 나는 그것이 싫습니다. 그런데 처형을 당하고 싶어하는, 그것도 이성의 복장을 하고서 처형을 당하고 싶어하는 한 남자가 있었죠. 그리고 한 남자는 여자아이의 옷을 입고 싶어했어요. 그건 정말로 기괴한 짓이지만, 그는 좋은 사람입니다. 전화 요금은 내거든요. 어디 흠잡을 곳이라곤 없지요. 하지만 그가 조금 이상할 뿐이라는 말이지요.

보다 진지한 행동을 취하는 이용자들을 상대해야 하는 교환원들은 성가신 의문점들에 직면하게 된다. 이 남자들은 누구인가, 그리고 그들은 자신들의 사적인 성생활에서도 정말로 강간이나 살인을 하고, 상대방의 신체를 불구로 만드는 따위의 행위를 하는 것인가? 그밖의 다른 이용자들의 경우에 있어서와 마찬가지로 목소리·문법, 주장하는 바에 담겨진 일관성 등과 같은 사회적 계급을 나타내 주는 지표들을 보면 정신병자형 이용자들에게는 다양한 배경을 가진 남성들이 포함되어 있다는 사실을 알 수 있게 된다. 잔혹함을 드러내고 있으며, 상대방에게 고통을 가하기 위해 가장된 것인, 교양 있고 교육을 받은 것으로 여겨지는 목소리를 듣게 된다는 일은 내게는 특히 무섭고 놀라운 것이었다.

오다가다 우연히 걸려드는, 익명의 섹스를 즐기기 위하여 '찻집'에 뻔질나게 들락거리는 동성애자 남성들에 대한 로드 험프리의 연구(1970)와 유사한, 폰섹스 이용자들의 배경에 대한 연구는 엄청나게 흥미로운 것이었겠지만, 오늘날 연구에 있어서의 윤리적 기준을 감안한다면 경험적으로나 윤리적으로 있을 수 없는 일이 될 터이다. 험프리는 사람들을 집에까지 따라가서 자신이 연구하는 주제가 무엇인지를 속이고, 그들의 삶에 대한 인터뷰를 했던 것이다. 우리가 하게 되는 최선의 것은 육감에 의해 결정하는 일이다. 어쩌면 내가 대화를 나누었던 이용자들의 15퍼센트가 정신병자형 범주에 속했으며, 비록 일부는 냉소를 흘리고 욕지거리를 해대어, 내가 그들을 거리에서 만나더라도 알아볼 수 있다고 여길 만큼 인격적으로 손상되어 있는 것으로 보였지만, 대부분은 정상적인 삶을 살아갈 능력이 있어 보였다.

나는 상대방의 손발을 묶거나 지배하고 복종하는 관계를 요구하는 이용자들 모두를 정신병자형 범주에 포함시키지는 않았다. 전통적인 지배·복종의 시나리오에는 대개 '끝났음을 알리는 신호'가 포함되어 있는데, 이것은 살려 달라고 비명을 지르고 있는 복종하는 쪽의 사람에게 '중지하라'는 의사 전달을 하는 하나의 진지한 방법인 것이다. 이러한 의식처럼 정해진 시나리오를 따르는 사람들은 다른 범주에 포함되는 경향이 있다. (그 대다수는 교환원들이 비교적 상대하기 쉽고, 즐길 수 있는 이용자들로 여기는 '매력형'으로 분류되기까지 한다.)

정신병자형 이용자들은 그들이 지니고 있는 폭력적 성향의 수준과 개별적 특성이 뚜렷하다. 일을 시작했을 즈음에 우연히 연결된 몇 차례 통화에서 나는 그러한 유형의 사람 여럿과 마주치게 되었지만, 그들은 내가 자신들을 만족시키지 못한다고 여기거나, 아니면 설득력을 가지지 못한 대화를 하고 있다고 여기는 것처럼 보였다. 그럼에도 불구하고 나는 그들의 말이 채 다 표현되기도 전에 그들의 목소리 속에 담겨진 날카로움을 알아챌 수 있게 되었던 것이다. 한 정신병자형 이용자가 몇 차례 전화를 걸어왔는데, 비록 그가 나와 통화하겠다는 요구를 하지는 않았지만, 우리는 우연히 다시 연결되었었다. 나의 '여보세요'라는 말에 대답하기까지 걸리는 시간에서조차도 나타나는, 그의 말과 말 사이의 긴 중단을 나는 재빨리 알아챘고, 그 목소리의 주인이 바로 그라는 사실을 알게 되었으며 두려움을 느꼈다. '안녕'이라는 내 작별 인사에 대답도 없이 그가 전화를 끊고 난 지 한참이 지난 후까지도 그 두려움은 남아 있었는데, 이는 그 남자가 내게 말한 어떤 것 때문이 아니라——왜냐하면 다른 사람들은 그보다 더 심한 말도 했었기 때문이다——그의 목소리가 가지고 있는 단조롭고 감정이 섞이지 않은 억양 때문이었다. 최초의, 서로 소개하는 대화에까지도 속속들이 배어 있는 분노, 진짜 분노가 존재하고 있었으며, 그것은 동시에 그의 욕구를 드러내 주는 것이었다. 전화에 대고 그에게 이야기를 하는 일은 마치 내가 불이 꺼져 있는 차고 속에서 그에게 다가가고 있는 것처럼 느껴지게 만들었다.

정보제공자를 원한다는 내 광고를 보고 귀찮게 괴롭히는 전화를 걸어 왔던 사람들 중에도 몇몇은 그러한 정신병자형으로 여겨졌다. 전화에 적대적이거나 또는 협박을 하는 메시지를 남겼던 사람들은 선별하여 통화를 차단했기 때문에 그러한 것들이 효과를 볼 수 없었지만, 여러 차례에 걸쳐 전화를 걸어 올 정도로 지속적인 관심을 보였던 사람들은 차츰 내게 불안감을 주기 시작했다. 광고를 보고 전화했던 스티브라는 사람은 광고가 나간 이후 몇 주에 걸쳐 밤늦은 시간에 앞뒤를 분간할 수 없고, 화를 내는 상세한 메시지를 남기곤 했는데, 그것은 내가 《LA 위클리》에 전화를 걸어 내 개인 정보가 보호되는지를 확인하게 만들 정도로 위협을 느끼게 만들었던 일이다.

정신병자형 이용자들은 특히 교환원들에게 복잡한 문제를 일으키게 되는데, 왜냐하면 그 이용자의 성적 관심이라는 것이 폭력적이고 공격적이며 위협적이라는 점에 더하여——곧바로 교환원을 겨냥하는 것이기 때문이다. 이같은 종류의 대화는 그러한 거래로 인하여 교환원이 급료를 받는다는 사실과는 관계 없이 강간을 당한 것처럼 느껴지게 된다. 그러한 전화는 교환원으로 하여금 폭행과 강간을 당했다고 느끼게 만들며, 섬뜩한 심상이 남도록 만든다. 하지만 교환원이 해야만 하는 일은 여전히 위험스러워 보이는 남성이 자신의 성적인 폭력을 연기하도록 그를 부추기고, 그에게 그녀 자신이 잠재적인 모든 피해자들과 마찬가지로 강간을 당하고 싶어하거나 그렇게 되는 것이 당연하다고 확신을 갖도록 해주는 일이다.

비록 내가 인터뷰를 했던 대다수의 교환원들은 강간범들, 또는 여성 살해범을 부추김으로써 자신들이 어쩌면 다른 여성들에 대한 어떤 사회적 책임이나 여성들끼리의 도리를 회피한 것일 수도 있다고 괴로워했지만, 대부분의 정보제공자들은 자신들이 이러한 이용자들과 대화를 하는 일을 변호할 각오를 하고 있었다. 몇몇 교환원들은 그들을 실제로 찾아내어 상해를 입히거나, 또는 살해할 수 있다고 주장하는 이용자들에 의해 협박을 당해 왔다. 대개는 무심결에 장소를 밝혀 버리는 실언을 하고 난 후 교환원들을 집요하게 미행했다는, 앙심을 품은 이용자들에 대한 이야기들은 흔히 들을 수 있는 것들이다.

이러한 것들은 지니고 있기에는 너무도 큰 부담이며, 대부분의 교환원들은 그들 자신의 마음속에서 끊임없이 그처럼 연루된 관계를 떨쳐 버리기 위해 고투한다. 다수의 교환원들은 자신들이 그러한 주제에 대하여 깊이 생각해 왔으며, 내가 그것을 내 연구에 포함시키려 한다는 사실이 기뻤다고 말했다. 그들은 마치 자신들이 앞서 여러 차례 그러한 대화 내용을 속으로 생각해 오기라도 한 것처럼, 그 문제를 앞뒤로 넘나들며 찬반 두 갈래로 자신들의 망설임과 변명을 하나의 일람표처럼 열거했다. 교환원들이 정신병자형 이용자들과 자신들이 대화를 나누는 일을 정당한 것으로 주장하기 위한 다섯 가지 접근 방식에서 하나의 본보기로 여길 수 있는 양식이 생겨났다.

1) 사회적 서비스로서의 폰섹스
2) 반격
3) 책임의 이양
4) 임시 변통의 것이지만, 불가피한 악폐
5) 한계의 강화

'사회적 서비스로서의 폰섹스'라는 것은 왜 이러한 성가신 상호 작용이 여성들, 또는 사회에 해로운 것이 아닌가 하는 점을 설명하기 위해 이용자들이 가장 흔히 사용하는 변명 사유이다. 실제로 많은 교환원들은 이러한 이용자들이 '그것을 노골적으로 이야기하면서 풀어 버리는 것'이 장기적으로는 사회에 득이 되는 일이라고 확신하고 있다. 왜냐하면 그 이용자는 환상 속에서 살 능력이 있으므로, 그러한 사악한 행위를 '실제로' 저지르고자 하는 충동에서 해방될 수 있기 때문이다. 게일은 폰섹스 교환원들이 사회적 이익에 중요한 기여를 하고 있다고 여긴다.

만약 폰섹스라는 것이 없었다면, 만약 그것이 완전히 폐지되었다면 범죄 발생률은 훨씬 높아지게 될 겁니다. 그런데 당국에서 900번 전화의 일부 기능을 없애 버렸기 때문에 상황은 점점 더 나빠져 왔습니다. 폰섹스와 관련하여 연방통신위원회를 상대로 고소하는 사람들이 아주 많았기 때문에, 당국에서는 900번 전화에서 폰섹스와 관련된 부분을 없앴던 것이죠. 나는 현재 저질러지고 있는 엄청나게 많은 범죄의 책임은 거기에 있다고 생각합니다. 왜냐하면 그것은 필요했던 산업이니까요. 아시겠어요?

이 주장은 포르노그라피가 여성들을 상대로 저질러지는 폭력을 조장하거나 용인하는 것이 아니라, 폭력을 행사할 수도 있는 잠재적 범죄자들에게 평화로이 그것을 발산케 하는 대리의 출구를 제공한다고 주장하는 포르노그라피 작가들에 의해 일반적으로 이용되는 변명이다. 사회과학 연구 결과는 이 점에서 뒤섞인 견해를 보인다. 비록 대부분의 위험한 범죄자들 또한 이런 종류의 폭력적인 포르노그라피를 이용하지만, 대부분의 포르노그라피 이용자들이 진짜로 범죄를 저지르는지에 대한 부분은 확실치가 않으며, 그것을 증명해 내기란 한층 더 어려운 일이다.(린즈, 1989; 파드겟 외, 1989)

교환원들은 이용자들이 환상을 너무도 굳게 믿기 때문에 그들 자신들에게 진짜 고통을 일으키게 될 지시 사항들을 실연하게 되는 경우가 자주 있다는 점을 주목하고 있으며, 동시에 한편으로는 사회적 서비스라는 이러한 확신을 주장하는 경우가 흔하다. 자가 당착을 일으키게 된다는 사실에도 불구하고 움츠러듦 없이, 교환원들이 이 두 가지 믿음에 대한 견해를 나란히 표현하게 되는 것도 전혀 드문 일이 아니다. 잇따라 교환원들은 근본적으로 "만약 그들이 위험한 존재라면, 적어도 우리는 그들이 나돌아다니지 못하게 막고 있는 셈이며, 그렇게 되어 그들이 누군가를 강간하고 돌아다니지 않게 될 겁니다"라는 취지의 이야기들을 했다.

어쩌면 사회는 그 이용자/강간범이 전화 통화에 정신을 팔고 있는 15분 남짓한 시간 동안만 안전한 것인지도 모르지만, 때로 그런 이용자는 상대해 줄 짝——시나리오에 따라 동조하는 척해 주게 되는 여자 또는 어린아이와 함께 있는 경우도 있다. 만약 이용자의 상대가 어린아이인 경우 교환원들은 전화를 끊어 버리기로 되어 있으며, 내 관찰과 인터뷰를 근거로 한다면 그들은 실제로 그런 경우 전화를 끊는다. 이러한 전화들은 특히 마음을 편치 못하게 만드는 것이기도 한데, 그 까닭은 교환원이 자신은 전화를 끊어 버림으로써 그러한 상황에서 몸을 빼낼 수 있지만, 어린아이나 어떤 여자가 정신병자 앞에 그대로 남아 있어야 한다는 사실을 알고 있기 때문이다. 만약에 공동의 협력자가 성인인 경우에는, 대화를 나누면서 괴로움을 당하는 정도가 참여자 역시 교환원과 마찬가지로 그저 '가장하는' 것일 수도 있다는 믿음/희망으로 인해 경감될 수도 있는 일이다. 하지만 만약 그 참여자가 어린아이라면, 환상을 핑계로 빠져 나갈 도리가 없는 일이며, 교환원은 그 어린아이의 운명에 대하여 깊이 생각해 보아야 하는 문제를 떠안게 된다.

정신병자형의 이용자가 혼자서 전화를 걸게 되면, 그는 자신의 적대감을 대개 폰섹스 교환원에게 곧바로 겨냥하게 된다. 때로 그는 "당신도 전에 내 마누라였던 여자와 다를 게 없어"라든가 "당신들 계집년들은 모두 똑같아"라고 말하게 될 수도 있겠지만, 누군가가 전화를 걸어 그 통화 내용의 한 부분에 포함되지 않는 어떤 특정인에 대하여 심한 욕을 해대는 일은 드물다. 나는 제3자에 대하여 특정한 공격 장면을 연기했거나 계획했다는 이용자에 대한 이야기를 한 번도 들어 본 적이 없지만, 소수의 그런 사람들이 존재한다는 사실은 분명하다고 여긴다. 마치 심리학자들이 다른 사람의 생명을 위협하는 환자에 대해서는 신고할 수 있다는 공식 허가를 가지고 있는 바와 마찬가지로, 이들 경우에도 그것을 추적하고 신고할 수 있는 적절한 체계가 자리를 잡아야만 하는 것이다.

특정 인물에 대해서가 아닌, 보다 불특정의 막연한 방식으로 분노를 터뜨리는 이용자들 또한 여성들을 위험에 빠뜨릴 수 있는 것으로 이야기될 수 있다. 내게 정보를 제공했던 사람들과 내 동료였던 교환원들은 이러한 이용자들이 순수하게 허구 수준에서만 폭력적인 일에 대하여 관심을 가지고 있는 것이었기를 기대했거나 그렇게 여겼거나, 또는 그러기를 바랐다고 말했던 경우가 자주 있었다. 교환원들이 품고 있었던 중요한 물음은 그러한 전화통화에 대한 자신의 참여가 분노를 발산하게 하고 누그러뜨리게 해주는지, 아니면 그것에 방향을 제시해 주고 더 강렬히 만들게 되는지에 대하여 알고자 하는 것이었다. 아니타는 이 문제에 관하여 어느 정도까지는 확신을 못하겠다는 듯한 태도를 표시했다.

그것은 어려운 일인데, 왜냐하면 내 판단으로는 만약 그들이 전화로 내게 하는 바와 같은 방식으로 누군가를 취급하려 한다면, 그들은 밖으로 나가 그러한 짓을 어떤 여성에게 할 것이기 때문입니다. 하지만 만약 그들이 누군가를 강간하려 한다면, 나는 그들이 밖으로 나가 실제로 그러한 짓을 하기보다는 차라리 나와 전화 통화를 하면서 상상 속에서 나를 강간하게 만들고 싶은 것이죠. 나는 이렇게 말하려고 노력합니다. "좋아 내가 서비스를 제공하겠어. 그러면 나는 다른 여자들을 돕는 게 될 거야." 하지만 아시다시피 내 마음의 이면에서는 이런 말을 하게 되죠. "넌 정말 대단히 부당하게 이용되고 있는 거야." 이러한 감정들을 조화시킨다는 것은 어려운 일입니다. 어떤 때 나는 여성들에게 도움을 주고 있다는 생각이 들기도 합니다. 또 다른 때면 나는 이런 말을 하게 되죠. "맙소사, 넌 정말 지독한 일을 당하고 있구나."

제3의 대안이 존재한다. 어쩌면 폰섹스는 적대감을 더 강렬하게 만들거나 발산하게 만드는 것 중 어느쪽도 아니며, 마치 빵집과 비만처럼 그저 나란히 공존할 뿐일지도 모르는 일이다. 빵집은 칼로리가 높은 후식을 지나치게 먹어대는 사람들을 포함하여 넓은 층의 다양한 사람들에게 서비스를 제공한다. 비록 그 빵집들이 칼로리 높은 후식을 지나치게 소비하는 사람들이 최고의 고객들에 속한다는 사실을 알고 있기 때문에, 광고를 통해 그러한 지나친 소비 요구를 채워 주게 될 수는 있지만, 그들이 그같은 지나친 소비의 원인이 되는 것은 아니다. 폰섹스는 단순히 다양한 고객들에게 서비스를 제공하는 또 하나의 상품을 만들어 내는 산업에 불과한 것일 수도 있다. 표본으로 추출된 이용자들은 그 정확도가 어느 정도인지 알려지지 않은 상태로, 폭력적 요소들을 확대하거나 최소화하지 않으면서 더 큰 사회를 대표할 수도 있는 것이다. 그리고 빵집에서 고객들의 시중을 드는 종업원들의 경우와 마찬가지로, 그 상품을 고객들이 남용하는 것을 바로잡아야 할 책임이 교환원들에게 지어지지는 말아야 한다.

'반격'은 폰섹스라는 상품을 제대로 이용하는 일에 대하여 책임을 지고 있다고 느끼는 교환원들이, 그것이 유익한 효과를 지닌 것이 되도록 보증하기 위해 자신들이 맡은 역할을 해내고 있음을 증명하는 한 방법이다. 이러한 주장은 폰섹스라는 맥락에서 본 견해에 의존하고 있는 것이며, 폰섹스 교환원을 전체 역사를 통하여 여성들에게 가해진 잘못된 점을 바로잡는 자경단원 같은 역할을 하는 것으로 그려내고 있다. 교환원들은 폰섹스 대화에서 자신들이 맡은 논란의 소지가 있는 역할에 대한 책임으로부터 벗어나기 위하여 이러한 견해를 이용한다. 왜냐하면 그녀는 성차별과 여성 혐오의 세계에서 살아남아야만 하며, 그녀에게는 자신을 휩쓸고 지나가는 성적 폭력을 창조적인 방식으로 이용하는 것이 반드시 필요하기 때문이다. 반격의 충돌 속에서 분노와 폭력의 표적이 되는(다른 곳에서는 희생자로도 알려져 있는) 교환원은 자신의 참여에 대한 대가를 받는다. 이용자, 즉 범죄자는 진짜 강간범과는 달리 자신의 행위에 대한 금전적 대가를 치른다. 이러한 희미한 빛 속에서 우리는 정의를 보게 된다.

나는 이용자들에게서 마지막 한 방울까지 짜내는 데 훌륭한 솜씨를 가지고 있어요. 나는 최고의 솜씨를 지닌 교환원들 가운데 하나였는데, 그것이 내게는 하나의 게임과도 같은 것이었기 때문이었습니다. 그것이 내게 게임과도 같았다는 말은, 그들을 상대로 시간을 끌면 끌수록 내가 벌어들이게 되는 돈이 더 많아지기 때문이었습니다. 따라서 내 마음속에서는 내가 벌어들일 수 있는 그 많은 돈들에 대한 생각을 하고 있었고, 이 남자들이 실제 삶에서 여성을 어떻게 이기적인 목적에 이용하고 있는지에 대한 생각을 하고 있었으며, 따라서 이번이 내가 그것을 되돌려받을 차례라는 생각을 했던 겁니다. 나는 정말로 이 남자들을 꾀어——정말 멋지게, 대단히 멋지게 말이에요——그들의 전화 요금 청구서에서 짜낼 수 있는 마지막 한도까지, 크레디트 카드에 정말 큰 부담이 가도록 만들곤 했던 겁니다. 아시겠어요? 어떤 남자는 이건 진짜로 있었던 이야기인데, 그 남자의 크레디트 카드에는 말이에요……. 나와 통화하겠다고 그 폰섹스 회사에 대고 해댄 전화 요금이 5만 달러가 넘게 나온 적도 있었죠. 그것은 내게 게임이었던 겁니다. 그게 내 일이었습니다.

반격이라는 것은 두 가지 잘못이 한 가지의 정당한 행위가 됨을 함축하고 있으며, 이러한 주의는 브리아나가 말하고 있는 5만 달러라는 액수만큼이나 그 정확성에 의문을 제기해 볼 수 있는 그러한 것이다. 그러나 엄청난 요금이 청구되었다는 점을 사실로 가정한다 하더라도, 그 이용자가 그 금액을 절대로 납입하지 않았을 가능성이 있는 일이다. 요금 청구서에 엄청난 금액을 누적시킨 고객들은 규정이 자신들에게 유리하게 되어 있음을 알고는 놀라게 되는 때가 있다. 전화 회사들은 900번 또는 976번 전화의 요금 미납에 대응하여 기본 서비스를 차단할 수 없으며, 그러한 서비스를 지나치게 많이 이용한 것으로 요금을 청구받은 사람들은 미성년자이거나 아니면 요금이 제3자에게 가짜로 청구된 것일 수도 있다. 어느 경우가 되었건 그 청구서에 대하여 법적인 책임을 지닌 사람이 900번 전화의 통화 정지에 동의하는 한 그러한 요금 청구를 철회받을 수 있다. 가짜 요금 청구는 합법적이며, 어쩌다가 그 전화를 이용하게 될 뿐인 고객들에게 가장 영향을 줄 수 있는데, 그 까닭은 청구 금액을 엄청나게 누적시킬 정도로 그 전화에 빠져 있는 이용자들은 폰섹스 업체측에서 본다면 억울해서 분통이 터질 일이지만, 그 청구 금액을 내지 않고 교묘하게 빠져 나가는 데 도사들이기 때문이다.(미의회 보고서, 1990)

일부 교환원들은 정말 위험한 이용자들에 대하여 늘 경영진에게 신고를 한다. 이러한 '책임을 이양'하는 식의 접근 방식은 교환원이 느끼게 될 죄의식을 경감시켜 주는데, 왜냐하면 그녀가 자신의 직무가 미칠 수 있는 영향을 통제하기 위하여 최선을 다해 온 셈이 되기 때문이다. 그녀는 적절한 계통을 밟아 일을 처리해 왔고, 자신이 맡은 일에 충실하게, 그리고 책임 있게 행동해 온 것이다. 그녀는 두 가지의 책임을 충족시켜 온 셈이 되는데, 그것은 폰섹스 환상 속의 여인으로서 그녀가 지니고 있는 능력이란 측면에 있어서 이용자에게 협력하는 체함으로써 자신의 일을 해냈고, 또한 의식이 있으며 책임감 있는 시민으로서 통화 내용을 적절한 관계자에게 신고를 해왔다는 점이다. 그러한 통화에 대하여 신고했던 교환원들 가운데 경영진에서 이용자들을 규제·처벌하기 위한, 아니면 그들이 누구인지만이라도 알아두려는 조처를 취했다는 사례에 대하여 아는 바가 있는 사람은 하나도 없었다. 교환원들 대부분은 경영진에서 그러한 신고가 있었는지 알고 있으리라는 점에 관해서조차도 의문이라는 생각을 표명했지만, 그럼에도 불구하고 그들은 여전히 자신들이 해야 할 역할을 다한 것이라고 느끼고 있었다. 경영진에 의해 취해질 조처는 그들의 책임을 벗어난 일이다.

나는 그저 그들의 전화 번호를 알아내려고 할 뿐입니다. 일이 제대로 되는 경우 그들은 자신들의 진짜 전화 번호를 내게 가르쳐 주게 됩니다. 그쯤 해서 나는 그 전화 번호를 회사측에 인계합니다. 그 전화 번호가 이제 회사측에 넘겨진 상태니까 그 시간부터는 내 책임이 아닌 것이죠. 전화를 걸어 이렇게 말하는 남자들을 상대하게 됩니다. "천만에 오늘 밤 멋진 여자 하나 사냥하러 나가 볼까 하는데." 그런데 그 말이면 우리를 정말로 화나게 만들기에 충분하죠. 나는 단지 그들의 전화 번호를 알아내어 그것을 회사측에 인계하고는, 회사에서 그 문제를 알아서 처리하도록 놔두곤 하죠. 경영진에서 무슨 짓을 하건 난 잘 모르죠.

이날까지 나는 그 어떤 이용자이건 그에게 불리한 후속 조치가 취해졌다는 이야기를 한 번도 들어 본 적이 없다.
내가 인터뷰했던 여성들 가운데 하나는 독설을 퍼붓는 한 이용자로부터 협박을 받아 왔는데, 그는 폰섹스 회사에서 그녀에게 지정해 준 사서함으로 여러 차례 편지를 보냈던 것이다. 회사측

관리자들은 그게 어떤 것이건 자신들이 인정할 만한 내용을 가진 우편물이라고 여기는 것들을 수취인에게 전해 주기에 앞서 사서함에 들어와 있는 내용물들을 검사했다. 관리자들은 그녀가 처해 있는 상황을 알리고는 편지들을 압수하여, 그 행위는 그쯤에서 끝난 것처럼 보였다. 그 이용자는 그녀 또는 다른 교환원들과 통화하는 일에 대한 제재를 받지 않았었다. 사실상 그는 그의 주장에 따르면, 자신이 저지른 것도 아닌 폭행 사건으로 인해 교도소에서 복역을 해야 할 처지가 되었다는 이야기와 함께 작별 인사를 하고 더 이상 전화를 걸지 않게 되기 전까지, 계속해서 꾸준히 전화를 걸어 오는 값비싼 고객 노릇을 해왔다.

어떤 교환원들은 폭력적인 이용자들과 이야기를 나누는 것은 '임시 변통이긴 하지만 필요악'이라고 여긴다. 타마라는 나를 위해 재빨리 그녀가 처한 곤경을 간단하게 설명했다.

타마라: 여성을 정말로 혐오하는 일부 이용자들이 있는데, 그거야말로 그들이 전화를 걸게 되는 이유, 즉 전화를 통해 자신들의 욕구 불만을 해소하고 여자를 손에 넣기 위함이지요. 나와 통화하기 위해 전화를 걸어 오는 한 남자가 있었는데, 일곱 차례인가 여덟 차례 정도 통화를 했던 것 같군요. 그런데 그는 30분 정도 통화를 하는 이용자였으며, 그 30분 내내 내가 울고 있기를 원하곤 했죠. 그는 이렇게 말하곤 했어요, "나는 너를 매질할 거야. 나는 너를 채찍질할 거야. 나는 네 항문에 내 성기를 정말 세게 밀어넣을 거야." 그리고 그는 마치 내가 자기 눈에 보이는 듯이 나를 매질하는 것이었고, 나는 그저 전화를 받는 자리에 앉아 울부짖고 흐느끼면서 이렇게 말해야 했던 겁니다. "안 돼요. 멈춰요. 날 강간하지 말아요. 내게 이런 짓을 하지 말아요. 제발. 제발. 제발 그

만둬요."

그들은 여성을 정말 혐오해요. 정말 혐오하죠. 하지만 내가 해내야 하는 역할은 그들이 거리로 나가 실제로 누군가를 두들겨패게 만드는 것보다는 내게 그런 짓을 하도록 놔두는 일이라는 생각이 들어요.

AF: 그들이 실제 삶에서도 그런 짓을 한다고 생각하나요? 아니면 그것이 단지 그들이 이야기하고 싶어하는 어떤 것에 지나지 않는다고 생각하나요?

타마라: 때로는 그럴 거라는 쪽이죠. 나는 때로 그들이 실제로 그런 짓을 한다고 생각해요. 그리고 그 점이 왜 우리가 가장해서 이런 짓을 하는 것이 실제로 더 나은지에 대하여 당신이 질문을 해야만 하는 이유이기도 하니까요. 당신이 그들에게 그런 짓을 하고 있다는 것을 무엇 때문에 전혀 가장할 필요조차 없는지 잘 알고 있는 사람들도 있으니까요.

현재로서는 내가 집에서 할 수 있는 일이고, 딸아이를 돌봐 주고 싶기 때문에 여전히 그 일을 하고 있을 뿐이죠. 그러니까 내게는 이 일이 내가 해야만 하는 어떤 것이 되는 셈이죠. 나는 돈이 필요합니다. 나는 그 일을 해야만 하죠.

내가 마주치게 되었던 다른 어떤 교환원보다도 더 타마라는 자기 자신을 피해자 쪽으로 여기고 있는 것처럼 보였다. 돈을 벌기 위해 폰섹스 일을 한다는 현실이 얼마나 절박한 것이었는지를 내게 이야기하면서 그녀는 거의 눈물을 흘리기 직전인 듯 보였고, 그녀의 대화를 엿듣고 다른 남자들과 폰섹스를 하는 일에 대하여 그녀를 비난하면서도, 짐작하건대 그녀가 벌어들인 돈을 써버리는 데는 협조를 했을 그녀의 남편이 그녀에게 그 일을 계속하도록 가하는 압력에 대해서도 이야기를 했다. 일하기가 괴롭다는 사실을 알게 된 그녀가 억지로 직장 생활을 계속해 나가야 했던 것처럼 보였기 때문에, 나는 그녀가 가엾게 느껴졌다. 그들에게는 다행스러운 일로서, '돈을 벌기 위해 그 일을 한다'고 말한 대부분의 교환원들은 그들이 팔고 있는 것을 보다 잘 다룬다.

당신이 판단하기에도 정말로 이야기를 나누고 싶어할 이용자들은 없을 것이라고 여겨질 겁니다. 우리는 급료를 받으며, 따라서 정말 좋아할 이유가 전혀 없는 이용자의 전화가 걸려 왔을 때면 그 자리에 앉아 돈에 대해 생각합니다. 나는 어떤 이용자가 얼마나 구역질날 정도로 지저분한 인간인지에 대하여 잊어버리죠. 그러면 때로 그 인간이 멋쟁이로 여겨지기도 합니다.

그 이용자가 멋쟁이로 둔갑을 하건 그렇지 않건간에 교환원들 대부분이 절박하게 돈을 벌어야 한다는 상황은, 초심자라면 말조차 붙이지 않으려 드는 이용자들을 받아들이는 데 있어서 그 정도가 심한 이용자들까지도 교환원들이 점점 더 받아들일 수 있도록 만들었다. 여전히 그들은 그들이 자주 말했던 것처럼 그들 나름의 '기준들'을 가지고 있다. 도덕적으로 모호한 행동을 정당화하기 위하여 구별짓는 과정인 '한계의 강화'라는 접근 방식을 이용함으로써, 교환원은 "나는 **이런** 짓은 할 수도 있지만, 적어도 **그런** 짓은 하지 않는다"라고 말할 수가 있게 되는 것이다.

내가 처음 그 일을 시작했을 때, 어떤 전화들은 내가 받아 처리하고 싶지 않았던 것들이었습니다. 나는 전화로 섹스에 대한 대화를 나누기야 하겠지만 정상적인 것으로 여겨지는 섹스, 아시겠지만 이성애의 섹스라고 여겨질 수 있는 것에 대하여 서로 이야기를 하려고 했던 것이지요. 내가 그 일을 점차 깊이 알게 되면서 나는 성전환자, 일상적으로 공개적인 장소에서도 이성의 옷을 입는 성도착자들에게서 걸려 오는 전화나, 은밀히 이성의 옷을 입고 즐기는 변태 성욕에 관해 이야기하고 싶어하는 이용자들의 전화도 받아 처리하기 시작하게 되었죠. 내가 받지 않았던 유일한, 이날 이때까지도 받기를 거부하는 유일한 전화가 있죠——나는 섹스에 관해 여자와 이야기를 하게 되는 일은 거부합니다. 나는 여성 동성애자에게서 걸려 오는 전화는 받지 않기로 했어요. 그리고 여성과 남성 양쪽 모두에게 끌리는 변태들에게서 걸려 오는 전화도 마찬가지로 받지 않기로 했죠. 자 만약 두 교환원이 동시에 한 남성 이용자와 통화를 하는 경우에, 즉 한쪽은 나고 다른 한쪽은 다른 여자 교환원인 경우에 우리가 어떤 남자와 섹스를 나누는 대화를 하고 있다고 친다면, 그 남자가 나를 원하지 않고 그 여자가 그와 섹스를 하고 있는 상황인 한은 상관없어요. 하지만 그런 경우는 찾아볼 수 없어요. 어떤 남자가 2명의 여자 교환원과 대화를 하고 싶어하게 되는 대개의 경우, 그 남자는 두 여자가 동시에 자신과 섹스를 하게 되는 것을 원하죠. 나는 그런 짓은 절대 하지 않아요. 하지만 성전환자 또는 평상시에도 이성의 옷을 입는 성도착자인 것처럼은 가장하겠어요. 아니면 은밀하게 이성의 옷을 입고 즐기는 성도착자로도 가장하겠어요.

내가 처음 일을 시작했을 때, 나는 상대방이 자기 몸에 소변을 보게 하면서 쾌감을 얻는 '금빛 샤워'라는 것에 대한 대화도 하지 않으려고 했어요. 그 다음에는 '무지개 샤워'라는 것이 있었는데, 그것은 다른 것까지도 아시겠지만 소변과 대변 모두를 몸에 뿌리도록 하는 것이지요. 나는 전혀 그런 짓에 관한 대화는 하고 싶지가 않아요. 아시겠어요? 하지만 그러다가 나는 생각하게 되었죠. "이봐, 어떤 남자가 자기 몸에 내가 대변을 봐주기를 원하고, 나는 그로 인해 급료를 받게 될 것이라고 한다면, 그걸 하지 못할 이유가 어디 있지?" 나이가 들어가고 그 점에 대하여 좀더 생각을 하게 되면서 나는 말했죠. "이것도 그렇게 나쁘지만은 않은데."

원숙해진다는 것이 주는 한 가지 혜택은, 다른 사람들에게는 독단적이며 일시적으로 여겨질 수도 있는 사소하지만 중요한 차이점들을 보는 능력을 얻게 된다는 점이다. 교환원들은 자신들이 지켜야 하는 경계선에 대한 정의를 필요에 따라 새롭게 내림으로써 하고 있는 일이 자신들의 사적인 삶에 미치게 되는 영향을 통제할 수 있게 된다. 하지만 정신병자형 이용자들은 교환원의 원숙함과 영향을 받지 않으려는 최선의 노력에도 불구하고, 지속적인 충격을 남기게 되는 것으로서 일부 교환원들이 '정신적 섹스'라고 부르기도 하는 어떤 것을 끝내 이루어 낼 수 있다. 이러한 이용자들은 이야기와 행동 사이에 존재하는 단절된 부분을 연결함으로써 환상과 현실, 행위에 대한 설명과 그것의 실행 사이에 존재하는 경계선을 넘나듦으로 인해 교환원을 불쾌하게 만들거나 괴롭힐 수가 있는 것이다. 내가 관찰했던 교환원들은 힘들고 예측할 수 없는 일 속에서 그들이 할 수 있는 최선을 다하여 이러한 마음을 혼란케 하는 결과들에 대처해 나갔다.

내가 그 남자가 어떤 사람인지를, 그것이 단순히 그가 하고 있는 행위에 대한 하찮은 시나리오라는 사실을 알고 있는 경우를 제외한다면, 나는 여성들에 대하여 폭력을 저지르는 이야기를 늘어놓는 전화는 받지 않을 겁니다. 하지만 여성들과 아이들에 대하여 그것이 어떤 종류가 되었건 폭력적인 행위를 저지르기 원하면서 마음대로 걸어대는 전화는, 그게 누구로부터 걸려 온 것이든 받지 않을 겁니다. 내가 전화를 받지 않기로 작정한 남자가 하나 있어요. 내 상사는 그에게서 걸려 오는 전화를 내가 거절하지 못하게 하려고 듭니다. 그는 어린 여자아이들에게 폭력적인 행위를 저지르는 이야기를 즐기며, 그의 증세는 상당히 심각하지만 나는 이제 그가 절대로 그것에 대한 어떤 짓도 못하게 할 겁니다. 나는 그가 어린 여자아이들에게 그런 짓을 하여 그 아이들을 정말로 다치게 할 생각을 가지고 있는, 좀더 나이가 들었을 뿐인 남자라는 사실을 알고 있습니다. 그래서 나는 그와 통화하는 것을 싫어하고, 대개의 경우에 그러한 종류의 전화는 받지 않을 겁니다. 나는 거의 어떤 종류의 전화든 받아 처리하겠지만 지루한 남자들, 너무 시간을 질질 끄는 남자들은 사양하겠어요. 내 말은 그것이 일반적인 규칙일 뿐이라는 겁니다. 하지만 감정이 상하는 일을 당하는 한, 나는 여성들과 어린아이들에 대하여 폭력을 저지르는 이야기를 하려 드는 전화는 받지 않을 겁니다. 어떤 종류의 행위가 되었건 살인 같은 것일 수도 있겠지요. 아시다시피 그와 같은 어떤 종류의 섬뜩한 행위에 대해서도 말입니다.

교환원들의 도덕 규범이 계속해서 변화하는 것은 성적으로 여러 가지 모욕을 받게 되면서 거기에 적응하기 위해서이며, 부분적으로는 교환원들 대부분이 불쾌한 전화들을 받아 처리하라는 압력을 받고 있기 때문이기도 하다. 도덕 규범은 또한 넓은 범위의 이용자들에게서 나오게 되는 예측하기 어려운 욕구들을 수용하기 위해 변하기도 한다. 그럼에도 불구하고 교환원들 대부분은 이러한 종류의 통화에 참여하는 일에는 어려움이 따른다는 것에 동의하고 있으며, 내가 마주치게 되었던 교환원들 가운데 그 누구도 정신병자형 이용자를 좋아하는 사람은 없었고, 그러한 유형의 이용자와 나누게 되는 대화에서 득이 될 만한 것이나 만족감을 얻었다는 사람은 하나도 없었다. 적어도 정신병자형 이용자들은 그 행동을 예측할 수 있으며, 논쟁하기를 좋아하지 않는다. 그 이용자들은 교환원들이 만장일치로 무죄 언도와 함께, 그리고 자비심과 함께 증오해 마땅한 대상들인 것이다. 다른 이용자들은 정신병자형 이용자들보다는 덜 뚜렷하지만, 좀더 교활한 방식으로 적의를 갖게 만든다.

순정파형과 질투형 이용자들

악의도 없고 단순하며 천진난만한 성격인 고머 파일이라는 인물의 이름을 따서 명명된 '순정파형(Gomers)'은, 외롭거나 뭔가를 상실했거나, 또는 애인에게 차인 이용자들로서, 그들은 대개 '이야기를 하기' 위해서 전화를 거는 경우가 대부분이다. 순정파형 이용자들은 정신병자형보다 좀더 진지한 방식으로 교환원들을 이용하기 위하여 전화를 하게 된다. 그들은 친절하며 예의바르고 상대방을 존중해 주며, 그들의 전화는 대개 섹스와는 관련이 없는 내용이다. 당연히 대다수의 교환원들은 그런 이용자들과 대화하는 데 안심을 하게 되며, 흔히 그러한 이용자들과의 대화를 섹스 일색의 판에 박힌 대화에서 잠시 벗어나 쉬는 정도로 여기기도 한다. 제이드는 뜻하지 않게 진짜 대화를 나누게 되는 경우까지도 있다고 내게 말했다.

[우리는 흔히] 유쾌한 대화를 [나눕니다] 그러면 그들은 진정으로 "즐겁게 이야기를 할 수 있었던 것에 감사한다"라는 말을 하

게 되고, 나는 그저 이런 생각을 하게 되지요. '어떤 여자와 재미있는 대화나 나누기 위해 전화를 걸고 돈을 내는 사람들이 있다니 이 세상이 어떻게 된 건 아닐까?'

순정파형 이용자들은 교환원들로 하여금 누군가와의 대화를 절실하게 필요로 하는 외로운 사람들이 있다는 사실에 애처롭다는 느낌을 받도록 만드는 경우도 있지만, 그들은 또한 직업에 대한 만족감을 얻게 해주는 원천이 될 수도 있다. 그들은 예의바르고 듣기 좋은 말을 잘 하며, 교환원에게 몸매가 어떻게 생겼는지 설명하라고 요구하는 경우도 좀처럼 없고, 교환원에게 '반하게' 되면 도를 넘치게 되어 되풀이해서 전화를 걸어대는 우수 고객이 된다. 순정파형은 흔히 오랫동안 통화를 지속하며, 그런 이용자 하나만으로도 느릿느릿 아무런 사건도 생기지 않은 채 교대 시간을 넘겨 수입이 짭짤한 밤일로 근무 시간을 연장시킬 수 있게 된다.

'행크'라는 한 이용자는 그가 막 깔기를 끝낸 주방 바닥에 대하여 내게 상세히 이야기를 하고 싶어 전화를 했었다. 그는 어려운 일을 훌륭히 해낸 것에 대한 찬사를 원했고, 자신이 해낸 일을 누군가에게 말하지 않으면 안 될 정도로 자신에 대하여 정말 자랑스럽게 느꼈다고 전화를 건 이유를 해명했다. 그것은 참신하고 기분 좋은 생각이었지만, 행크는 정말 재미가 없었고 자신이 바닥을 깐 주방의 형태와 모서리들에 대하여 꽤 까다로울 정도로 상세하게 설명을 해댔다. 그 통화는 그가 내게 감사한다는 말을 하고 전화를 끊기까지 대략 20분 정도 지속되었다.

이 통화를 하는 동안 나는 내가 직장으로 들고 온 읽을거리를 이곳저곳 골라 읽거나, 창문 밖을 응시하거나, 혼자 생각에 잠기거나 차를 한 모금 마시거나 할 수 있었으며, 전체적으로 대화에 신경을 쓰지 않고 있어도 될 정도였다. 어쩌다가 "아 그래요?" 또는 "멋져요!"라고 추임새 격으로 한두 마디 대꾸를 해주는 일이 이 이용자가 필요로 하는 전부였던 것이다. 그는 이 번호들로 '기분이 내키게 되면' 가끔씩 전화를 했었다고 말했다. 그는 사랑에 빠지려 특별히 애쓰지도 않았고, 특정 교환원이나 전화 번호를 마음에 들어하는 적도 없었다. 그는 전화 번호를 오래도록 기록해 놓는 것이 아니라 단순히 자발적으로 텔레비전 광고를 보고 전화를 걸어 왔을 뿐이었다. 이러한 유형의 이용자들은 좀처럼 전화를 걸 마음을 먹지 않는다. 그들은 어떤 한 가지에 빠져 있거나 분별이 없는 것이 아니기 때문에, 되풀이해서 전화를 걸어 오도록 교환원이 압력을 가하거나 부추기기가 어렵다. 충분히 현실에 근거한 일상적인 대화를 하고 싶어하는 이들 이용자들은, 내 관찰을 근거로 해서 본다면 순정파형 범주의 대략 3분의 1 정도를 차지했다. 나머지 3분의 2는 대화를 나누기 시작한 지 대개는 처음 20분 내에 교환원들에게 '반하는' 이용자들이다.

일단 순정파형이 사랑에 빠지게 되면 호경기가 닥치게 된다. 만약 교환원이 그를 친절하게 대해 주고, 기꺼이 그에게 자신도 그 사랑을 '진정으로' 받아들인다고 말해 줄 용의가 있다면, 그는 쉽사리 걸려들게 되는 것이다. 이들 이용자들은 그 환상을 극단까지 밀고 나가며, 환상을 현실과 혼동하는 것처럼 보인다. 그들은 교환원을 만나게 될 것이며, 호화로운 결혼식을 올린 다음 오래도록 행복하게 살게 될 것이라고 믿고 싶어한다. 그들은 흔히 사서함으로 약혼 반지를 보낸다거나, 아니면 찾아올 날짜를 잡고 비행기표를 산다든가 하는 식으로 목적을 이루기 위한 구체적인 계획들을 세운다. 그 교환원과 자기 사이에 공통점이라고는 전혀 찾아볼 수 없다는 사실 따위는 중요하지 않다. 이용자들은 교환원들에게 그렇게 믿을 수 있게 해달라고 요구한다. 하지만 이 이용자들이 확신하는 정도가 너무도 높기 때문에 교환원들은 대개 자신들이 이용자를 속이고 있는 것인지, 즉 '그들을 그렇게 행동하도록 오해를 살 만한 이야기를 했는지'에 대하여 다시 생각해 보게 된다.

아무리 경력이 짧다 하더라도 교환원들 대부분은 내가 그랬던 것처럼 애인에게 버림을 받은 몇 명의 이용자들과 마주치게 된다. 남부의 한 작은 읍의 주유소에 딸린 정비소에서 일하는 수리공인 에드는 직장 전화를 몰래 이용해서 전화를 걸었다. 대화를 시작한 지 채 15분도 지나기 전에 그는 내게 반했다고 말했다. 나는 만약 그가 내가 누구인지를——유대인의 피가 약간 섞여 있는 혈통에다가 학생이고, 정치적으로는 진보주의자에 페미니스트인——알고 있었더라면 나를 증오할 것이라는 사실에 생각이 미쳤다. 하지만 나는 이러한 것들에 대해서 아무 말도 하지 않았다. 나는 그저 그런 사실에 대해서는 입을 다물어 버리고, 그가 이야기를 하도록 내버려두었던 것이다. 그가 계속해서 내 '진짜 이름'을 알고 싶다고 고집했기 때문에, 마침내 나는 내 진짜 이름이 '카렌'이라고 '인정했던' 것인데, 그는 그 사실에 아주 만족해했다. 내가 샌타모니카 출신이라고 말해 주었더니 그는 그것을 새너제이와 혼동하고는, 기타로 〈새너제이로 가는 길을 아세요?〉[미국의 흑인 여가수 디온 워윅이 부른 대중 가요]라는 노래의 연주법을 익히기 시작했다. 비록 내게 그 음악 소리가 거의 들리지도 않았고, 때로는 수화기를 옆에 내려놓고는 잠깐 동안 자리를 비우기도 했었지만, 그는 종종 내게 '세레나데'를 연주하기 위해 전화를 걸곤 했다. 여전히 이러한 '낭만적인' 저녁 시간들을 보내는 것은 그에게 사랑의 가능성에 대하여 고무시키고 기운을 나게 만드는 일처럼 보였다.

 몇 주 동안 에드는 내가 일하는 시간을 기억해 두고 있다가 주기적으로 전화를 걸어 왔다. 그의 실제 삶은 절망적일 정도로 불행한 것이었다——가족들과는 사이가 벌어졌고(그가 털어놓지 않으려 드는 몇 가지 이유들로 인해서), 최근에는 애인으로부터도 퇴짜를 맞았던 것이다. 마침내 며칠 동안 아무런 설명도 없이 전화가 오지 않더니 자기 어머니 집이라면서, 자신은 900번 전화를 몰래 사용한 일이 발각되어 직장에서 쫓겨났고, 새너제이를 향해 가고 있는 중이라는 그간의 경위를 설명하는 전화였다. 그는 나를 죄악의 삶으로부터 구출해 내어 나와 결혼할 것이고, 그렇게 되면 어떻게든 우리 두 사람은 오래도록 행복하게 지낼 수 있을 것이라고 말했다. 하지만 나를 찾아낼 수 있기 위해서 내 성씨가 무엇인지를 알아야겠다는 것이었다. 내가 말해 주지 않자 그는 맹세코 어떻게 해서든 나를 찾아내겠다고 단언했고, 그러한 상태에서 우리의 관계는 끊겼다.

 이 이용자의 자기 파괴적인 행동에 있어서 내가 표리부동하게 관여했다는 사실이 나를 괴롭혔다. 나는 그가 정말로 새너제이로 가지나 않을까 걱정이 되었다. 비록 내가 그의 현실적인 욕구를 충족시켜 왔다고 여기고는 있었지만, 그가 일자리를 잃게 된 원인이 내가 아니었기를 바랐다. 만약 내가 "그렇지 않아요. 당신은 나를 사랑하는 것이 아니라 당신이 나라고 생각하는 어떤 존재를 사랑하는 거예요"라고 하면서 외면했더라면, 그는 그저 다시 전화를 걸어 내가 아닌 다른 누군가와 이야기를 나누었을 수도 있으리라는 사실을 이전의 경험에 비추어 알고 있었던 것이다. 그는 성인이었고 이성을 가지고 있으며, 제아무리 서투르다 할지라도 스스로 자신의 삶에 대한 선택을 해나가고 있었던 것이다. 나는 그가 자신의 인생에 있어서 몇 가지 자세한 부분들에 대해 내게 거짓말을 했음을 알고 있었는데, 나는 그에게 문제가 되었던 것은 우울증과 알코올 중독이 아닌가 하고 생각했지만, 이러한 미심쩍은 부분들이 사실이 아니냐고 그에게 들이대었던 적은 한 번도 없었다. 그는 내 진짜 생각을 요구한 적이 없었고, 그가 듣고자 했던 것은 환상이었으며 내가 그에게 준 것도 바로 그것이었다. 나는 그가 정말로 카렌을 찾아 새너제이에 갔으리라고는 여기지 않는다. (최소한 그가 그렇게 하지는 않았으리라는 것은 내 환상이다.)

교환원에게 반해 버린 순정파형 이용자가 교환원과 섹스와 관련된 대화를 나누려 들 때가 있다. 그는 그녀가 다른 이용자들과 섹스와 관련된 대화를 나눈다는 사실을 알게 되어 그것에 관심을 가지게 된 것이다——하지만 그 관심은 흔히 질투가 섞여 있는 것이기도 하다. 비록 그는 그녀를 폰섹스 일로부터 구출해 내고 싶어하지만, 그의 성생활이 그러한 것 이상으로 빈털터리이며 겨우 자기 몸 하나 건사할 수 있을 뿐이다. 그는 전화를 걸어 오는 낯선 남자들로부터 그녀를 보호하고 싶어하지만, 또한 자기 자신도 그녀를 원하고 있으며 이러한 입장의 역설적인 면을 결코 직시하지 못한다. 자신의 성적 욕구를 털어놓기 시작하는 시점에서부터 그는 질투형 이용자가 된다. 내 동료였던 2명의 교환원들은 내게 그러한 이용자들에 대하여 경고한 적이 있는데, 그들은 나를 '괜찮은 여자'로 여기고 있으며, 특히 이러한 유형의 이용자들에게 매력적인 존재로 비춰지기 때문이라는 것이었다. 그 둘은 개별적으로 내게 경고하기를, 그러한 이용자들이 아무리 친절하고 안전하며 천진난만한 듯이 보일지라도, 순정파형 이용자들은 언젠가는 반드시 성적인 관계에 대한 대화를 요구하게 되어 있으며, 그러한 과정에서 순결한 우정이라는 믿음을 파괴하게 되리라는 것이었다.

사실 그 일을 하는 동안 나는 많은 순정파형 이용자들의 관심을 끄는 존재였으며, 그 중 몇몇은 질투형으로 변했었다. 처크라는 이용자는 특히 기억에 남을 만한 사람으로서, 그는 중서부의 한 소읍에서 외롭게 사는 학자였다. 그는 폰섹스 광고가 심야 텔레비전에 나오는 것을 보고 충동적으로 900번에 전화를 걸었다. 나는 그가 학자라고 짐작했으며, 그래서 그에게 익숙한 용어들을 사용함으로써 그의 환상을 충족시켜 주려고 노력했다. 그에게 실은 내가 샌디에이고 소재 캘리포니아대학교의 대학원생이라고 털어놓자, 그는 그 사실에 너무 놀라 말문이 다 막힐 지경이 되었던 것이다. 그는 운명이 자신을 내게로 인도했다고 생각했으며, 나는 폰섹스 핫라인에서 나와 같은 사람을 찾아낼 가능성이라는 것은 아주 희박하다는 그의 생각에 동의하기까지 해야만 했었다.

비록 나를 사랑한다는 그의 생각에 협조하는 척하면서 그 관계를 계속해 오긴 했지만, 내가 이러한 멍청하고 지탄받아 마땅하며 속이 들여다보이는 흉내내기 게임의 일부가 되어야 한다는 사실은, 내가 고립되어 있는 것 같은 그리고 상당히 불쾌한 느낌을 갖도록 만들었으며, 처크가 내게 마음을 빼앗길수록 나는 더욱더 그를 한심하게 여기게 되었던 것이다. 어떻게 해서인지 내 멸시는 그의 마음속에서 성적 욕구를 자극하기 시작했고, 그것은 나로 하여금 그가 그 자신보다 훨씬 더 매력적인 여성들, 즉 그에게 관심이 없으며, 그가 '계집년들'이라고 묘사하는 오만하고 쌀쌀맞은 여성들에게 매력을 느끼는 것은 아닐까 하는 의심이 들게 만들었다. 하지만 그는 나에게는 그런 여자들과는 '다른 점이 있다'고 말하면서 하룻밤에 두세 시간, 많게는 네 시간이 될 때도 자주 있을 정도로 길게 이야기를 하면서, 엄청나게 전화를 걸어댔던 것이다. 그는 외로운 자신의 처지에 대하여, 자신을 퇴짜놓은 여성들의 무정함에 대하여, 그리고 자신이 얼마나 나를 원하는지에 대하여 끊임없이 넋두리를 늘어놓았다. 나는 금세 그에게 넌더리를 내게 되었고, 그와의 통화가 영원히 계속될 것처럼 느껴지면서 그에게서 전화가 오는 일을 두려워하게까지 되었다.

크리스마스 시즌 동안에는 통화량이 폭주했다. 처크는 내가 받는 번호로 늘 통화하는 정기적인 고객이 되어 버렸기 때문에 감독자는 그가 나와 통화하기 위해 전화를 끊지 않고 기다리고 있는 틈을 타서, 다른 이용자들을 내 번호로 돌리기 시작했다. 처크는 이러한 사실을 금방 간파해 냈고, 나와 통화한 다른 이용자들의 모든 것에 대하여, 그리고 내가 자신과 통화하지 않았던 시간에 그들과 무슨 내용으로 통화했는지 전부 알고 싶어했다. 그는 그런 다음 자신을 위해 섹스를 해달라고 요구하기 시작했다. 그는 자신과의 섹스가 어땠는지에 대하여 궁금해했으며, 내가 그것을 증명해 보여 주기를 원했다. 그가 원하는 것은 마치 화가 나 팔짱을 낀 채, 내 거실 소파에 앉아서 자신에게 섹스를 '해줄 것'을 요구하는 바나 마찬가지였다. 어느 정도의 협조나 서로에 대한 관심 없이 누군가가 다른 누군가에게 섹스를 해준다는 것은 불가능한 일이지만, 그는 이러한 점을 받아들이지 못하는 듯이 보였다. 그것은 마치 그가 섹스 그 자체에 대한 욕구를 전혀 가지고 있지 않은 것이나 마찬가지였으며, 단지 다른 사람들에게는 다 주는 것을 자신에게만 빼놓고 주지 않는 것이 아니라는 사실을 확인하고 싶어하는 데 지나지 않았다. 우리는 입씨름을 하기 시작했고, 그 '관계'라는 것은 급속도로 악화되었다. 그는 '불화'의 기간 동안에도 계속해서 며칠 더 전화를 했다. 그에게서 전화가 오지 않은 상태에서 며칠이 지난 후, 내 동료 교환원 하나가 자신과의 결혼을 원한다는 중서부 지역의 한 대학 교수라는 자신의 새로운 이용자에 대하여 이야기를 했는데, 나는 그가 그 짓을 되풀이하기 시작했다고 여겼다.

순정파형 이용자들의 한 가지 장점은 섹스에 대한 요구가 없다는 점이며, 따라서 일단 그들이 섹스에 대한 것을 요구하기 시작하여 질투형으로 변하게 되면, 그들은 이 유일한 매력을 잃게 된다. 내 동료 교환원들은 자신의 유사한 경험에 대한 이야기를 통해서 이러한 관찰 결과를 확증해 주었다. 1950년대 고교생들의 이야기처럼 들릴 수도 있겠지만, 그들은 마치 자신들의 남자친구가 성행위까지 갈 것을 강요하게 되면서 불쾌함을 느끼고 기분이 상하게 된 듯이 이들 이용자들을 묘사하곤 했다. 교환원들이 생판 모르는 낯선 사람과 단시간 내에 성행위를 하는 상황을 가장한다는 것은 쉬운 일이긴 하지만, 일단 질투형의 이용자가 교환원의 진짜 자아에 대한 거짓 없는 사랑을 고백하고 난 후라면, 섹스는 불결하고 음란하며 정서적으로 지저분한 것이 된다. 샤를렌은 자신이 질투형 이용자들의 주의를 끌게 되는 경향이 있다고 생각했으며, 이러한 관계에서의 초기 단계들을 높이 평가했고 즐겼다.

나는 여러 사람들을 만나면서 그저 자연스럽게 행동하려고 애썼고, 또한 더러는 그러한 점을 좋아하는 사람들도 있었죠. 자기 여자친구가 외출한 사이에 내게 전화를 걸었던 어떤 사람이 있었는데, 아시겠지만 그저 누군가와 이야기를 하기 위해서 말이에요. 그런데 그와의 대화는 한 번도 성적으로 노골적이라 할 수 있는 부분에까지 이른 적이 없었지만, 오히려 그 점이 좋았어요. 비록 하려고만 든다면 노골적인 이야기를 할 수도 있는 상황이라는 것을 그도 알고 있었을 텐데 말이에요. 때때로 우리는 이야기를 시작하면서 곧바로 노골적인 섹스 이야기로 들어가지 않게 될 때도 있는데, 그렇게 되면 이용자들은 정말 교양 있게 행동하게 되지만, 만약 우리가 그들에게 노골적인 이야기를 하게 된다면, 그 다음 우리는 일상적인 주제에 관한 대화로 되돌아갈 수조차 없게 되고 그렇게 되면 모든 것을 망쳐 버리게 되는 것이죠. 그것은 섹스에 대한 마음가짐과 같은 겁니다. 그것은 섹스를 당하지 않는 것 훨씬 이상으로 그러한 셈이죠.

순정파형이 질투형으로 변하면 혐오감을 주게 되는데, 그 까닭은 교환원에 대한 순정파형의 사랑은 소박하고 순수하며 순결한 것이어야 하기 때문이다. 그러한 순수성을 상실하는 일은 그 사랑 자체가 음란한 것이 된다는 점을, 그리고 그 교환원 자신이 '섹스를 당한' 것이라는 점을 인정하는 것이나 마찬가지이다. 비록 환상이라는 이름으로 통하기는 하지만, 이러한 대화는 현실 속에 존재하는 참여자가 등장하는 현실 속에 존재하는 시나리오를 상징한다. 정신병자형과 마찬가지로 질투형과 순정파형은 환상의 현실과의 관계에 대한, 그리고 그 차이에 대한 정의내리기의 중요성에 대한 물음들에 영향을 미치기 시작하는 것이다.

매력형 이용자들

'매력형'은 교환원들이, 만약 다른 상황에서 만났더라면 애인이나 친구가 될 수도 있었을 거라고 여기는 이용자이다. 이들 이용자들은 다른 점에서라면 사회적 지위가 높다는 사실로 인해 오명을 쓰게 되는 직업인 의사들, 유명 인사들, 또는 정부 관리들에게 그 위세를 슬쩍 떠넘겨 버리는 경우가 흔하다. 교환원들은 이런 사람들이 자신들에게 흔히 '난생 처음' 폰섹스 번호에 전화를 걸었다거나, 아니면 '그저 호기심에서'라고 둘러대면서 전화를 걸어 온다는 사실에 놀라움을 표시하게 되는 경우가 종종 있다.

이들은 교환원이 가장 만나고 싶다는 유혹을 느끼게 되는 이용자들로서, 내 동료 교환원들과 정보제공자들은 그들이 누구이며, 왜 전화를 걸어 오는 것일까에 대한 추측을 해보게 되었던 경우가 자주 있었다. 다른 주관적인 범주들의 경우에 있어서와 마찬가지로, 어떤 이용자를 매력형 범주에 포함시키는 것은 이용자 자신에게 달려 있는 것으로서 그 이용자가 교환원에게 어떠한 대상으로 비치게 되는가 하는 점에 의해 결정된다. 예를 들어 만약 내게 전화를 걸어 왔던 중서부의 대학 교수가 좀더 순진하고, 좀더 그의 학구적인 어휘에 찬탄을 보낼 수 있는 누군가와 통화하게 되었더라면, 그는 그녀에게는 매력형으로 분류되었을 수도 있는 것이다.

약간의 노력과 요령을 발휘한다면, 어떤 이용자가 자신은 다른 이용자들과는 다르다는 것을 교환원에게 확신시키기란 쉬운 일이다. 첫째로 그는 부유함이 수반되는 종류의 사회적 지위를 과시한다. 그는 훌륭한 문법에 정확한 발음, 점잖고 세련된 목소리를 지니고 있다. 그는 또한 다른 이용자들과 그를 분리시킬 수 있는 전화를 건 이유를 가지고 있으며, 그 교환원을 다른 교환원들과 분리시킬 수 있는 그녀가 갖고 있는 개성에서 몇 가지 독특한 측면을 인정한다. 그는 교환원이 몸매에 관한 날조된 묘사를 해야 하도록 강요하지도 않는데, 그것은 단지 그녀를 부적격자라고 느끼도록 만들게 될 뿐이며, 그를 만날 수도 없게 만들 것이라는 이유에서이다. 가장 중요하게 그리고 가장 파악하기 힘들게 그는 교환원의 방심을 틈타 유머·열정·통찰력, 또는 자신의 개성이 가지고 있는 어떤 다른 장점을 동원하면서 약간의 매력을 과시한다.

이러한 특징들이 갖추어져 있다 할지라도, 매력형 이용자들이 모든 교환원들의 주의를 끌게 되는 것은 아니다. 일부 교환원들은 그들을 상당히 불안하게 여기는데, 그 이유는 바로 그들이 호감이 가는 인간형이라는 사실 때문이다. 만약 어떤 교환원이 어떤 이용자를 좋아할 수 있다면, 그녀가 좋아하는 다른 어떤 사람이 감히 전화를 걸 수 있을 것인지에 대해 알고 싶어하는 것이 이치에 맞는 일이다. 그녀의 이웃일까? 그녀의 남자친구? 그녀의 아버지? 교환원은 이용자들이 평범한 사람들은 이해할 수 없는 별난 방식으로 행동하는 인간들이라는 사실을 알아야 할 필요가 있으며, 바람직한 친구나 애인들의 대상자 집단에서 분리시켜 놓아야 한다. 겉보기에 정상으로 여겨지는 매력형 이용자들이 존재한다는 사실은 불안감을 주는데, 왜냐하면 그것이 모든 남자들이 잠재적인 이용자일 수 있다는 점을 나타내 주기 때문이다. 만약 이용자 또한 이용자로서의 자기 역할에 의해 분명하고 철저하게 정의될 수 있다면, 교환원이 창조된 인물로부터 자아를 분리하는 일 또한 훨씬 쉬워진다. 그가 이 선을 넘게 될 때, 그는 고프먼이 《상호 작용의 의식》(1967)에서 '변형의 규칙'이라고 불렀던 것 한 가지를 깨는 셈이 된다. 여기서 그 규칙이라 함은 참여자들이 게임, 즉 전화 통화가 지속되는 시간 동안 자신이 맡은 등장 인물로 남아 있어야 한다는 것이다. 변형 규칙들은 배우들이 어떤 것이 될 수 있을 것인지를——그리고 그 연극의 영역 안으로 어떤 것을 끌어들여도 될 것인지, 끌어들이지 말아야 하는 것인지를 결정하게 된다. 교환원이 그에게서 보게되는 표면상의 모습을 믿도록 부추김으로써, 이용자는 이용자로서의 자신이 맡고 있는 역할을 어기게 된다. 그렇게 하면서 그는 교환원이 스스로의 역할에 대하여 정의를 내리는 것과 창조된 인물로부터 자아를 분리하는 것을 방해하게 되고, 그럼으로써 그녀의 사생활과 신체적 안전을 위협한다.

매력적인 또는 호기심을 일으키는 목소리가 교환원의 흥미를 자극하는 발단이 되어 양측의 역할을 뒤바꿔 놓게 되고, 그녀를 그 거래의 참여자인 듯 느끼게 만들며, 좀더 불온하게는 (이전의) 이용자와 연루되는 것을 적극적으로 추구하는, 훔쳐보는 취향을 가진 성도착자처럼 느껴지게까지 만드는 경우는 드문 일이 아니다. 교환원들 대다수가 재미있는 대화에 빠져들어 입장이 뒤바뀌게 되는 것에 대한 불편한 심경을 피력했다. 그 거래에서 그녀가 느끼게 되는 흥미와, 계속되는 대화에 걸려 있는 그녀의 이해 관계에 의해 그 교환원은 이용자가 되는 것이다. 그녀는 더 이상 콜라를 마시거나 잡지를 읽거나, 아니면 시간을 끌게 만들 이유를 찾지 않게 된다. 대신에 그녀는 참여하기 시작한다.

나 또한 교환원으로 일하는 동안 이와 같은 달갑지 않은 역할의 반전을 경험했던 적이 있다. 나는 30대 정도로 여겨지는 나이에 교양 있고 내성적이며, 나지막하고 침착하며 다소 슬픈 듯한 목소리의 어떤 사람에게서 걸려 온 전화를 받게 되었다. 그는 나에게 자신이 아주 잘못된 어떤 일을 저지른 것에 대한 죄의식과 싸우고 있노라고 말했다. 그는 누구에게도 그 일을 말할 수 없었지만, 또한 잊어버릴 수도 없었다는 것이었다. 그는 자신이 저지른 일에 대하여 누군가와 이야기를 나누고 싶었다고 했지만, 그는 나와 같은 익명의 존재로부터의 비난조차도 두려워하고 있었다. 그가 나에게 그와 흡사한 부끄러움과 두려움을 가져다 주게 되었던 어떤 일을 저지른 적이 있었는지를 묻고 난 다음, 우리는 그가 저지른 일이 무엇이었는지를 털어놓지 않은 채 전화를 끊어 버리기 전까지 약 15분 정도 대화를 나누었다. 30분이 지나서 그는 다시 전화를 걸어 내 도덕적 감각에 대하여 물었다. 본질적으로 사악해서 결코 용서받을 수 없는 그러한 것들이 있다고 생각하는가? 신의 존재를 믿는가? 지옥의 존재를 믿는가? 우리는 그가 다시 전화를 끊기 전까지 15분 정도를 더 참회가 가져오게 되는 구원, 그것의 가능성과 한계점들에 대하여 토론을 벌였다. 30분이 지나자 그는 다시 전화를 했다. 그는 나를 좋아한다고 말했다. 그는 내게는 이야기를 할 수 있다고 느꼈던 것이다. 당신은 일찍이 사랑에 빠졌던 적이 있었는가?

이런 식의 전화는 1주일 동안이나 계속 이어졌고, 그는 훔쳐보기 취향의 성도착자로서의, 그리고 스토커(특정 인물을 집요하게 따라다니며 괴롭히는 자)로서의 자기 인생에 대한 이야기를 점차 좀더 깊이 있게 털어놓게 되었다. 매일 저녁 출근할 준비를 하면서 나는 그가 전화를 다시 할 것인지 궁금히 여기게 되었다. 매번 전화벨이 울릴 때마다 그 이야기가 계속될 수 있을까 하는 기대를 걸게 되면서, 나는 그가 교묘하게 설치해 놓은 덫에 걸려들었던 것이다. 우리들의 목소리가 가지고 있는 억양은 우리들의 진정한 입장을 틀리게 나타내 주는 것이었다. 나는 진지하며 호기심 많은 쪽이었고, 그는 초연한 관찰자의 입장이었다. 그리고 내가 나중에 깨닫게 된 것처럼 그는 훔쳐보기 취향을 가진 성도착자로서 최상의 경지에 이른 사람이었는데, 왜냐하면 이야기에 대한 결론이 내려지고 통화가 끝났을 때에도 나는 계속해서 그를 생각하고 있게 되었기 때문이었다——그것은 그가 구성해 놓은 대화의 복잡함에 대하여, 대화의 방향과 속도, 그리고 흐름에 대하여 그가 보여 준 통제력, 그리고 엿보기 취향인 그의 성적인 성향이 요구하는 것으로 여겨지는 구경거리 등에 관하여 곰곰이 생각해 보기 위해서였다.

  고프먼은 배우들 모두의 합의와 협동을 필요로 하는 게임으로서의 일반적인 상호 작용을 설명하고 있다.(1967년 저술) 물론 어떤 배우는 다른 배우보다 좀더 열중해 있을 수도 있으며, 그 사람이 '융통성을 보일 여지가 없이' 열중해 있으면 있을수록, 그 상호 작용에 대한 그의, 또는 그녀의 경험은 게임의 규칙들에 의해 더욱더 구속을 받게 되는 것이다. 마찬가지로 일부 이용자들은 고프먼이 '홍수가 나서 집에서 쫓겨나기'라고 부르는 행위인, 게임에 대한 시각을 상실할 정도로 그들의 의식처럼 치르는 섹스 행위가 요구하는 조건들에 의해 너무도 융통성 없이 구속되어 있다. 어느쪽 참여자에 대해서건 지나친 몰입으로 인하여 그 역할을 망각하는 일은 환상과 현실 사이의 경계선들의 불안정함을 드러내 주는 것이다. 이러한 혼동은 단지 교환원의 사생활에만 영향을 미칠 뿐만 아니라, 이용자들의 사생활에도 또한 영향을 주게 된다. 모든 사람이 스스로를 보호하기 위해 기울이는 최선의 노력에도 불구하고, 실체가 존재하지 않는 폰섹스의 상호 작용은 참여자들 각자를 간섭하게 되는 것이다.

4
환상의 날조

대본

폰섹스 대화를 위한 대본은 동트기 전의 디즈니랜드 같은 상태로 존재한다——즉 오직 살아 움직이는 소비자들만이 공급해 줄 수 있는 떠들썩함과 활기를 기다리면서 말이다. 폰섹스의 소비자들은 엄청난 자유와 모험이라는 환상을 즐기지만, 그들의 행동은 상당히 제한을 받는다. 고객들은 탈것을——이상한 나라의 매드 해터나 앨리스를——선택하지만 일단 선택을 하고 나면, 그들은 예상할 수 있는 연속된 사건들을 예견해 볼 수 있게 된다. 그들의 경험은 날씨나 분위기의 변화에 의해 영향을 받을 수도 있지만, 대개의 경우 그 소비자들은 모험이라는 허구와 안전이 보장되며 신뢰할 만한 두 가지 경험 모두를 즐길 수 있게 된다.

거의 예외 없이 폰섹스 환상은 표준 대본을 따른다. 예를 들면 발에 집착하는 성도착자는 발톱에 에나멜이 칠해져 있고, 발 피부는 보들보들하고 매끈하다는 이야기를 듣고 싶어한다. 그 에나멜은 나이지리아인 같은 검은 피부의 발가락에 칠해진 옅은 분홍색일 수도 있고, 햇볕에 살짝 그을린 캘리포니아인의 발에 칠해진 햇빛을 받은 오렌지 빛깔일 수도 있으며, 신고 있던 검정색의 여성용 비단 구두를 금방 벗은 엷은 분홍색 발에 칠해진 진홍빛일 수도 있다. 세세한 부분에서 그 내용은 변할 수 있지만 형식은 일정한 것이다. 소비자가 자연스러운 것처럼 경험하는 일도 실제로는 조심스러운 계획과 고안의 산물인 것이다.

어떤 상호 작용과 마찬가지로 폰섹스도 다수의 이미 존재하는 맥락 속에 구성되어 있으며, 그것은 신뢰와 냉소·가장 그리고 정직과 같은, 특히 지저분한 혼합물로부터 결집된 것이다. 이러한 혼합물은 빈약한 외관을 만들어 낸다. 이용자는 환상을 믿고 싶어 하며, 자신이 믿는 바에 따라 연기를 하겠다는 자발성을 입증하면서 조심성 없게 행동하는 경우가 종종 있다. 자신들이 날조해 낸 대본에 아주 친숙함에도 불구하고, 교환원들 스스로도 환상의 세부에 있어서는 자신들이 믿는 바에 따라 연기한다는 점을 들켜 버리게 되는 때가 자주 있다. 믿음과 냉소라는 요소들은 꼭 필요한 것들이다.

각각의 환상은 이야기 줄거리에 대한 양쪽 참여자 모두의 합의에 의존하고 있다. 만약 어느 한쪽이 그것을 모순된, 또는 적당치 못한 방식으로 변경해 버리게 되면, 힘을 합쳐 만들어 냈던 그 실체는 쉽사리 파괴되고 마는 것이다. 경험이 적은 교환원이 깜빡 잘못 판단하여 그 규칙들을 깨고, 그 과정을 혼란시키게 되는 경우를 제외한다면, 그처럼 환상이 중단되어 버리는 일은 아주 드물게 일어날 뿐이다. 이용자 또는 교환원이 이렇게 해서 생겨나는 어떤 충돌을 끝내 버리고 싶어한다 할지라도, 그들은 대개 그것이 결말에 이르게 될 때까지 환상이라는 맥락 속에 머무르게 된다. 이용자들을 떼어 버리는 것이 성가신 일임을 알게 된 교환원들은 자동차나 비행기 사고를 당했다거나, 말기에 이른 질병이 있다고 꾀병을 부린다거나, 갑자기 약혼을 하게 되었다는 등의 핑계를 날조해 낸다. 나는 또한 꾸준히 전화를 걸었던 이용자들이 교환원으로부터 새로운 도시들을 향하여 관계들을 찾아서, 또는 감옥으로 '옮겨가 버렸다'는 이야기들도 듣게 되었다.

흔히 환상에는 실제 삶에서의 상황들이 도입되며, 그 환상들은 그것들이 가지고 있는 비현실성을 뛰어넘어 실제 사건들에 영향을 주는 요소들을 지니고 있다. 환상을 현실로 변형시키는 과정은 전화 대화의 구조 속에 존재한다. 형식상의 요건들과 예의바름에 대한 규칙은 어쩔 수 없이 참여자들로 하여금 알려져 있는 어떤 거짓말들을 마치 진실인 것처럼 사용하도록 만든다. 육체에서 분리된 목소리만을 통해 친밀감을 교환하는 행위에 있어서 널리 이용되고 있는 이러한 과정은, 현실에 대한 환멸감과 환상이 주는 안락함을 점점 더 갈망하는 결과에까지 이르게 만드는 경우가 자주 있다.

믿음을 갈망하기

교환원들 가운데 대다수는 이용자들이 실제로 환상의 자세한 부분들을 사실이라고 믿고 있으며, 환상을 넘어선 믿음이라는 단계에까지 몰두해 있는 것처럼 보인다는 점에 대하여 놀라움을 표시했다. 이용자들이 실제적이라는 믿음 없이도 그러한 심상을 즐길 수 있으리라고 기대했던 것은 특히 신참 교환원들이었다. 하지만 믿는 바에 따라 연기하고 있는 몇몇 이용자들에 대한 경험을 통해 얻어진 증거는, 이들에게 점차 이용자들이 그 환상의 자세한 부분들을 진지하게 받아들이고 있다는 쪽으로 믿게끔 만들게 된다.

"우리는 이용자들에게 '내 머리는 금발이에요.'라고 말하게 될 수도 있는데, 그렇게 되면 그들은 전화를 끊어 버리죠. 그들은 금발이 아니라 검은 머리를 원하는 거지요. 아니면 빨강 머리를 원할 수도 있죠. 그렇지만 그 묘사는 제대로 들어맞는 것이어야만 하며, 그렇지 않을 경우에는 전화를 끊어 버리고 말아요." 또 다른 교환원은 이렇게 말했다. "이용자들은 정말로 우리가 거기 앉아서 대용품 성기(dildo; 발기한 남성 성기 모양의 마스터베이션 도구)나 바이브레이터를 가지고 성행위를 하고 있다고 생각해요. 그들은 현실과 유리되어 버릴 정도로 자신들이 가지고 있는 환상에 사로잡혀 있는 것이지요." 여전히 또 다른 교환원은 이렇게 말했다. "나는 이용자들이 전화를 끊어 버리는 것을 원치 않거든요. 아시겠지만 말이에요. 그래서 나는 이렇게 말하곤 해요. '가서 내게 종이 한 장만 갖다 주세요.' 그러면 그들은 그렇게 하려 들죠."

내가 인터뷰했던 모든 교환원들은 일부 이용자들이 환상 너머로까지 이동한다고 믿고 있었다. 피터는 종종 재미와 금전적 소득을 위해서 이용자들을 교묘히 조종하는 것을 즐겼다.

나는 그들에게 나가서 어떤 물건들을 가져오라고 시켜 왔고, 그들은 그것을 가지고 다시 전화 있는 곳으로 돌아왔는데, 나는 언제나 그것이야말로 우습기 짝이 없는 일이라고 생각했습니다. 왜 그들은 그냥 거짓말을 해버리지 못하는 것일까요? 그저 가져오라고 말한 솔을 지금 손에 쥐고 있다고 말입니다. 꼭 찾아서 가져올 것까지는 없는 일인데, 그들은 그것을 찾아 가져오려고 드는 겁니다. 아시다시피 그들은 시키면 노래 같은 것도 하려 듭니다. 나는 내게 노래를 불러 주거나, 또는 자신에게 매질을 하라고 그들에게 시키곤 합니다. 내가 바이브레이터를 자신들의 항문에 꽂아 넣으라고 시켜도 그들은 그렇게 하려 듭니다. 우리가 그들에게 하도록 시킨 대로 그들이 전화에 대고 울어대는 소리도 들을 수 있습니다. 고통스러워서 정말로 우는 겁니다. 아시겠어요? "그렇게 하니까 아픈가요?" "그래요." "저런 아프다니 정말 안됐지만, 잘했어요." 그 가엾은 친구는 울고 있지만, 그걸 좋아하는 겁니다. 그래서 나는 거리낄 것 없이 이런 짓을 시키는 겁니다. 그거야말로 내가 시켜 주기를 그 이용자가 원하는 것이니까요. 하지만 그것은 …… 그것은 우스운 일이죠.

피터가 "왜 그는 그냥 거짓말을 해버리지 못하는 것일까?"라고 물었을 때, 그는 그 이용자가 거짓말을 했는지 그 여부에 대해서는 결코 의심을 하지 않는다. 그는 자신이 찾아오라고 주문한 머리빗을 그 이용자가 손에 가지고 있는지 아닌지 어떻게 알 수 있는 것일까? 그는 만약 그 이용자가 어떤 물건을 찾기 위해서 귀중한 시간을 소비하려 든다면, 틀림없이 신체를 움직여 그 물건을 찾아야만 한다고 가정하고 있는 것이다. 그는 이용자의 관심이 돈을 지불하는 자신의 시간을 될수록 많은 대화를 나누는 데 사용하는 것에 있으며, 이용자가 대화 이외의 행동을 하느라고 소비한 시간은 헛되이 흘려 버린 시간으로 가정하고 있다. 나아가서 피터는 이용자가 그 중단되는 시간을 즐긴다는 것은 바로 그 중단되는 똑같은 시간을 자신이 즐기는 것과는 아주 차이가 있다고 가정하고 있다. 어쩌면 그 이용자는 통화가 여전히 계속되고 있는 상태에서 대화를 멈추고 잠시 짤막한 휴식 시간을 갖는 데 대하여 피터만큼이나 만족해할 수도 있는 일이다.

이용자는 그저 전화를 거는 것으로 먼저 자신의 믿음을 내보이게 되며, 먼저 행동했다는 사실은 합의한 바에 의해 교묘히 조종될 수 있다는 약점을 안고 있게 만든다. 예를 들어 만약 이용자의 기호가 정교하게 만들어진 란제리에 끌리는 것이라면, 교환원은 자신의 스타킹 솔기를 바로잡는다는 구실로 그동안 전화를 끊지 말고 기다리도록 되풀이해서 요구함으로써 이 정보를 이기적 목적에 이용할 수도 있다. 교환원은 스스로 뭔가를 빼돌려 무사히 도망친다고 여기게 되는데, 그 까닭은 그녀의 마음속에서 내린 평가에서는 그것이 사실이기 때문이다. 그녀는 자신이 대화를 나누는 이용자를 속이고 있으며, 그런 만남의 한복판에서 약간의 사적인 순간들을 훔쳐낸다고 생각한다.

하지만 그 이용자는 그처럼 중단되는 순간순간에서도 그의 시간이 허비된다고 느끼지 않으며, 계속해서 환상을 즐기게 되리라는 것도 상당히 있음직한 일이다. 기교가 뛰어난 교환원은 자신이 잡지의 책장들을 펄럭펄럭 넘기고 있거나, 동료 직원과 귓속말을 주고받거나, 아니면 콜라를 가져오기 위해 자리를 뜨거나 하는 동안에도 환상이 유지되도록 만들 수 있으며, 자신이 이처럼 흔해빠진 일들을 처리하고 있는 동안 위해서 시간과 돈을 들이는 그 이용자를 멍청이라고 생각한다. 하지만 이러한 행동들은 그 이용자가 상상할 수도 없는 것들이다. 마음속에서 그는 스타킹을 바로잡는 모습을, 하이힐과 잘 손질된 발톱에 에나멜이 칠해진 두 발을 보고 있게 되는 것이다. 그는 대화를 나누는 상호작용의 일부로서 막간을 즐기게 되는데, 그 까닭은 어쩌면 그가 자신의 환상이라는 영역 속에 머무르고 있기 때문일 수도 있다. 그의 시각에서 본다면, 그가 가지고 있는 환상의 규칙들은 결코 침해된 적이 없는 것이다.

미미는 자신이 제공하는 원료로부터 이용자들이 나름대로의 환상을 창조해 냄으로써, 그들 스스로가 이러한 작업의 대부분을 해

냈다는 사실을 알아차리고 있었다.

얼마나 많은 남자들이 그것에 열중하는가 하는 점을 보면 재미있죠. 그리고 남자의 정신을 이해한다는 것과 그가 그렇게 생각했으면 하고 우리가 원하는 것은, 그것이 무엇이건 그가 그렇게 생각하도록 만든다는 것이 내게는 얼마나 쉬운 일인가 하는 일을 떠올리면 정말 재미있죠. 내 목소리에서 그는 어떤 전체적인 장면을 창조해 내서 그것에 반해 버리게 되고, 계속 전화를 걸어 와서는 자신이 원하는 것이 무엇이건 그것에 관해서, 섹스 혹은 무엇이건 말이에요, 어떤 여자와 이야기를 나누는 데 하룻밤에 35달러에서 40달러를 써 없애고, 그 다음날 밤에 다시 전화를 걸어 오게 되는 거죠. 나는 그것이 흥미로워요——우스운 게 아니라 흥미로워요.

이용자가 환상에 도취될 수 있다는 생각에 교환원이 익숙해지게 되면서 이러한 사실은 덜 놀랍고 덜 우스우며, 보다 더 흥미로운 것으로 변해 간다. 이용자가 가지고 있는 믿음은 그를 약점 잡히기 쉽게 만들며, 교환원은 그가 가지고 있는 믿음의 유용함을 보기 시작한다. 그녀는 자신이 바이브레이터나 혹은 있지도 않은 다른 어떤 가공(架空)의 물건을 찾는 동안 전화를 끊지 말고 기다리라고 요구하거나, 아니면 자신이 전화를 끊지 않고 기다리고 있는 동안 이용자에게 어떤 물건을 찾으라고 시켜, 대화를 나눌 필요도 없이 가외 통화 시간에 대한 요금을 청구할 수 있다는 것을 배우게 된다. 대화를 할 때 그녀는 그가 가지고 있는 정말 어리석은 관심이나 취미에 관한 이야기에 앵무새처럼 되풀이해 맞장구를 친다거나("정말 우연의 일치네요. 나도 모터사이클산야횡

단경주를 **정말 좋아하는데!**") 거짓으로 공감과 동정을 내보이면서, 여성 혐오 또는 인종차별적 감상을 기꺼이 받아들이는 체하기까지 한다.

발레리는 자신은 정말 유별난 환상들에 대해서도 훤히 알고 있다고 여기고 있었지만, 그녀조차도 어떤 남자들이 너무나 뻔한 것에도 쉽게 속아 넘어간다는 점에 대해서는 놀라움을 표시했다.

남자들이 얼마나 멍청한가 하는 점이 나를 놀라게 하며, 그들이 내가 말하는 것은 무엇이나 믿는다는 점이 나를 놀라게 해요. 남자들이 내게 "오 당신 정말로 그렇게 생긴 거요? 당신 정말로 그걸 하고 있는 건 아니죠. 그렇죠?"라고 말할 때, 나는 말하죠. "당신이 제 말을 믿지 않다니 정말 모욕적이군요. 이건 정말 정떨어지네요." 그렇게 해서 우리는 그를 다시 수세에 몰리게 만들어 놓는 것이죠. 왜냐하면 그가 우리를 수세에 몰리게 했으니까요. 별건 아니지만 그게 내가 가지고 있는 요령인 셈이죠.

발레리의 요령은 그러한 상호 작용이 지니고 있는 경쟁적인 본질을 실제 모습과 다르게 나타내 주고 있다. 그 이용자는 환상의 실체에 대해 의문을 제기함으로써 그녀를 수세에 몰리게 만든다. 그녀에게 이러한 방식으로 도전함으로써, 그는 그녀가 자신의 일을 해내게 되는 능력에 대한 의문을 제기하는 것이다. 그래서 그녀는 반격을 하게 된다. 대화를 다른 주제로 옮겨 감으로써 그녀는 더 이상의 질문을 비켜 나갈 수 있게 된다. 만약 그 이용자가 그에 동의하고 그녀를 따라 다른 주제로 옮겨 간다면, 그녀는 그러한 이동을 믿음의 표시로 받아들이는 것이다.

교환원은 뻔히 알 수 있는 이용자의 믿음을 통하여 그를 조종하는 법을 배우게 되면서, 이용자가 어떤 행동들을 했노라고 설명하는 것을 인정함으로써 그녀 자신도 그것을 믿고 있다는 바를 증명해 보인다. 믿는다는 행위에 이용자들이 그렇게 참여하고 있는 것과 마찬가지로 교환원들도 그 믿는다는 행위에 참여하고 있다는 점이 내게는 어느 모로 보나 놀라운 일이었다. 어쩌면 그 이용자는 종이를 찾지 못할 수도 있고, 따라서 대신 종이 냅킨을 한 장 들고 와서는 그것이 그녀가 요구한 대로 공책에서 떼어낸 흰 종이라고 말할 수도 있는 것이다. 그녀가 그랬던 바와 마찬가지로 그도 사소한 것들에 대해서 거짓말을 했을 가능성이 있을 수도 또는 없을 수도 있는 것으로, 그 확률이 어느 정도가 될지는 알 수가 없는 일이다. 이용자들이 정말로 현실과 유리되어 있건, 아니면 자신들이 요구한 환상들을 단순히 즐기고 있건간에, 교환원들은 자신들의 활발한 노력에도 불구하고, 자신들이 가지고 있는 환상들이 이용자들에게 미치는 영향에 대한 환상의 포로가 되는 경우가 자주 있다.

환상을 연기하는 일은 실제인 것처럼 받아들여지는데, 그 이유는 그것들이 모든 환상들 가운데 가장 중요한 환상의 기초가 되는 것인 존재와 친교라는 점에서이다. 어쩌면 그 이용자는 믿는 것 이외의 다른 선택권을 가지고 있지 못할 수도 있는데, 왜냐하면 만약 그가 믿지 않는다면 그는 그 통화를 통째로 허비해 버리는 셈이 되기 때문이다. 그가 계속해서 가지고 있는 믿음이란 별 소용도 없는 것을 쫓느라 귀중한 돈을 허비하는 일인 하나의 흉내, 즉 더 이상의 손실을 줄이려는 내키지 않는 행동일 수도 있는 것이다. 하지만 또한 그 이용자는 그 통화를 즐기고 있는 것이라는 점과, 전화기 저쪽 편에 교환원을 기다리게 해놓고 있다는 사실에서 오는 흥분이 대화를 나누는 행위만큼이나 값진 것이 될 수 있으리라는 점도 생각할 수 있는 일이다. 어쩌면 그 이용자는 종이를 가지러 가는 체하면서 전화기의 반대쪽 편에서 전화기를 가슴에 끌어안고 낄낄거리면서 교환원을 속이고 있는 건지도 모르는 일이다. 이용자가 전화를 끊지 않고 기다리고 있는 동안 하게 되는 행위나 가지게 되는 믿음이 어떠한 것이든간에, 그는 자신을 즐겁게 해주고 있는 하나의 상호 작용에 참여하고 있음을 명백히 느끼게 된다. 그 점이 뭐가 그리 놀랍거나, 또는 우습다는 말인가?

교환원에게 그 이용자가 가지고 있는 믿음은 놀라운 것이다. 그 교환원이 가지고 있는 믿음, 그리고 이용자가 가지고 있는 믿음에 대하여 그녀가 갖게 되는 놀라움이 그것을 관찰하는 사람에게는 놀라운 일이 된다. 어떤 이용자가 지시 사항을 신체적으로 실행에 옮기건 그렇지 않건에, 교환원은 모든 면에 있어서 이용자의 그것만큼이나 강력하고 환상에 차 있는 믿음 속으로 끌려 들어가고 있는 것이다. 교환원은 자신도 쉽게 속아 넘어갈 수 있다는 가능성에는 의문을 제기하지 않은 상태로 믿어 버린다. 이용자들은 종종 자신들이 믿는 바에 대하여 의문을 제기하게 되는 반면——"당신은 정말로 ……한가"라고 그들이 교환원으로부터의 확신을 얻고자 물을 때처럼——교환원들은 그들 자신이 믿고 있는 바를 인정하는 일이 보다 어렵다는 것을 알게 된다.

자신들이 가지고 있는 환상을 교환원들이 기꺼이 믿는다는 사실은, 믿음과 환상을 공유하는 존재인 이용자들과 그들간의 유사성을 예증해 주는 것이다. 그 이용자에게 그러한 공유는 그를 그녀의 전문가적 수준에까지 격상시켜 주는 것으로서, 그것은 엄청나게 많은 다른 이용자들로부터 그를 구별해 주게 된다. 하지만 그 교환원에게는 자신이 이용자들과 공통성을 지니게 된다는 사실은 전문가적 솜씨와 체면의 상실을, 그리고 폰섹스 대화가 진행되는 동안 그녀가 연기해 내는 역할로부터 중요한 거리의 상실을 의미하게 된다.

사명감 이상의 어떤 것

아를리 러셀 혹스차일드(1983)는 상업적으로 이용되는 것에서 오는 감정의 소외를 묘사하기 위해 '정서 노동'이라는 개념을 발전시켰다. 폰섹스를 통한 조우에서 교환되는 것은 정서가 그 전부는 아니다. 교환원들은 다른 누군가의 환상을 충족시킬 수 있도록 계획된 개성들을 만들어 낸다. 그들은 그들이 팔고 있는 어떤 존재가 되기로 약속하며, 그렇게 해서 얻어진 존재를 팔고 있는 것이다.

혹스차일드는 정서 노동자들이 자아의 판매에 수반되는 소외의 위협에 대처하기 위하여 그들의 직업에 대한 갖가지 입장들을 취하게 된다는 점을 알아차리게 되었다. 이러한 입장들은 각기 그 노동자의 자신에 대한 관념과 그녀가 직무를 행할 때의 정체성 사이에 존재하는 차이가 그 중심 테마가 되고 있다. 노동자들은 자신들의 직무로부터 자신들의 자아를 분리하는 데 실패함으로써 자신들과 자신들의 일을 지나치게 적극적으로 동일시하게 되어 '정서적 무감각' 상태에 빠질 위험을 안게 되거나, 아니면 지나치게 소극적으로 동일시하여 자신들의 정서 노동을 통째로 그만둬 버리거나 하게 된다.

본질적인 문제는 자아의 일부 흐름이 맡고 있는 역할로 유입되도록 만들기는 하지만, 그 역할이 자아에 주는 부담을 최소화하는 방식으로 역할에 자아를 어떻게 맞추어 나갈 것인가 하는 점이다. 왜냐하면 사람들이 생계를 위해 연기를 하게 될 때면 언제나, 비록 무대에 대하여 어느 정도의 통제력을 가지고 있다 할지라도 그들은 조심성이라는 겉치장을 한 얼굴들로 자신들의 무대에 서게 되는 것이며, 그 가면 뒤에서 그들은 낮은 소리로 들려 오는 자기 자신들의 감정이 내는 소리를 듣는 것이다. 직무를 수행하는 도중에 보여 주게 되는 유쾌함이란 일상적인 상황에서의 명랑한 기분과는 다른 어떤 것이 된다. 이것은 마치 3백번째의 젤로〔과일의 맛과 향·빛깔이 나는 디저트용 젤리로, 컵에 담아 굳힌다〕 컵을 점심 식사용 식판에 쏟아 채워 놓아야 하는 일에 대하여 마음대로 울분을 터뜨릴 수 있다고 느끼는 구내 식당 노동자의 경우보다는, 죽 늘어앉아 있는 생판 처음 보는 낯선 사람들에게 진정에서 우러나오는 친절함으로 대하도록 노력해야만 하는 여객기 객실 승무원의 경우에 보다 잘 적용될 수 있는 것이다.(혹스차일드, 1983, 188-89쪽)

성적 관심에 대한 부분은 '명랑함'보다 더 깊고 더 친밀한 것이며, 혹스차일드의 법칙은 폰섹스 교환원의 경우에 강력하게 적용되는 것이다. 그녀는 살아 숨쉬는 목소리를 포르노그라피의 이상형으로 '구현'해 내기 위하여 그녀 스스로의 성적 관심을 분리하고 객체화한다. 폰섹스 교환원은 자신을 가슴 설레게 만들거나, 아니면 자극적임을 알게 된 이용자들만 받아들일 수 없는 처지이기 때문에, 그녀는 욕망을 단조로운 반복이라고 말해도 좋을 정도까지 복제함으로써 친밀감과 성행위를 판매하는 방법을 배워야만 하는 것이다. 흔히 그녀가 어떤 설레는 느낌도 주지 못하거나, 혐오스럽게까지 느끼는 이용자들에 대한 그녀의 서비스는 다소간 기계적이라 할 수 있는 방식으로 제공된다. 그녀는 환상을 창조해 내는 기교를 발전시켜 나가면서 자신의 친밀감에 대한 이해, 잠재되어 있는 자아에 대한 자신의 관념, 그리고 사적인 친교 관계들에 강력한 영향을 미치게 되는 친밀감을 교묘히 조종할 수 있는 능력을 개발해 내게 된다.

혹스차일드는 가면의 이면에 중추적이며 지침을 제공하는 자아가 존재한다고 상정하고 있지만, 포스트모더니즘 논쟁은 이러한 기초적인 가설에 대하여 의문을 제기할 것을 요구한다. 가면을 쓴 인격을 지배하고 조종하는 내적 자아가 존재하는 것이건, 또는 그렇지 아니한 것이건간에 교환원들과 이용자들은 자아 개념을 빈번히 사용하고 있으며, 따라서 그것은 진정한 내적 자아의 존재를 규정짓기 위한, 폰섹스라는 상호 작용과 육체에서 분리된 목소리만을 통한 친밀감의 교환에 대한 논의에서는 반드시 필요하다. 이용자들과 교환원들의 다양한 자아들은 떼어 놓고 생각할 수 없을 정도로 서로 뒤섞여 있으며, 다수의 인격적 특성들을 공유하고 있다는 사실은 중추적이며 지침이 되는 자아의 흔적을 제공한다.

교환원들 대다수는 전화 통화를 하고 있는 교환원이 그게 무엇이 되었건 원하는 존재가 '될' 수 있는 자유를 기지고 있다고 아주 열심히 주장한다. 나를 교환원으로 고용했던 그녀는 이러한 자유를 그 일에 수반되는 가외의 혜택으로 열거했었다. 그리고 그것은 사실로서, 가면을 쓴 인격의 창조는 신체적 제약으로부터 자유로워지는 것이다. 폰섹스는 교환원이 날씬한 허리에 가슴은 풍만하고, 금발에 푸른 눈을 가진 백인 여성이 될 자유를 허락하는 것이다. 하지만 또 다른 의미에서 폰섹스 교환원은 그 어느 때보다 더 제한과 제약을 받고 있기도 하다. 실제 삶에서의 인간보다 폰섹스에서 창조된 인물은 보다 적은 다양성과 보다 적은 개성을 지니고 있게 되기 때문이다. 교환원이 만들어 낸 가면을 쓴 인격이 가지고 있는 특징과 그녀가 날조해 내는 이야기의 주변 상황은 교환원 자신보다도 훨씬 더 오래 된 것으로서, 미리 조립되어 있었던 포르노그라피 이미지들이다. 그녀가 전화 통화에서 사용하게 되는 창조된 인물은 어떤 개인으로부터 나오는 것이 아닌, 집단적이며 원시적인 인간의 의식으로부터 나타나는 것으로서 마치 융의 원형과도 같은 것이다.

예를 들면 지배자형 여성(dominatrix: 라틴어로 '여성 지배자')은 키가 크며 튼튼하고 가슴이 풍만한 쪽으로 그려지며, 그녀의 머리카락은 길거나 또는 짧을 수도 있지만, 그녀의 혹독하고 지배적인 성정과 조화를 이루도록 언제나 고수머리는 아니며 검은색이어야 한다. 이와 대조적으로 복종형 여성은 체구가 작고 호리호리하며 섬세하고 세련되어 있으며, 의존적인 형으로 그려진다. 그녀의 머리카락은 갈색 또는 금발일 가능성이 높으며, 머리채는 잡아당기기에 충분할 정도로 길어야만 하는 것으로 되어 있다. 이 환상의 여인들은 어느쪽이건 어둡고 음습한 환경에 존재하는 것일 수 있지만, 둘 중 어느쪽도 인적이 끊긴 해변에서 수영을 하고 있는 상태로 옥외에 존재할 가능성은 없다. 전체적인 주제 내에서 상세한 부분에 대한 변화의 가능성은 존재할 수 있지만, 주요한 구성 요소들은 엄격히 정해져 있는 것이다. 교환원이 어떤 특정 가면을 쓰게 될 때, 그녀의 자아는 그것을 통해 드러나게 되지만 단지 적절한 특색들만이 강조되며, 반면에 부적절한 특징은 바뀌거나 감춰지며 아니면 그리 중요치 않은 것으로 치부된다. 교환원은 스스로의 자아를 자신의 가면을 쓴 인격에 비추어 해석한다.

환상이라는 렌즈를 통해 자신을 들여다봄으로써, 교환원은 자신의 내적인 천성이 환상과 들어맞는 것이라고 여길 수 있게 된다. 내가 인터뷰를 했던, 그리고 내가 함께 일한 적이 있었던 다수의 교환원들은 자신들의 이력을 성적인 특징을 지니는 것으로 만들었고, 그러한 이력이 폰섹스 교환원이라는 직업으로 곧바로 이어지며 그 직업에서 정점을 이루는 것으로 묘사했다. 자신들을 '전화 일꾼' '타고난 전화 갈보' 또는 '언제나 내 스스로의 환상에 몰두해 있는 사람'으로 묘사함으로써, 교환원들은 그들의 직업상 정체성을 사적인 자아 개념과 통합시킨다.

일부 교환원들은 다른 교환원들이 자신들의 진짜 자아를 전화 통화를 위해 창조해 낸 인물과 혼동하고 있는지를 알아차리게 되었다. 이러한 혼동은 자부심의 형식을 취하고 있었는데——그들은 매력에 수반되는 사회적 특권을 가지며, 그들이 환상 속에서 창조해 낸 인물이 사회적 지위를 갖는다고 예상하고 있었다. 샤를렌은 자신이 통화를 위해 창조해 낸 인물에 대해 논의하면서, "내가 약간 과장을 하긴 했죠"라고 말했다. 그런 다음 그녀는 다음과 같이 덧붙였다.

나는 그것을 그다지 진지하게 받아들이지는 않았어요. 어떤 사람들은 그것을 진지하게 받아들이기도 하죠. 나는 그런 몇몇 교환원들을 본 적이 있는데, 그들이 자신들에 대한 이야기를 하는 걸 보니, 그들은 상황이 자신들이 말하고 있는 것만큼이나 멋지다고 여기는 거예요. 그게 그들이 자신들에 대하여 묘사하는 방식이며, 그들은 정말로 그것이 자신들의 모습이라고 생각하는 겁니다. 그리고 그 점은 그들에게 전화를 걸어 오는 이용자들에 대한 것만큼이나 아주 놀라운 일이지요.

가면이라는 마찬가지의 은유를 이용하면서 고프먼은 가면이 자아를 압도할 수도 있으며, 그것을 쓰고 있는 배우보다 더 진짜처럼 될 수도 있다고 주장했다.(1959, 1961년 저술) 폰섹스 교환원들의 경우에 있어서는 다른 존재들이——감독자들에서 국제전화교회회사들에까지 이르는——배우들 자신들의 경우만큼이나 그들의 가면을 쓴 인격에 대하여 대단한 관심을 가지고 있다. 하지만 만약 어떤 교환원이 이러한 가면을 쓴 인격에 의해 압도된다면, 그녀는 포르노그라피 작가가 그렇게 되듯이 그 가면을 쓴 인격의 눈을 통해서 자신을 보며, 그러한 단호한 기준에 의해 자신을 판단하면서 그녀 자신으로부터 소외될 수 있는 것이다.

이용자들 또한 전화 통화를 하면서 몇 가지 방식으로 드러내게 되는 것인 가면을 쓴 인격으로 분장하게 된다. 때때로 이용자들은 교환원에게 자신들이 처음에 설명했던 것보다 더 키가 작다거나 체중이 더 나간다거나 나이가 더 들었다거나 더 가난하다거나, 또는 대머리가 더 벗겨졌다거나 하는 점들을 인정하며, 자신들의 진정한 자아를 내보이게 되면서 종종 그들이 맨 처음 창조해 낸 모습에 대한 언급을 하게 된다. 한 이용자는 종종 자신의 모습을 《플레이걸》(남성들의 누드 사진을 주로 게재하는 여성용 성인 잡지) 중간에 접어넣는 페이지에 등장하는 남성'으로 묘사하는 것으로 폰섹스 전화를 시작하며, 그런 다음 대화가 진행되면서 그는 교환원이 그 말에 얼마나 공감하는지를 평가하기 위하여 '점검'을 하곤 했다고 말했다. 다른 이용자들은 가명을 이용했다는 사실을 고백하거나("내 진짜 이름은 짐이다") 또는 사실을 과장했다는 점을 인정하기도 한다.

교환원들과 마찬가지로 이용자들도 전화 통화를 할 때 가면을 쓴 인격으로 분장한다. 그리고 교환원들은 그 대신 이용자들이 만족시켜 줄 것을 기대하는 환상들을 품고 있다. 이용자들은 그들이 최초로 요구했던 환상과 그 전화가 끝난 뒤의 상황을 넘겨받게 되는 현실 사이의 경계선을 흐려 놓을 수도 있지만, 교환원들은 자신들이 가지고 있는 환상, 자신들에게 나타나게 되는 혼란스러움, 또는 그 결과로 인해 쉽게 속아 넘어간다는 사실을 좀처럼 인정하지 않는다. 예를 들어 교환원들은 실제로 자신들이 묘사한 대로 존재한다고 믿는 진짜 변태성욕자들과, 그 전화 내용이 가장된 것임을 알고 있는 가짜 변태성욕자들 사이의 차이를 알 수 있다고 여기는 경우가 자주 있다.

　일부 교환원들이 환상 속에서 믿고 있는 바는 어느 모로 보나 우리가 흔히 '진짜'라고 부르는 환상 속의 믿음들만큼이나 설득력이 있는 것처럼 보인다. 온갖 방면의 섹스 산업에서 산전수전 다 겪은 노련한 전문가인 발레리는 순진한 것과는 거리가 먼 사람이지만, 그럼에도 불구하고 그녀도 대다수의 교환원들에게 공통적인 쉽게 속아 넘어가는 특성과 공격당할 수 있는 약점을 가지고 있음을 증명하였다.

　나는 영화업계에서 일하는 아주 굉장한 부자인 어떤 사람을 알게 되었어요. 하지만 그는 결코 나를 만나 주려 하지 않았죠. 그는 나를 속여 끌어들이려는 것과 같은, 말하자면 "좋아 우리 언제 만나지"라는 식의 이야기를 한 번도 한 적이 없어요. 그건 상당히 복잡한 이야기인데, 그렇지만 그는 전화를 하기 시작했고, 우리는 그저 이야길 나누었으며, 그것은 더 이상 폰섹스라 할 수도 없는 것이었죠. 그런데 말이에요, 그가 누군가와 함께 살고 있다는 사실을 내가 알아냈지 뭐예요. 그가 이따금씩 누군가와 함께 지낼 때도 있다고 내게 그냥 거짓말을 했던 것이죠. 아시겠어요? 그는 모든 것에 대해서 거짓말을 했어요. 나는 그가 전화를 거는 다른 폰섹스 교환원들이 또 있는데, 그들은 그가 900번 전화에서 알게 되어 거기서 빼낸 다른 여자들로서 그는 그들로부터도 공짜 폰섹스 서비스를 받고 있다는 사실을 알아냈던 거예요. 나는 내가 유일한 여자가 아니라는 것을 알게 되었던 거죠. 복잡한 이야기라고 말했던 이유는 바로 그것이에요. 이제 나는 그 상처를 간신히 극복해 내고 있는 중이에요.

발레리는 900번 전화를 통해 '그녀의 영혼을 감정이라는 낚싯바늘로 걸어' 사로잡았던 이 남자의 거짓말에 속게 된 데서 느끼게 되었던 실망감에 대하여 상세히 털어놓았다. 그가 '모든 것'에 대하여 거짓말을 했던 것처럼, 본질적으로 누구인지도 모르는 그 남자를 사랑하게 된다는 일의 가능성에 대해서는 그녀에게 한번도 질문한 적은 없지만, 거짓말을 하는 이용자들에 관한 주제가 두번째로 논의의 대상이 되자 나는 그녀 자신의 정직성에 대한 질문을 하기 시작했다.

발레리: 이 남자들은 말이에요. 우리에게 어떻게 결제하는지에 대해서 거짓말을 해요. 그것은 환상이 아니죠. 거짓말과 환상은 전혀 다른 별개의 것입니다. 만약 당신이 자기 손의 길이가 10인치나 된다고 말하고 싶어한다면, 그것은 상관없는 일이죠. 그것은 환상으로서는 문제가 없는 것이니까요. 하지만 당신의 크레디트 카드 번호가 다른 누군가의 것이라고 말하는 일은 문제가 다르죠. 그것은 환상이 아니며, 단지 혼동을 일으킨 상태일 뿐이죠. 아시겠

어요? 그게 이 남자가 거짓말을 하고 있다고 내가 말하려는 이유이며, 나는 폰섹스를 이용하는 사람들은 숨기는 것이 많다는 사실을 알아요. 그들은 전화기에 가려진 채 숨어 있는 셈인데, 그것은 아주 위험한 것일 수 있죠.

AF: 그렇다면 당신은 그들을 속이는 것에 대하여 어떻게 느끼고 있나요?

발레리: 만약 그들이 감정적으로 개입된 것이 아니라고 한다면, 그들은 자신들이 치른 대가만큼의 어떤 것을 얻게 되리라고 생각해요. 그들이 영국 여성을 원한다면, 영국 여성을 손에 넣을 수 있으니까요. 어느 쪽에도 해로울 것이 없죠.

발레리는 시간제로 일하는 토플리스 댄서(가슴을 드러낸 채 춤을 추는 댄서)로서, 자신에게 전화를 거는 이용자들과 사적인 폰섹스 거래를 종종 주선했는데, 그들은 직접 그녀의 집으로 전화를 걸어 통화를 하고는 요금은 우편을 통하여 그녀의 사서함으로 보내 주는 방식을 취함으로써, 그들을 서로 알 수 있도록 소개한 폰섹스 회사에는 요금을 지불하지 않은 채 따돌려 버렸던 것이다. 발레리와의 관계를 그런 정도까지 진전시키게 된 이용자는, 그가 누군가와 함께 동거하고 있는지의 여부에 대한 것과 같은 사소한 일들에 대해서는 거짓말을 할 수도 있다고 여길지 모른다. 이용자는 자신의 삶의 방식이 자신의 '10인치짜리 손'만큼이나 그가 가지고 있는 환상의 한 부분을 구성하고 있다고 상상할 수도 있는 것이다. 속임수가 끼어 있는 신용 설명에 선을 긋는다는 발레리의 주장에도 불구하고, 그녀가 자신에게 상처를 주었던 해로운 거짓말의 예로 들고 있는 바는 애정에 대한 거짓말과 관련이 있다. 그녀는 가장된 사랑과 그녀의 상상 속 연인의 배신 행위에 의해 상처를 받아 왔던 것이지 가짜 크레디트 카드 번호 때문이 아니었던 것이다.

"그것은 환상이 아니며, 단지 혼동을 일으킨 상태일 뿐이다"라는 말에서 발레리가 의미하는 것은 그녀 가까이 있는 환상은 그녀의 것이 아니라는 뜻이다. 이 표현은 모든 참여자들에게 받아들일 수 있는 것을 정해 줄 선을 긋는 일, 그리고 환상으로부터 진실을 구별짓는 것이 얼마나 중요한 일인지를 예증해 준다. 담배를 끊었다가 피우기를 몇 번이고 되풀이하는 흡연자와도 같이 교환원들은, 그리고 어쩌면 이용자들도 이러한 선들을 계속해서 긋고 또 긋는다. 궁극적으로 교환원들의 입장에서 본다면, 인정할 수 있는 거짓말이란 자신들이 말하는 거짓말이고, '혼동을 일으킨 상태'에 속하는 거짓말은 이용자들이 하는 거짓말들이라는 것이다. 정당한 믿음은 자기 자신들 것이고, 경솔한 믿음은 이용자들의 것인 셈이다.

이용자의 믿음이라 함은 경솔한 것이기 때문에, 교환원이 이용자의 진정한 감정적 투자를 무시하는 일은 쉽사리 정당화되는 것이다. 자신의 애정을 배신한 이용자에 대하여 발레리 자신이 느끼고 있는 질투는 교환원들이 어떤 방식으로 믿음의 특성을 정의하고 재정의하는가의 문제와, 그것이 지배하는 측면에 대한 것을 보여 주는 한 가지 예일 뿐이다. 발레리의 질투심은 또한 악감정의 다른 예들과 함께 가면 뒤에 감추어진 어떤 것의 흔적을 추가로 제공해 주는 바이기도 하다. 브래드 또한 그의 이용자들이 똑같은 환상 속에서의 자기 모습에 대한 묘사를 되풀이해서 들어야 하는 데서 느끼게 되는 좌절감을 표시했다.

나는 이런 날조해 낸 이야기들에 정말 넌더리가 나요. 나는 그들이 내게 자신들은 누구인가를 말해 주는 것을 좋아하고, 정말로 그들의 말을 믿어요. 아시겠죠? 내게 진실을 말해 달라 이겁니다. 나는 그것에 도취되죠. 그게 내가 제일 즐겁게 여기는 것입니다.

이성애의 여성 또는 동성애의 남성으로 가장하면서(그는 둘 중 어느쪽도 아니다) 브래드는 진실에 대하여 '도취'한다. 진실은 브래드의 환상이다. 비록 그의 일은 이용자가 상상하는 존재로 '되는' 것이지만, 그는 이용자가 진짜 이외의 그 어떤 존재로든 '되는' 것이 필요하다는 점을 생각지 못한다. 하지만 그 이용자는 브래드의 환상을 만족시켜야 한다는 점에 동의한 적이 없다. 그에게 중요한 것은 그 자신의 환상 속에서 스스로에 대하여 상상하는 일이다. 그 이용자는 실제 삶에서 남성적 육체미를 지닌 사람이 아닐 수도 있지만, 몇 분 동안 그는 '여자' 역할을 맡은 교환원 브래드가 자신을 그렇다고 생각해 주기를 원하는 것이다. 외견상으로는 교환원들이 환상의, 즉 그들 자신들의 정체성에 대하여 꾸며댄 이야기의 제1부를 기꺼이 만족시킬 준비가 되어 있을 경우에조차도, 이용자 스스로가 가지고 있는 유령의 집에나 등장할 듯싶은 이미지를 인정하게 되면서 제2부를 만족시키는 데는 곤란을 겪게 된다.

욕망은 매력적으로 느껴져야 한다는 필요성을 포함한다. "[섹스는] 다른 사람과 성관계를 맺고 싶어하는 것을 의미할 뿐만 아니라, 또한…… 상대자가 우리의 욕망을 인정함으로써 자극을 받아 반응을 나타내는 것도 의미한다……. 따라서 욕망은 육체와 함께 있기 전부터 존재하는 타자의 구체화를 단순히 지각하는 일뿐만 아니라, 이번에는 원형이 되는 주체가 가지게 되는 자기 자신이라는 느낌을 강화시켜 주는 것으로서, 그를 그 이상으로 구체화시키는 것에 이상적으로 기여하기도 한다."(나젤, 《소블》 1980, 84-85쪽에서 인용) 현대 사회에서 인간 사이의 접촉이 드물어진 현상과 여성들에 의해 제공되는 '강화 작용'을 통해 그 자체를 확인받아야 하는 남성성의 이데올로기는 이와 같은 상호 교환이 이루어지는 관계의 필요성을 증대시키며, 그것을 채워 줄 산업이 생겨나도록 만든다. 몇몇 폰섹스 광고는 그들이 설치한 회선의 교환원들이 '순수하게 쾌락을 위해서' 일하며, '무보수이고' 또는 '그저 재미로' 일하는 사람들이라고 선언한다. 교환원들은 이러한 광고를 거짓말이 아닌 이용자들이 필요로 하는 환상의 일부라고 여긴다.

이용자는 폰섹스 환상을 자기 자신이 어느 정도의 호감을 가지고 있는가를 경험하는 데 이용한다. 이처럼 폰섹스를 통하여 포르노업자들은 보다 '전통적인' 형식의 매춘처럼 발각되거나 성병에 걸리게 될 위험, 또는 진짜로 친밀한 관계를 유지하는 일에서 생겨나는 정서적 위험을 무릅쓰지 않고도 욕망의 상호 교환이라는 관계를 팔 수 있게 되는 것이다. 교환원들은 비록 상호 작용에 있어서 관계의 상호 교환에 대하여 그들 스스로가 필요로 하는 것을 부정하기에 충분하지는 않지만, 그들이 그러한 상호 작용에 기여한 바에 대하여 보수를 받는다.

물물교환되고 있는 서비스

제한된 경제적 대안에 직면하여 여성들은 오랜 세월 동안 그들이 가지고 있는 소위 강화 작용을 할 수 있는 능력을 경제적 안정, 사회적 지위 또는 단순한 신체적 생존과 교환해 왔다. 여성들의 일은 삶의 신체적이며 평범하고 물질적인 필요성과, 보다 추상적이며 지적인 남성들의 일 사이에서의 중재 역할이었다. 비서의 사업가에 대한 관계는 간호사의 의사에 대한 관계나, 창구 직원의 우체국장에 대한 관계, 그리고 여성의 남성에 대한 관계와도 같은 것이다.(스미스, 1978) 따라서 매춘은 전통적으로 여성에게 완벽히 들어맞는 직업이 된다. "'매춘이란 무엇인가?'라고, 매춘에 대한 고전이랄 수 있는 자신의 저술에서 윌리엄 액턴은 묻는다. '그녀는 자신이 오로지 사랑에 대한 대가로 주어야만 하는 것을 돈을 받고 주는 여성이다.'"(드워킨의 1979년 저술 204쪽에서 인용) 사랑 또는 재산을 위하여, 액턴이 살았던 시대의 여성은 자신의 서비스에 대한 보수로서 사랑과 돈 그 어느쪽도 요구하지 않고, 상호 교환 관계를 얻는 일을 단념했던 것이다.

하지만 매춘부들은 돈을 받으며, 그렇게 하는 과정에서 직접적이지만 모호한 것인 사랑에 의한 관계들에서와는 달리 잠재되어 있는 상징성을 명백한 것으로 만든다. 돈을 주고받는다는 것은 사랑을 명백한 것으로 만들게 되며, 매춘부는 단지 고객을 사랑하도록 **고용된** 것이라는 사실에 주의를 집중할 것을 요구하는 잠재력을 지니고 있다. 하지만 진정한 사랑의 필요는 합리성보다 더 강제력이 있는 것으로서, 매춘은 무의식 속에 존재하는 미지의 환상들을 언어로 옮겨 놓고, 명백함의 세계와 모호함의 세계를, 물질과 사랑을, 환상과 현실을 화해시키게 된다. 환상과 현실 사이의 경계를 희미한 것으로 만들고 있는 폰섹스 매춘부들은 상호 교환 관계를 팔고 있다.

다른 사람들이 원하는 존재가 되고자 하는 폰섹스 이용자의 욕망은 필요에 의해서 모호해진다. 대개의 포르노그라피 작품들에 있어서 언제나 환상의 일부가 되는 것은 그 환상의 대상이 그것의 창조자만큼이나 그 내용을 즐기게 된다는 착각이다. 이것이 왜 고객이 금전과 관계된 측면을 잊어버릴 수 있도록 먼저 대가를 지불하는 일이 중요한지에 대한 이유가 된다. 그는 자신의 매력을 돈을 주고 사는 것이다. 이러한 필요를 표현하는 것은 단지 그것에 주의를 집중하도록 요구하는 것과 그것의 허위성을 폭로하는 것이며, 따라서 기교가 뛰어난 교환원은 관계의 상호 교환에 대한 모호하며 함축된 요구에 감응하게 된다.

상호 교환 관계에 대한 이러한 필요를 만족시키고자 하는 자들의 노력은 대중 매체들의 도움에 의해 발전되어 왔다. 몇몇 작가들은 교환원들이 벌어들이는 돈의 액수를 과장하고(아사카와, 1988), 자신들의 독자들(그들이 펴낸 출판물의 광고주들에게 잠재적인 고객들이기도 한)로 하여금 교환원들은 이용자들이 그러한 것만큼이나 성적인 거래를 즐기고 있다고 여기도록 만들면서 폰섹스 산업을 매력적인 것으로 보이도록 만들어 왔다.

전국적으로 그 내용이 다른 언론 매체에 배급되는 라디오 토크쇼의 진행을 맡고 있는 인물로서, 보수적인 정치 성향을 가진 것으로도 알려져 있는 러시 림보는 '재미 삼아서' 폰섹스 교환원으로 일한 적이 있는 한 사법 변호사와의 대담에 한 시간짜리 쇼를 통째로 할애했다. 그녀는 전일제로 폰섹스 일에 전념하기 위해 개업하고 있던 사법 변호사 일을 때려치울 정도로 이 직업이 재미있고 돈이 많이 생기는 일임을 알게 되었다는 것이었다. 림보와 그의 청취자들은 환상이 살아나는 일에 관한 이야기를 듣는 것에 호기심을 느끼고 기분 좋은 자극을 받았는데, 그것은 그들이 좋아한다고 말하려고 대가를 지불하는 그 여성들이 이용자인 자신들을 정말로 좋아한다니 말이다! 하지만 그 이야기는 믿기 어려운 사실이다. 비록 토크쇼에 출연하고 있는 그녀가 자신의 폰섹스 회사를 소유하고 있다손 치더라도, 정보 제공 사업자 자신들도 연간 평균 3만 5천 달러를 벌어들이는 형편이기 때문에 (1991년 미의회 보고서), 변호사의 평균 수입보다 상당히 적은 액수에 지나지 않는 것이다. 폰섹스를 통해 한밑천 잡을 수 있는 최선의 방법은 여전히 AT&T(미국전신전화회사)의 주식을 사는 일이다.

여성들이 남성인 자기를 기쁘게 하고 '높여 주는 것'을 통하여 만족을 얻는다고 생각하는 것을 남성이 얼마나 즐기는지 알아보기란 쉬운 일이다. 통속적인 신문·잡지에서는 종종 폰섹스 노동자들이 폰섹스 일을 위해 창조해 낸 인물을 통하여 대리로 그들 자신들의 환상을 지탱하고 있는 것으로(아사카와, 1988; R. 미드, 1989) 묘사되었고, 매춘부들은 대체적으로 그들의 사생활에서도 아주 섹스에 관심이 높은 것으로 묘사되었다.(《불로우와 불로우》, 1978) 섹스 산업 노동자들은 타인의 욕망에 영향을 끼치기 위한 자신들의 성적인 향유——말하자면 그들이 소유하고 있는 강화 작용 능력들——가 가지고 있는 힘을 크게 자각할 수도 있는 반면, 당장에는 자신들 스스로의 성적 관심에 대해서는 주의를 기울이지 못하고 있을 수도 있다. 욕망을 생산하는 것과 욕망을 느끼는 것 두 가지는 아주 판이하게 다르다. 이용자들이 그 두 가지가 동일한 것이라고 믿고 있는 듯이 보일 때, 그들은 단지 자신들이 세낸 상호 교환 관계를 즐기고 있는 것인지도 모른다. 그러나 이러한 혼동이 환상을 넘어 현실에까지 확장된다면, 계약을 맺고 있었던 사람들의 힘이 미치지 못하는 곳에서 서비스에 대한 한 가지 절도 행위가 이루어지는 것이다.

교환원은 그녀 자신의 욕망을 가지고 있다. 종종 교환원들은 이용자들이 그녀에게 보여 주는 전적인 신뢰와 믿음을 즐기고 있으며, 자신들의 기교에 대하여 칭찬받게 되는 일을 즐긴다는 생각을 나타냈다. 하지만 이러한 욕망이 표현되면, 그것들을 충족시킨다는 것은 불가능해진다. 자발적인 것으로 오해하고 있어야 한다는 사실이 너무도 중요하기 때문에 이용자들에게 불명료하게 이해될 필요가 있는 것이다.

예를 들어 만약 교환원이 "오늘 밤 뭘 하고 있어요?"라고 묻고, 이용자는 "활활 타오르는 장작불이 지펴진 벽난로 앞에 내 독일산 셰퍼드 두 마리와 함께 앉아 있죠"라고 대답한다면, 이것은 수간의 환상에 관하여 대화를 나누고 싶다는 불명료한 요구로도 해석될 수 있다. 그러한 생각이 어떤 교환원에게는 떠오르지 않을 수도 있는 반면, 다른 교환원들은 그 언급이 의미하는 바를 금세 알아차리게 될 것이다. 때로 불명료한 요구는 욕망이 가지고 있는 치욕스러움·당혹스러움 또는 모호함을 나타내 주는 것으로서, 교환원이 그것에 대하여 어떤 반응을 보일지 선택의 기회를 주는 것일 수도 있으며, 그녀는 그것을 잘못 해석한 척함으로써 그러한 요구를 무시해 버릴 수도 있고, 수간에 대한 대화를 제공하거나 또는 "사실 나는 고양이와 하는 쪽을 좋아하는데요"처럼, 그가 어떻게 반응하는지를 보기 위한 새로운 실마리를 제공해 볼 수도 있는 일이다.

발레리가 믿을 수 없는 이용자로 인해 마음에 상처를 받았다고 했을 때, 그녀와 그녀에게 전화를 걸어 온 이용자가 어떤 식으로 그들 사이에서 오가는 대화의 유형에 대하여 혼동을 일으켰던지를 알아내기란 쉬운 일이다. 메타커뮤니케이션 신호들[초(超)커뮤니케이션 신호, 말이 아닌 시선·동작·태도 등에 의하여 의사 소통을 할 수 있는 신호]은 상황에 전후 관계를 제공함으로써 불명료한 요구들을 해독해 내는 데 도움을 준다.(베이트슨, 1956)

오랜 시간 뿌루퉁하게 침묵을 지키는 것은 궁색함의 신호로서 그 안에서 불명료한 요구가 이루어진다. 발레리가 자신에게 전화를 걸어 오는 이용자에게 반했을 때, 그녀는 어쩌면 자신이 그의 유일한 폰섹스 환상의 여인이 되고 싶다는 메타커뮤니케이션 신호를 보냈던 것일 수도 있다. 명료하게라면 그 신호는 "내게 솔직하게 털어놓아 보세요. 자기. 당신이 전화를 거는 여자는 오로지 나 하나뿐이죠?"처럼 단도직입적이 되었을 수도 있다. 하지만 자기 자신의 환상에 사로잡힌 그 이용자는 전혀 다른 요구를 한 것으로 듣게 될 수도 있다. 그러한 환상에 사로잡힌 그는 언제나 그랬던 것처럼 이야기를 계속했다. "그래요 내 사랑. 오직 당신밖에 없어요." 여기에는 사기 행위 같은 것은 존재하지 않으며, 단지 육체에서 목소리만이 분리되어 있다는 사실, 거리 그리고 시간에 의해 발생한 왜곡만이 존재할 뿐이다.

발레리는 그 관계가 폰섹스를 초월하여 진짜 관계로 발전했다고 말했다. 그녀는 그 즈음에 그에게 요금 청구서 보내는 것을 중지했지만, 그에 대한 서비스를 중단하는 일은 잊었다. 그 상호 작용이 폰섹스를 초월하는 바가 아니었다면, 그것은 금전 거래 이상으로 초월적인 것이 되어야만 했을 터이다. 양쪽 참여자들 모두 자신들의 진정한 자아를 명료하고 솔직하게 드러냈어야만 했을 것이다.

접촉의 유형들

폰섹스 회사들은 신체적 접촉을 엄격히 금하고 있는데, 그것은 그들이 가지고 있는 환상이 모든 장애에도 불구하고 두 연인이 서로 만나게 되는 경우에조차 해당된다. 다수의 교환원들은 그리고 마찬가지로 이용자들도 자신들은 그 환상이 구체화되지 않은 채로 남아 있는 것이 최선이라는 점을 깨달았으며, 목소리 한 가지에 의한 경우조차도 실제적인 접촉이 위험한 것은 아닐지라도 기대에 미치지 못하는 것이라는 점을 내게 말해 왔다. 내가 인터뷰했던 교환원들의 약 4분의 1 정도가 최소한 1명의——대개의 경우 딱 1명이다——이용자를 개인적으로 직접 만났던 적이 있었는데, 내 정보제공자들 대부분이 들려 주었던 갖가지 요소를 포함하고 있는 이야기들은 전적으로 전화를 통해 이루어졌던 접촉의 한 형태로서도 불편했던 관계에 대한 것이었다.

폰섹스에서는 육체적인 접촉, 사생활 침해에 의한 접촉, 그리고 우연에 의한 접촉이라는 세 가지 종류의 가능한 접촉 방식이 존재한다. 육체적 접촉은 쌍방이 직접 나타나서 만나거나, 또는 만남의 가능성을 인정하고 그것을 위한 대비를 하는 경우에 발생한다. 사생활 침해에 의한 접촉은 알려지는 대상이 되는 쪽의 동의, 또는 이해를 구하지 않은 상태에서 어느 한쪽이 상대편의 사적인 삶의 상당히 자세한 부분까지 알게 되는 경우에 생겨난다. 우연에 의한 접촉은 쌍방의 어느 한쪽, 또는 쌍방 모두가 환상의 수준을 넘어선 단계까지 몰입하게 된 경우에 발생하는 것으로서, 그렇게 해서 그들의 진짜 자아를 드러내고 끌어넣게 된다.

폰섹스라는 과정은 서로에게 공통된 것이지만 상이하기도 한 환상들을 전개시켜 나가는 일이며, 그것은 종종 어떤 형태로든 접촉으로 이어지게 된다. 내가 이야기를 나누었던 거의 모든 교환원들은 이용자들을 절대로 만나지 않겠다는, 그리고 절대로 그들을 진짜 관계를 가지게 될 잠재적인 상대로 진지하게 받아들이지 않겠다는, 그들이 처음 일을 시작했을 때 했던 결심에 대하여 말했다. 하지만 정말 굳은 결심을 했던 교환원들조차도 최소한 한 차례의 실수를 저질렀던 경험을 가지고 있었다. 예를 들면 여성을 가장하고 있었던 브래드는 '정말 상냥하게' 여겨지는 한 여성과 이야기를 나누게 되었다.

나는 그녀를 만나려는 의도는 가지고 있지 않았습니다. 나는 그저…… 나는 그들이 내게 전화 번호를 말해 주면, 그들이 그것을 복창해 보라고 요구할 경우에 다시 말해 줄 수 있도록 하기 위해서 늘 받아 적어 놓곤 했어요. 그런데 그 번호가 우연히도 내가 읽고 있었던 책에 적혀 있게 되었던 것이죠. 그런 까닭에 퇴근하여 내 침대에 앉아 있게 되자 나는 그 책을 읽고 있었고, 그 번호를 보게 되었던 것인데, 그리고는 생각했죠――아 이건 절대 안 될 일이야. 만약 내가 전화를 건다면, 나도 그들만큼이나 불쾌한 인간이 될 테니까 말이야――하지만 나는 전화를 걸고 말았어요. 우리는 두어 차례 통화를 했죠. 그녀는 친절했어요. 하지만 관계라는 것에 관한 한 그게 전부였어요.

절대로 직접 만나지는 않겠다는 의지에도 불구하고, 이 사람 저 사람과 수없이 많은 통화를 하다 보면 그 대화의 참여자들은 우연히 자신의 진짜 자아를 개입시키게 된다는, 특히 취약한 입장에 놓이게 된다. 믿을 수 있다는 것이 접촉을 발생시키는 데 필요한 전부이다. 만약 그 상호 작용이 충분히 오래도록 지속된다면, 폰섹스라는 과정이 확실성을 지녔다고 착각하는 실수를 범하게 되고, 환상과 실제 사이에 존재하는 중요한 구분은 사라져 버리게 될 터이다.

육체적 접촉

몇 명의 교환원들은 자신들이 1명 또는 그 이상의 이용자들과 개인적인 관계, 짧은 시간 동안의 만남, 혹은 매춘이라는 형식으로 직접 접촉했던 적이 있었다고 내게 말했다. 이용자들을 만나는 것과 관련되어 항간에 나도는 불안하게 만드는 이야기들이나, 모든 폰섹스 회사들이 그것을 엄격히 금하고 있다는 사실을 감안한다면, 정보를 제공해 준 사람들은 이러한 만남에 대한 이야기를 털어놓는 데 있어서 놀라울 정도로 기꺼이 도움을 제공하겠다는 자세를 보였다. 내가 인터뷰했던 교환원들 가운데 그 누구도 그들이 직접 만났던 이용자들로부터 공격을 당했거나 또는 협박을 당했던 사람은 없었지만, 모두들 절대로 또 다른 이용자를 만나지 않겠다고 단언하였다. 그들이 경험한 바에 대한 모든 설명은 한 가지만을 제외하고는 모두 부정적인 것이었는데——그 예외가 되는 이야기는 한 유부남 이용자와 관계를 가졌던 교환원이 했던 것으로서, 되돌아보면 그는 그녀가 당시에 필요로 하는 부분을 충족시켜 주었다는 것이었다. 회고담을 털어놓았던 교환원을 포함한 대부분의 교환원들은 전화를 통해 양쪽에서 창조해 낸 인물들이라는 '환상'은 환상으로 남겨두는 것이 최선이라고 힘주어 단언했다.

댈러스——상당한 정도의 호르몬 요법까지 받은 수술 이전의 성전환자인——는 오로지 이성애 폰섹스 회선에서만 일했다. 그는 의도적으로 성전환자 회선을 피했는데, 그 까닭은 자신이 '정상적인 여성'으로 받아들여진다는 사실이 그가 너무도 즐겁게 여겼기 때문이었다. 여성으로서의 댈러스는 동성애자가 아닌 한 이용자와 '사랑하는 관계'로 발전하게 되었는데, 그는 '그녀'를 직접 만나고 싶어했다. 전환된 자신의 성(직접 만나면 아직 남성이라는 사실이 분명하게 드러날 것인)에 대하여 고백하지 않은 상태이기 때문에 그는 자신들의 사랑이 이러한 난관을 이겨내어, 자신의 성전환 수술을 위해 필요한 2만 달러를 마련하는 일에 그 남자가 도움을 주게 될 수도 있다는 희망에서 자신의 곤란한 처지를 그 남자에게 말해 볼 것을 진지하게 고려했던 것이다. 그에게 솔직하게 털어놓기가 두려웠기 때문에 댈러스는 그러한 주제를 암시해 보았지만, 매번의 제안마다 냉랭한 편협함과 마주치게 되었다. 그는 진정한 사랑으로 모든 역경을 극복하기를 바라면서 그와의 만남을 계속 추진하여, 이 '애인'을 그 소식으로 놀라게 해 주려고 생각했으나 결국은 그렇게 하지 않는 쪽으로 결정을 내리고 말았다.

비록 이 사랑은 끝내 이루어지지 못했지만——실제로 이 두 연인은 한 번도 만나지 못했다——댈러스는 자신이 거절당했다고 느끼게 된 데 상처를 받고 실망했다. 이 관계는 댈러스가 자신의 진짜 자아를 확장시켰고, 그로 인하여 진짜 상처를 받고 거절당할 위험을 무릅쓰게 되었다는 의미에서 구체화되었던 것이다. 진정한 접촉은 교환원이 대화를 하게 되면서 생겨나게 된다. 친밀함이 뿌리박기 위해서 필요한 전부는 참여의 주관적 수준에 있어서의 변화인 것이다.

사생활 침해에 의한 접촉

내가 인터뷰했던 2명의 교환원은 누가 전화를 걸어 왔는지를 알아챌 수 있었으며, 그런 다음 그들에 대한 사생활 침해적인 접촉 기회를 잡게 되었던 이용자들과 대화를 하게 되었다. 교환원들은 누가 전화를 걸었는지를 알아챌 수 있었기 때문에, 그 인지되는 시점으로부터 그 이용자에게 전화 통화가 이루어지는 시간을 초월하여 영향을 미칠 수 있게 되리라는 사실을 알고 있었다. 아니타는 자신이 서비스를 제공하고 있는 이용자가 그녀 아버지의 자동차 판매 대리점 직원이라는 것을 차츰 깨닫게 되었다. 그녀는 그가 하고 있었던 이야기의 몇몇 상세한 부분들에 대하여 알게 되었고, 자신의 아버지가 전화 문제로 골치를 썩고 있다는 것을 알고 있었기 때문에 "전화 회선이 단 한 개밖에 없어서 전화 걸기가 정말 힘들었겠군요" 같은 사소한 암시로 그에게 미끼를 던졌다. 마침내 그녀는 자신이 그가 누구인지를 알고 있다는 사실을 암시하는 단서를 흘리게 되었고, 그는 "오 맙소사"라고 말하고는 전화를 끊어 버렸다. 그녀는 나중에 자신의 아버지에게 그 사실을 알렸다. "이름이 이러이러한 사람이 판매부장으로 있죠? 그런데 말이에요. 그 사람이 폰섹스 전화를 이용하고 있어요." 이러한 말에 그녀의 아버지 또한 전해지는 말로는 "오 맙소사"라고 대답했다는 것이다. 비록 아버지가 딸인 자신에게 편견을 가지지 않고 대해 주었고, 그 직원이 해고되지 않았다는 점을 들면서 아니타는 자기 아버지와 좋은 관계를 유지하고 있다고 말하긴 했지만, 그녀는 또한 그 직원이 폰섹스 회선에 전화를 걸어 사장인 자신의 딸에게 추잡스러운 소리들을 지껄여댔다는 사실을 알게 된 후로 더 이상 그 직원을 '중시하지' 않게 되었다는 말도 했다.

아니타는 자신이 이 이용자를 그토록 철저하게, 그리고 그것도 힘의 균형이 자신 쪽으로 기울어지게 만들 수 있을 정도로 조종하게 되었다는 사실에 뛸 듯이 기뻐했다. 그녀는 그에게 한 번도 '나는 당신 사장의 딸이에요'라는 말을 한 적이 없는데, 그 까닭은 그러한 말이 그 경기장을 양쪽 모두에게 공평하도록 만들게 될 터이기 때문이었다. 그녀가 이 이용자와 했던 접촉은 단일한 방향성을 지닌 것이었으며——그녀는 절대로 그가 그 사실을 알지 못한 상태에서, 또는 그녀 자신에게 상처를 입힐 수 없는 상태에서 교묘하게 그를 건드리고 있었던 것이다. 만약 그녀가 자신의 정체를 밝혔더라면, 그 이용자는 그 상황을 해결하기 위하여 어쩌면 자신이 직접 사장에게 그 사실을 털어놓는 등의 대응을 할 수도 있었을 것이다. 이러한 선택의 여지를 그에게 허락하는 대신 아니타는 싫증이 날 때까지 그를 가지고 놀았고, 그런 다음 그의 사장에게 그 사실을 폭로해 버렸다. 그러한 사생활 침해적 접촉은 당연히 그 일로 지배당하는 쪽에는 불편을 주는 것인데, 왜냐하면 그 피해자가 침입자의 정체를 알 도리가 없으며, 그 또는 그녀가 그러한 사실을 폭로하고 악용하며 귀찮게 괴롭힐 수 있는 힘을 가지고 있다는 사실을 두려워하기 때문이다.

또 다른 교환원인 몰리는 이용자의 크레디트 카드 정보를 받으면서 그 이름이 고교 시절 그녀를 지겹게 따라다니며 괴롭혔던 남자의 것임을 알아차리게 되었다. 자신은 크레디트 카드 번호만을 기록하고 그 전화를 다른 교대 근무조의 교환원에게 넘겨 주도록 되어 있었음에도 불구하고, 그녀는 자신이 그 전화를 받아 그 남자의 관심과 야망에 대하여 자신이 알고 있는 바를 그에게 완벽하게 비추어질 여성상을 창조해 내는 데 이용했다. 일단 그가 그녀에게 '반해' 버리자 그녀는 그러한 환상들에 그가 혐오스러워하리라는, 그녀 자신이 잘 알고 있는 행위들을 포함하도록 점차 변화시키면서 그 자신이 가지고 있는 편견이 그에게 불리한 작용을 하도록 만들었다. 몰리는 이 '남부 소도시의 교양 없는 백인 녀석'의 이상적 여성상인 데지레〔나폴레옹 1세의 약혼녀였으나 결혼에는 이르지 못했다〕가 '덩치 큰 흑인 녀석으로부터 항문에 성교를 당하게 된다'는 시나리오를 통하여 그에게 오르가슴을 느끼게 만드는 과정을 유쾌하게 묘사했다. 몰리가 자신의 일에 대하여 느끼는 자부심은 두드러진 것이었지만, 그녀가 들려준 이야기는 사실상 교환원으로서 자신의 유능함과 이야기꾼으로서 자신이 가지고 있는 기교를 통하여 타인의 삶을 진정으로 변화시킬 수 있는 능력에 관한 내용이었다.

내가 그려낸 이 여학생은 그와 고등학교를 함께 다녔고, 언제나 그를 흠모했지만 결코……. 그건 내가 그에게 저질렀던 정말 야비하다는 느낌을 주는 지독한 짓이었는데, 나는 그의 과거에서 이러한 모든 것들을 들추어 내어 그에게 타격을 가할 수 있었기 때문이었죠.

마침내 그는 4,5개월 동안 날마다 전화를 걸어 오기에 이르렀고, 나는 한 번도 그것을 지겨워한 적이 없었죠. 퇴근해서는 자리를 잡고 앉아 복수하기 위한 새로운 방법들을 짜내곤 했어요. 마침내 내가 그에게 하게 되었던 일은 말할 것도 없이 계속 그의 자만심을 만족시켜 주면서, 그가 고등학교에 다닐 적보다 지금이 훨씬 더 재미있다는 등, 그를 알게 된 일이 내게는 얼마나 행운인지 모른다는 등 이야기를 계속 늘어놓았던 것이고, 그렇게 되자 그는 계속 만나 달라고 졸라댔고, 그럴 때마다 나는 항상 "그렇게 하지 않겠다는 계약서에 서명했기 때문에 만날 수가 없어요"라는 식으로 회피를 했죠.

하지만 통화 횟수가 늘어가면서 점차 나는 대화를 할 때마다 거기에 성도착과 관련된 내용을 약간씩 더 끼워넣기 시작했어요. 물론 그렇게 하는 동안 주의를 게을리하지 않고 있었죠. 그것은 언제나 나를 위한 것이 되어야 했으니까요. 나는 그것을 정말 천천히 진행시켰죠. 그가 막 내게 빠져들게 되는, 그것도 모든 것을 제쳐 놓고 빠져들게 되는 시점에 이르렀죠. 나는 시체성애——나는 한 번도 그것에 열중했던 적이 없어요. 그리고 너무 뻔한 것이지만——소아성애 같은 것을 제외하고는 복수를 하기 위해 필요한 것인, 정말 병적이라 할 수 있는 소재들이 바닥을 드러낼 지경이 되었어요. 내가 알고 있었던 모든 것이 개인적으로는 그에게 불쾌감을 주는 것이었겠지만, 그는 그것에 대가를 치르고 있었기 때문임이 분명한데, 드디어 반하게 되었고 그러한 점에 죄의식을 느껴야 되는 것이 당연하겠지만 나는 그렇지 않아요. 미안한 일이지만, 난 죄의식을 느끼지 않아요.

말할 것도 없이 그는 내게 완전히 빠져 버렸어요. 그는 나를 사랑한다고 말하면서 결말을 향해 가기 시작했고, 결국 내가 어떻게 생겼는지도 모르는 상태에서 내게 결혼하자고 요구하게 되었는데, 그 이유는 내가 이제까지 그가 만났던 어떤 여자와도 다르고, 절대로 나와 같은 여자를 한 번이라도 만나게 되리라고는 생각할 수 없었기 때문이라는 거였죠. 나는, 나도 그렇게 하고 싶지만 언제 이 회사를 그만두게 될지 알게 되기 전까지는 그럴 수가 없노라고 말하면서 그를 계속 굶려대고 있었어요. 나는 그와 만날 약속을 하고, 그날이 내가 회사를 그만두는 날이라고 말해 주었죠. 그날은 금요일이었어요. 그는 나와 어떤 레스토랑에서 만나기로 되어 있었죠. 나는 그가 그 레스토랑의 어느 구석에 쭈그리고 앉아서 나타나지도 않을 나를 기다리고 있었다는 사실을 생각하면 언제나 즐거웠죠. 모르겠어요. 그저 멋진 일이었죠. 그리고 개인적으로 나는 아주 제대로 설욕을 했다고 느꼈어요.

내가 그녀의 '설욕을 했다'라는 말의 사용이 정확하다고 여겼을 정도로 몰리는 자신의 생각을 명료하게 표현했다. 설욕은 복수 이상의 것이며 그것은 방어적인 느낌을, 비판과 비난에 대한 취약성을 인정한다는 의미를 지닌다. 몰리는 무엇으로부터의 설욕을 필요로 했을까? 그녀는 어떤 점에 대하여 비난을 받고 있었던 것일까?

아니타와 마찬가지로 몰리도 자신이 경험하게 된 힘에 대하여, 즉 자신은 상대를 알고 있지만, 상대에게는 자신이 알려지지 않은 상황이 지닌 힘에 대하여 재미있게 이야기했다. 이 상태가 지니고 있는 본질적인 불평등성이 자신에게 힘을 부여했다는 사실을 인지하게 되자, 그녀는 놀라울 정도의 잔인성을 보여 줄 수 있었던 것이다. 이러한 상황은 몰리에게 고등학교 시절의 굴욕적인 경험에 대하여 복수할 수 있는 기회를 제공했다. 하지만 그녀의 복수는 주저와 죄의식이 부수적으로 따르게 되는 일이었고, 그녀는 그것으로부터의 설욕을 하고자 했던 것이다.

제니퍼라는 한 교환원은 자신의 믿음으로 인해 그녀를 궁지에 빠지게 만들었던 한 이용자에 대하여 내게 말했다. 그 이용자는 전화 통화를 하면서 숨을 헐떡이며 도와 달라고 함으로써 심장마비를 일으킨 것처럼 가장했고, 제니퍼는 거기에 속았던 것이다. 그녀는 그 사건을 감독자에게 보고했을 정도로 완전히 속아 넘어갔고, 감독자는 그에게 확인하기 위해 다시 전화를 걸게 되었다. 그가 기운 찬 목소리로 전화를 받자 감독자는 제니퍼가 속아 넘어갔다는 사실을 알게 되었던 것이다. 이 이야기는 웃고 즐기자는 기분에서가 아니라, 고통스러움과 강한 혐오에서 나온 것이었다. 제니퍼는 심장마비를 일으킨 척 가장하는 일이 고약한 취미·둔감함, 그리고 철딱서니 없는 유머에 있어서 최악이라고 여겼다.

두 가지 이야기 모두 실제 삶으로 침입해 들어와 생겨나게 되었던 접촉의 예가 된다. 이용자가 교환원을 속여 넘기건 또는 교환원이 이용자를 속여 넘기건간에 그 두 가지는 공통성을 지니고 있는 것으로서, 한 이용자는 너무도 잘 속아 넘어가 줌으로써 교환원으로 하여금 자신이 그녀의 말을 믿고 있다고 믿게끔 만들었고, 다른 이용자는 심장마비를 일으킨 것처럼 가장함으로써 교환원이 이용자인 자신의 말을 믿고 있다는 사실이 들통나게 만들었다. 두 경우 모두 교환원이 믿는다는 사실을 보증하게 만든다. 두 경우 모두 그녀에게 수치심을 안겨 준다. 일단 교환원이 통화 내용에 빠져들어 대화의 세세한 사항들을 믿게 되면, 자신의 일을 하는 정상적인 사람으로서의 그녀 자신과, 병적이고 궁핍한 개별자인 이용자 사이에 존재하는 차이에 대한 이의가 제기 된다. 이러한 방향 전환은 교환원이 자신의 진정한 자아와 그녀가 창조해 낸 인물 사이를 구별짓는 능력에 손상을 입힌다. 그녀 자신과는 별개인, 그녀가 창조해 낸 인물에 의해 상연되는 장난기어린 연기는 갑자기 그녀 자신의 것이 되어 버린다. 그러한 예들에 있어서 교환원은 그 환상과 그것이 주게 되는 효과를 실제적인 것으로 인정하지 않을 수 없게 된다. 이러한 자각은 그녀에게 전화를 걸어 오는 질투형에서 정신병자형까지의 이용자들이 속한 것과 동일한 범주에 그녀가 포함되도록 만들며, 그것은 적의라는 형태로 쉽사리 표출될 수 있는 불안과 고뇌의 근원이 된다는 사실이다.

교환원들은 교환원들과 이용자들 사이의 차이에 이의를 제기하게 만드는 이용자들을 아주 잔인하게 대할 수도 있다. 이같이 명백히 드러나는 적대감은 사실상 자기 방어인데, 그 까닭은 교환원을 유혹하여 믿도록 만드는 이용자는 그녀가 지니고 있는 정상 감각을, 그녀가 가지고 있는 방침과 차이를 공격하는 것이기 때문이다. 몇 건의 인터뷰가 진행되는 동안 자아와 가면 사이의 구분, 통화를 할 때 진정한 참여의 정도에 대한 질문을 하기 시작하자 교환원들은 점차 퉁명스럽게 변해 갔다. 젊은 나이에 맵시 있게 빈정거리기를 좋아하는 제이드는 비아냥거렸다. "진정한 나, 진정한 나 말씀인가요? 진정한 내게 이르기 위해, 진정 깊게 내려가 보기로 하죠."

우연에 의한 접촉

사생활 침해에 의한 접촉과 마찬가지로 우연에 의한 접촉에서도 한 사람은 승리의 기쁨을 누리고, 다른 한 사람은 모욕을 받게 되는 결말로 이어지는 경우가 종종 있다. 하지만 우연에 의한 접촉은 고의적이라기보다는 의도하지 않았던 결과로 일어나는 것이며, 가해자의 마음속에서라기보다는 피해자의 마음속에서 시작된다. 사생활 침해적인 참여자는 고의적으로 사적인 영역에 침입하는 반면, 단순히 접촉에서 타인에게 연루된 참여자의 경우는 대체로 고의적이 아니다. '갑자기' 샤를렌이 말했다. "상황이 거꾸로 바뀐 다음 우리는 전화를 받고 있는 바로 그 사람이 되어 버리는 것이죠."

학자라는 내 진정한 자아와의 접촉에 성공을 거둔 적이 있는 중서부 출신의 그 사학자의 경우가 바로 고의성이 게재되지 않은 우연에 의한 접촉의 한 예이다. 어느 날 밤 내가 오후 8시에서 다음날 새벽 4시까지의 교대 근무를 마친 후 집에 돌아왔을 때, 나는 통화하면서 받은 인상을 기록해 두었다.

> 나는 그와 이야기를 할 때, 그가 편안함을 느낄 수 있을 지적인 용어를 사용했다. 하지만 상황이 실제에 약간 지나치다 싶을 정도로 접근했으며, 내 의견을 이야기하는 것은 내가 누구인지 추적하는 일을 가능하게 만들 것 같아 불편한 느낌을 주기 시작했다. 나는 정말로 심술과 짜증이 났고, 우리는 기괴할 정도로 친숙한 방식으로 논쟁을 벌였다. 양쪽 모두 서로 모르는 이들이라면 결코 그럴 수 없을 것처럼 험악하게 굴었다. 그에게서 영원히 벗어났다.

나의 실제 모습을 이 이용자에게 지나치게 많이 드러냄으로써 나는 창조된 인물로부터 자아의 분리에 위협을 느낄 정도의 친밀함을 경험했고, 그 이용자는 '제거되어야만' 했던 것이다.

우연에 의한 접촉은 고의적인 것이 아닐 수도 있지만, 교환원들은 그럼에도 불구하고 그것을 용서할 수 없는 것이라고 생각한다. 그들 중 몇몇은 자신들이 뜻하지 않게 진실에 지나치게 다가가게 되었던 때와, 이용자들이 자신들을 거기에까지 이르게 만든 것에 대하여 우려하고 분개했었던 예들을 제공했다. 다른 교환원들은 이용자를 잃지 않으려면 이용자와 함께 그 선을 넘지 않도록 조심해야만 한다는 사실을 알아차리게 되었던 것이다.

> 내가 지나치게 사적(私的)으로 되어간다고 느끼게 될 때가 있는데, 그렇게 되면 그들은 겁을 먹게 되죠. 만약 내가 그들이 앞서 이야기할 때 말했던 어떤 것을 다시 언급하게 되는 바와 같은 경

우, 그것은 마치 내가 그들에 비해서 지나치게 똑똑하다는 것과 같으며, 그들은 그러한 점에 위협을 느끼게 되는 거죠. 만약 당신이 앞의 이야기에서 나온 어떤 것을 다시 언급하게 될 때, 그들이 말해 주었던 어떤 시시콜콜한 사안을 그대로 기억하고 있다면, 그것은 마치 당신이 지나치게 접근하고 있기라도 한 듯이 그들을 정말 불안하게 만드는 것이지요. 그들은 당신이 지나치게 사적으로 되는 것을 원치 않아요.

시간적인 문제에 대한 숙고가 폰섹스 참여자에게 놀라운 것이 되는 이유는, 그것이 공유된 역사가 형성되고 있다는 사실을 드러내 주기 때문이다. 그것은 참여자들에게 영구불변함이라는 대상물을 가져다 준다. 전화를 끊고 나서도 교환원과 이용자 양쪽 모두는 존재하기를 계속하며, 따라서 그들의 관계는 계속된다. 그 교환원이 비번으로 집에서 저녁을 짓고 있을 때, 그녀는 온전하게 실재하는 것이다. 그 사이에 그 이용자 또한 집에 머무르면서 자신의 저녁을 짓고 있으며 그들 둘은 이러한 '환상', 즉 가짜이기도 하며 진짜이기도 한 관계를 통하여 연결되어 있는 것이다. 참여자들이 시간을 거슬러 올라가면서 어떤 사건을 언급하게 될 때, 그들은 화요일에 있었던 대화 내용을 수요일의 대화에 연결시키게 되며, 그 두 시간 사이에 유보된 채 존재하고 있었던 실재는 환상의 세계 속으로 이끌려 들어오게 된다. 구별되는 점들은 사라지고, 그것과 함께 고립과 차이가 주는 안전함도 사라지게 된다.

낸시가 최초의 폰섹스 일을 그만둔 것은, 그 회사의 관리자가 낯선 사람으로 가장하고 섹스를 위해 자신에게 전화하고 있었다는 사실을 알게 되었을 때였다. 이것은 폰섹스 규칙의 위반이었으며, 그것은 그녀로 하여금 신분이 노출되었으며 위험에 처했다고 느끼게 만들었던 것이다. 대다수의 교환원들은 이용자가 실제 삶에서 그들이 알고 있는 누군가가 될 수도 있으리라는 점을 우려하고 있다. 브래드는 이런 불편한 느낌이 집에까지 따라온다고 내게 말했다.

> 전에 집에서 전화를 받고는 이렇게 생각했어요. "설마 그 사람들이 이 번호를 알 리가 없는데." 수화기에서 들리는 목소리에 갑자기 공포감이 밀려오기 시작하고 이런 생각이 들기 시작하죠. "맙소사, 내가 이런 일을 하고 있다는 것을 아무개가 알고 있는 건 아닐까?" 그리고 직장에서는 [전화를 걸어 온] 사람이 그 누가 되었건 꼭 내가 알고 있는 누군가의 목소리처럼 들리죠. 누군가가 자신이 누구인 척하는 일은 아주 쉽죠. 친구라고 한다거나 말입니다. 그리고는 전화를 바꿔 달라고 해서 당신을 잔뜩 긴장시키는 겁니다. 아시겠어요? 그건 아주 쉬운 일일 겁니다. 그리고 장난을 친다고 해서 누가 다치는 것은 아니겠지만, 나는 그런 생각 자체가 마음에 들지 않아요. 제 말은 그것에 익숙해지지 않을 거라는 말입니다. 나는 항상 막연하게나마 이렇게 생각을 합니다. 그 사람들이 나와 게임을 하고 있는 것일까? 그건 내가 아는 사람일까? 하고 말입니다.

이용자와 교환원 양쪽 모두는 익명이지만 익명 속에서조차도 위험은 도사리고 있다. 만약에 브래드가 그 이용자가 누구인지를 알 수만 있다면, 그는 그 이용자가 자신과 아는 사이가 아니라는 것을 알 수 있겠지만, 그 이용자가 누구인지를 알 도리가 없는 까닭에 누구든 그러한 이용자일 수 있다고 생각하는 것이다. 이것이 그에게는 등골이 오싹한 일이다. 그는 이용자들은 이용자가 아닌 자들과 분명하게 다른 부류라는 것을 알고 있어야 할 필요가 있다. 만약 그 이용자가 교환원을 알고 있는 사람이라거나, 또는 만일 교환원이 알고 있는 사람이 이용자인 것으로 밝혀진다면, 이러한 중요한 구별도 아무런 보람이 없게 된다. 브래드는 또한 이용자 스스로가 보여 주고 있는 합의와 믿음의 수준이 어느 정도인지를 판단하기 위하여 그가 얼마나 진실을 말하는지 평가할 능력을 지니고 있어야 할 필요가 있다. 만약 이용자가 자신이 가지고 있는 믿음을 보증하지만 '게임을 하고 있었던' 것으로 드러난다면, 브래드는 '광대놀음을 하고 있었음'이 들통날 것이다. 만약 그 이용자가 누구인지 알려져 있으며, 브래드의 인생에서 지속적인 일부분을 구성하게 된다면, 그는 사생활을 침해하는 접촉을 시도하여 브래드의 정체와 그가 지니고 있는 어리석은 믿음을 폭로할 수 있다.

교환원들 대부분은 알려질까 두려워하는 데서 나타나게 되는 방향 감각 상실을 예증해 주는 이야깃거리들을 가지고 있다. 만약 어떤 교환원이 어떤 이용자의 정체에 대하여 감정적인 이해 관계가 있다면, 그녀는 자신이야말로 정체가 알려질 위험에 처해 있는 셈이 된다. 보다 중요한 것은, 그녀가 한때는 친척·친구 또는 가족 성원이었다가 이용자로 다시 태어난 누군가와 만나게 되는 일이 주는 오래도록 지속될 결과에 대처해 나가야만 하게 될 것이라는 점이다. 다른 교환원들과 마찬가지로 미미도 그러한 경험이 상당히 기운이 빠지는 일이라는 것을 알게 되었다.

인간의 목소리는 마치 지문과도 같다고들 하죠. 그의[그녀에게 자신의 아버지라는 생각이 들게 했던] 성문(聲紋)은 너무도 낯설지가 않았고, 목소리의 억양이라든가 말투라든가 하는 것, 그러니까 제 말은 그가 원하는 것이 낯설지 않다는 뜻이 아니라, 그거야 내가 아버지와 한 번도 섹스를 해본 적이 없으니 알 도리가 없지만, 그 목소리가 너무도 아버지 목소리처럼 들렸기 때문에 통화를 할 수가 없었어요. 나는 떨고 있었죠. 나는 그냥 그에게 말을 할 수가 없었던 거예요. 내 감독자가 말했던 것이 기억나요. "그걸 그런 식으로 이해해선 안 돼요. 그건 당신 아버지가 아니니까요."

교환원들은 대부분 전화를 건 사람이 과거 또는 현재에 안면이 있는 사람들이라는 것을 알게 되는, 혹은 자신들의 정체가 그들에게 알려졌다고 생각하게 되는 경험을 한다. 낯설지 않은 목소리를 듣게 되면, 교환원들은 공포로 흥분으로 그리고 걱정으로 심장이 두근거리게 된다. 비록 그 이용자가 자신의 정체를 알아볼 수 있는 사람이 아니라는 사실을 그녀가 재빨리 깨닫게 된다 할지라도, 정체가 알려진다는 것에 대한 경험은 그녀가 "이 이용자들은 누구일까?"라고 궁금증이 갑자기 일어나도록 만든다. 그녀는 모든 남성들을 잠재적인 이용자들로 보기 시작하게 된다.

'토머스의 정리'는 그 시점에서 실재하는 것으로 정의되는 상황이 그 어떤 것이건 실재하는 결과를 갖는다고 말하는 인간의 상호 작용에 관한 법칙이다. 친밀감에 대한 인간의 욕구는 실재하며, 관계들은 환상을 기초로 하여 성립되었다 할지라도 실재하는 것으로 정의되는 경향을 띤다. 서로 대화하는 사람들은 감정을 상하게 하며, 불쾌한 느낌을 받고, 친밀감을 나타내게 되는 행위들을 경험하게 되는 위험을 무릅쓰는 것이다. 그들이 상호 작용을 많이 하면 할수록 그러한 위험성은 더 커지며, 그 결과도 더 커지게 된다.

참여자들은 종종 실재와 환상 사이를 구별하게 해주는 정보를 가지고 스스로를 방어한다. 관계는 환상의 영역에 속하는 것으로 명백히 제한을 받는 상태에서 시작되지만, 결국 그 관계가 최초의 표면적인 대화를 넘어서까지 계속되려면, 그것은 쌍방의 동의와 함께 또는 동의 없이 실재를 향해 나아가게 되는 것이다. 일단 실재하는 것이 되면, 그것은 아무도 환상이라고 가장조차 하지 않는 결과를 가져온다. 폰섹스의, 그리고 육체에서 분리된 목소리만을 통한 친밀감 교환의 산물은 전혀 환상이랄 수가 없는 것으로서, 오히려 실제 삶의 관계에서 나타나게 되는 상호 작용이라는 실체를 가진 결과가 된다.

5. 환상이 진짜로 생산해 낸 것

구조적 요건들

폰섹스는 서비스 산업이며, 그 서비스라는 것은 교환원이 이용자의 욕망을 받아들이고 자신의 욕망을 제공하는 것이다. 폰섹스는 또한 포르노그라피의 관례라는 규칙에 따라 구성된 특정 환상을 포함하는 부산물을 만들어 낸다. 개별적인 시나리오들은 반복에 의해 의례적인 것이 되어 버렸으며, 따라서 폰섹스는 또한 포르노그라피 환상의 본질인 사회적 현실(뒤르켐, 1893a) 같은 것도 생산해 낸다. 이러한 사회적 현실들은 그것 자체의 생명력을 지니게 되며, 새로운 포르노그라피의 욕망과 만족의 발전에 계속해서 영향을 미친다.

셰리 터클(1995)은 단지 객체로 이용되는 것만으로도 상징 그 자체가 객체로 되어 버리는 시뮬레이션 문화에 대하여 설명한다. 예를 들면 데스크탑 컴퓨터용 환경에서는 파일들이나 응용 프로그램들을 나타내는 아이콘들을 사용한다. 사용자가 그러한 컴퓨터 환경에서 작업을 하게 될 때, 그것들은 그 사용자의 마음속에 실재하는 것이 된다. 육체에서 분리된 목소리만을 통한 친밀감의 교환은, 개인에 대한 특징이나 묘사가 마치 아이콘처럼 창조자의 성격이 가지고 있는 욕망이나 토대를 나타내 주게 되는 곳인 시뮬레이션 문화 속에서 작동한다. 묘사가 이러한 방식으로 이용되면, 그것들은 창조자의 진짜 자아, 즉 그것들이 어떻게 보이는가 하는 점에 대한 것이 아닌, 그것들이 어떤 것을 나타내는가 하는 점이 되어 버린다. 결국 자아라는 것은 욕망들·야망들 그리고 가치들의 편집물인 것이다.

참여자들이 폰섹스에서 얻어내게 되는 부산물들에는 성적 관심·성애 그리고 성적 욕구에 있어서의 변화뿐 아니라, 사기 행위·이기적 이용·통찰 그리고 슬쩍 눈감아주기의 기교도 포함된다. 이러한 부산물은 좋은 것과 나쁜 것 모두를 포함하게 되지만, 그것들은 섹스·상업주의 그리고 환상과 연관되어 있는 것이기 때문에 흔히 나쁜 쪽으로 가정한다. 하지만 그것들은 그것들을 생산해 내는 욕망과 환상만큼이나 복잡하다.

포르노그라피에 대한 페미니스트 논쟁의 중심 쟁점은 포르노그라피가 폭력적이거나 여성 혐오자의, 또는 대상화하는 행동으로 이어지게 되는지의 여부에 대한 물음에 집중된다. 과정에 대한 모델은 이 논쟁에 유용한 것이 될 수도 있다. 어떤 소비자는 자신의 욕망에 대한 개념적 모습과 함께 포르노 환상 속으로 들어와, 전통적인 포르노그라피의 이미지를 이용하여 자세한 부분들에 대한 형태를 완성시키는 데 도움을 주게 되는 대본을 선택한다. 이 소비자는 실습을 통하여 보다 상세한 환상을 발전시키고, 점차 이 개별적인 세부 사항들을 자신의 환상에서 중요한 존재를 지닌 것으로 받아들이게 되는데——그것들이 그에게는 실재하는 것처럼 되어 버린다. 소비자가 그 세부 사항들을 일상적인 삶에서 지키는 원칙으로 사용하기 시작하고, 사소한 것조차도 진리로 받아들이게 될 때까지, 그러한 전후 관계는 점차 확장된다. 애인에게서 버림받은 이용자에게 이것은 비행기표를 보내도록 부추기게 되는 한편으로, 폭력적인 생각을 지닌 이용자들에게 이것은 실제 삶에서 폭력적인 행위를 하도록 자극하게 된다.

성·권력·폭력·쾌락 사이에서 뒤얽혀 있는 관계에 대한 페미니스트 성 논쟁은 여성에 대립되는 남성이라는 사고 방식을 생성시켜 왔고, 그것은 페미니즘이 성의 연구에 크게 기여하지 못하도록 제한을 가하는 것이 되어왔다. 여기서 나는 섹스란 선인가 아니면 악인가, 평범한 것인가 아니면 도착된 것인가 하는 점들을 놓고 토론을 벌이기보다, 도덕을 초월한 것도 아니며 상대주의적 판단 그 어느쪽도 아닌 시각에서 폰섹스가 진행되는 과정이 지니고 있는 복잡성과 육체가 분리된 목소리만을 통한 친밀감의 교환을 설명하려고 시도해 왔다.

이러한 복잡성은 모든 참여자들이 처해 있는 기술적·사회적 환경들, 그리고 그들의 개인적·집단적인 내력들을 반영하는 것이다. 상호 작용의 과정은 추상적이지만, 그것이 창조해 내는 모자이크는 좀더 구체적인 것이 된다. 폰섹스의 상호 작용의 결과들은 실재하는 것이고, 종종 오랜 세월 동안 지속되는 것이며, 그 산물인 육체가 분리된 목소리만을 통한 친밀감의 교환이라 함은 우리 시대의 영구적 상징물로서 그것의 참여자들보다 더 오랜 세월을 버텨내게 될지도 모른다.

친밀감의 교환이라는 것 자체에 본질적으로 선과 악의 요소들이 존재한다. 친밀감의 교환은 교묘한 조종이나 사기 행위에, 자기 중심적인 욕망 충족이나, 금전적 이득에 이용될 수 있는 것이다. 그것은 이타적인 욕망의 충족·사귐·담론·이해에 이용될 수도 있다. 기술적으로 중재되는 의사 소통의 세계 속에서는 그러한 역설과 모순이 증대되며——육체의 존재함과 부재함, 환상과 실재, 섹스와 사랑, 친밀감과 초연함——모든 것은 그것들이 지니고 있는 유용성을 상실해 버릴 정도로 자의적이 되어 버린다. 사회과학에 있어서의 도덕적 판단은 인간 정신의 복잡성과 사회적 상호 작용의 다양성을 조롱한다.

환상은 사람을 끌어들이는 매력, 자유에 대한 함축된 의미, 상상력을, 그리고 구속받지 않음이라는 면을 지니고 있다. 하지만 실재라는 경계선들로 제한과 압박을 받는 환상을 대부분의 사람들은 열등하며 비현실적인, 그리고 지나치게 생명력이 짧은 것이라고 탄핵한다. 환상이 가지고 있는 계시적인 특질들이 줄어들게 되면, 그것은 백치와도 같은 행위 또는 광기의 징후로 받아들여지지만, 정신의학과 관련된 문학 작품에서 환상은 무의식적인 소망의 충족과 무의식적인 갈등의 해결을 위한 중요한 기제이다. 환상을 탐구하는 대중적 문학 작품의 대부분은 그 환상에 잠겨 있는 사람이 의식이 있는 상태에서도 모르고 있는 것인 상징과 감추어진 의미들을 해독해 낸다. 예를 들면 토머스 핀천의 소설들에서는 모든 플라스틱제 숟가락들, 모든 우표들, 낙서로 뒤덮인 모든 벽들에 소설의 등장 인물들에 대한 메시지가 담겨져 있는데, 그들은 그것을 자각하지 못하고 있거나 아니면 그에 따라 행동할 힘을 가지고 있지 못하다.(콘, 1989년 저술 참조) 노먼 메일러의 1965년 작품인 《미국의 꿈》은 깊이 뿌리박고 있는 적대감이라는 억압된 감정인, '점잔빼는 걸음걸이로 가장된 두려움'을 행동화하는 등장 인물들을 그려내고 있다.(콘, 1989년 저술 529쪽)

어떤 인물이 쓰기로 선택하는 가면은 그녀 또는 그의 잠재되어 있는 자아에 대하여 많은 것을 말해 주며, 교환원들이 단서를 찾기 위해 이용자들의 가면을 쓴 인격을 면밀히 검토하는 것은 그들의 진정한 성격적 특성들과 욕망들을 해독해 내기 위해서이다. 미미가 언급하고 있는 그대로이다.

　남성들이 실제로 환상에 잠기게 되는 바에 대비시킨, 그들이 실제로 가지고 있는 것을 보면 흥미롭죠. 모든 남성들은 내가 검은색 또는 빨간색의 테디(teddy; 슈미즈와 팬티가 붙은 원피스형 여성용 속옷)를 입고 있기를 원하죠. 또한 모든 남성들은 내가 이만큼 커다란 가슴을 가지고 있길 바라죠. 나는 이렇게 말했던 남자들 수를 손꼽을 수 있을 정도예요. "저 당신 가슴이 정말 그렇게 커요? 사실 나는 그보다는 조금 작은 가슴을 좋아하는데." 몇 번인지 손꼽을 수 있을 정도란 말입니다. 나는 그 점이 정말 흥미롭다는 생각을 했는데, 그 까닭은 이 세상 어디를 돌아봐도 가슴이 그 정도인 여자라고는 찾아볼 수 없고, 테디 바람으로 여기저기를 활보하고 다니는 여자도 볼 수 없으니까 말이에요.
　게다가 그것은 또한 수술로 가슴을 키우는 여성들이 왜 그토록 많은지 그 이유를 내가 납득할 수 있게 해주는 것이기도 했어요. 여성들은 머리를 금발로 물들이고 확대 수술을 받는데, 그것은 그들이 대부분의 남성들이 가지고 있는 환상이라는 기준에 맞춰 살아가려 들기 때문이지요. 그것은 하나의 공동체로서 우리의 현재 상태가 어떠한지에 대하여, 그리고 남성들은 실재하지 않는 여성을 환상 속에서 그려내고, 여성들은 실재하지 않는 여성이 되기 위해 노력하는 것인 우리의 성을 우리가 어디에 위치시키고 있는지에 대하여 많은 것을 이야기해 준다고 생각해요.

　환상은 그것을 만족시킨다는 것이 비록 불가능한 일은 아니라 할지라도 있음직하지 않은 것이기 때문에 비현실적이다. 이것은 삶이 주는 어려움과 현실적 측면들로부터의 탈주이며, 자아를 자기 반성으로부터 면제시켜 주는 방종이다. 환상에 의해 압도당하는 것은 유쾌한 것이건 또는 불쾌한 것이건간에 묵상이라는 깊은 웅덩이에 드리워진 그림자에 의해 마음을 좀먹게 되는 것이다. 만약 위에서 미미가 설명한 참여자들이 비현실적 세계, 또는 이미지들이 가지고 있는 부자연스러운 특질들에 홀딱 빠져 있는 상태라면, 그들이 지니고 있는 환상들은 매력적인 것이 되지 못할 터이다. 환상의 창조자는 그처럼 몰두해 있는 동안 일시적으로 무력해지며, 실재하는 세계에 부재하고 실재하는 세계에서 행동할 능력이 없으며, 환상이라는 환각을 일으키는 세계 안에 갇혀 있는 것이다. 이러한 취약성과 무력함은 사회가 그러한 '몽상가들'을 경멸하게 만드는 원인이 된다.

비록 환상이 현실 세계로부터의 도피라 할지라도, 환상 그 자체는 부분적으로 그것을 초월하려 시도하는 특정한 사회적·문화적 현실에 의해 결정된다. 예를 들어 성적이지 않은 흔히 찾아볼 수 있는 환상들은 엄청난 부를 성취해 내는 것과 관련된다. 이러한 환상은 오늘날의 삶이 주는 중압감으로부터의 해방이기는커녕 사회적으로 구축된 가치 체계를 강화하고, 그러한 환상에 잠기는 사람이 물질적 목표물을 추구하여 나아가도록 밀어내는 광고 방송과도 같은 내면적인 역할을 한다.

환상이 현실에 토대를 두고 있기 때문에, 그것의 조심스러운 이용은 때로 동기 유발을 위한 기교로 추천되기도 한다. "경쟁에서 이겨 얻게 되는 목적물에서 눈을 떼지 마시오." "당신의 목표를 마음속에 그려 보시오." 사람들에게 구독하려는 동기를 유발시키는, 희망이라는 불꽃에 기름을 붓기 위하여 경품으로 걸린 값비싼 주택들이나 자동차들의 사진을 보여 주는 신문사의 집배 센터에서 주관하는 경품 잔치의 경우에서처럼 전혀 일어날 것 같지 않은 사건들과 관련된 환상들조차도 동기 유발의 이미지로 사용될 수 있는 것이다. 치료사들은 "환상이나 백일몽은 많은 예들에 있어서 장려되어야만 하는 것인, 긍정적이고 삶을 풍성하게 만들며, 스트레스를 감소시키고, 창조력을 증가시키는 인간 활동이 될 수 있으며 종종 그러하기도 하다"라는 조언을 듣게 된다.(모건과 스코프홀트, 1977, 391쪽)

어떤 동기 유발을 위한 환상 속에서 사용된 특정 이미지들은 그 요법의 특정한 목적에 근거를 두고 있는 것이다. 치료를 위한 환상은, 예를 들면 우주선에 실려 우주 공간에 계류되어 있거나 다른 시대에 속해 있는 경우는 좀처럼 없다. 대부분의 환상들과 마찬가지로 그것은 거의 언제나 그 환상을 창조해 낸 사람이 거주하고 있는 자연스러운 환경을 배경으로 한다. 환상의 연구에서 존 코이(1984)는 각계 각층의 사람들에게 그들이 가지고 있는 환상의 세계에 대하여 인터뷰를 실시했다. 최근에 대학을 졸업한 한 여성은 자신의 환상은 대학원에 진학하는 일이라고 설명했다. "나는 내 연구실이 어떤 모습일지, 내 책들은 어떤 방식으로 정리되어 있을 것인지, 그리고 연구실 안에 있는 내 개인 사물은 어떤 것들인지 정확히 마음속에 그려 볼 수 있어요. 커피는 학과 사무실에 설치된 커피 추출기에서 따라 마시고, 종종 다른 대학원생들과 함께 점심 식사를 하러 나가죠."(164-65쪽)

대학원에 다니고 있는 이라면 이러한 환상에 탐닉할 가능성이 있는 사람은 아무도 없을 것이다. 학부 재학생이 대학원에 대한 공상에 잠기는 동안, 대학원생은 교수 식당에서 점심 식사를 하는 자신을 상상하고 프로 야구 선수는 우승하는 꿈을 꾼다. 우리가 가지고 있는 긍정적이며, 직업과 관련된 환상들은 우리의 진정한 야망에 뿌리박고 있으며——그 환상들은 미래에 대한 우리의 희망과 욕망을 나타내 준다——그리고 우리가 가지고 있는 무시무시한, 폭력적인 또는 강박관념을 일으키는 환상들은 마찬가지로 실재하는 걱정거리들에 뿌리박고 있다. 성적인 환상들은 섹스나 친밀감과 관련된 우리의 진정한 희망과 욕망에 대한 많은 것을 나타내 준다.

브래드는 현실 세계와 환상의 관계에 관하여 설명했다. 이용자들은 환상을 추구하기 위해 전화를 걸어 오지만, 그 환상은 진짜로 만난다는 가능성에 대한 것이며, 고정적으로 전화를 걸어 오는 이용자를 확보하는 요령은, 실제로 그를 만나지 않으면서도 그가 바야흐로 환상 속의 여인을 직접 만나게 될 찰나에 있다는 확신을 가지게 만드는 일이다.

어떤 아름다운 여성과 대화를 나누고 있으며, 언젠가는 그녀와 실제로 만나게 되리라고 믿기 원하는 사람들이 얼마나 많은지 보게 된다면 아마 놀라 자빠지게 될 겁니다. 하지만 당신은 그들이 서로 만나지 않는 편이 더 나으리라는 사실을 알게 되겠지요. 그런 생각, 그런 환상은 한 번이라도 현실 세계에서 일어났을 그 무엇보다도 훨씬 더 좋은 것입니다. 그래서 당신은 전화를 이용하여 장기간 이런 사람들과 실제로 관계를 갖는 법을 배우게 되는 겁니다. 하지만 당신은 조심스럽죠.

가슨 캐닌(1974)은 거기에 들르는 고객이 어떤 영화 배우와 섹스를 한다는 자신의 환상을 실행에 옮길 수 있는 곳으로서, 매(Mae)의 집이라고 불렸던 할리우드의 전설적인 갈보집에 대하여 설명하고 있다. 매춘부들은 그 당시 우상으로 여겨지는 배우들과 얼마나 닮았는가 하는 점을 기준으로 선발되었고, '복장과 태도도 비슷하게 보이도록 분장되었으며,' 그 실제 배우의 인생과 배경, 대화를 나눌 때의 말씨, 그리고 목소리가 지니고 있는 음색 등에 대한 정보를 귀띔받기도 했다. 캐닌이 감독을 맡은 《자신이 원하는 것을 아는 자들》이라는 영화에 캐롤 롬바드가 출연하고 있었고, 비록 그녀는 행복에 차서 클라크 게이블과 결혼했지만 캐닌은 그녀에게 '홀딱 반해 버리게' 되었던 것이다. 그는 롬바드와 똑같이 닮은 여자에 대한 환상을 매의 집에서 충족시키게 되었으며, 그 경험에 대하여 다음과 같이 말했다.

나는 그녀를 내 곁에 데려다 앉혔고, 우리는 오랜 시간 동안 이야기를 주고받았죠. 그녀는 내 생각을 **마음에 들어했죠**. 그녀는 클라크와 헤어지는 걸 생각중이라고 말했습니다. 나는 그녀가 현명하게 행동하고 있다는──그렇게 하는 것이 가장 알맞은 일이라는──내 생각을 말해 주었죠. 그녀는 자신의 스위트룸〔침실·욕실·거실이 딸린 방〕에 올라가서 저녁 식사를 하자고 제안했습니다. 그녀와 함께 보낸 그 나머지 시간은 처음에는 장려한 총천연색 영화였다가, 점점 흐릿하게 초점이 맞지 않다가 다시 느린 동작으로 재생되는 꿈과도 같은 것이라고나 해야 할까요…….

나는 [진짜 캐롤에게] 매의 집에 갔었던 일과, 거기서 '닮은꼴 캐롤'과 마주치게 되었던 것에 대하여 하나도 빠뜨리지 않고 이야기를 해주었죠. 구두점을 찍듯이 내 설명을 이따금씩 중단시킨 것은 폭소를 터뜨리다 못해 비명을 질러대는 듯한 캐롤의 웃음소리였습니다. "……기다려요. 클라크에게는 내가 이야길 해줄 거니까 말이에요! 이런 아냐, 이야길 해주지 않는 게 더 낫겠어요. 그이도 거길 찾아갈 것 같으니까요!"

게이블이 진짜 아내인 자신과 즐기는 것보다 자기 아내의 흉내를 내고 있는 매춘부와 즐기고 그 대가를 지불하는 쪽을 선호할 수도 있다는 롬바드의 우려는 근거 없는 이야기가 아니었다. 동등한 위치에서의 친밀한 관계는 많은 장점을 가지고 있지만, 단시간 동안의 성적인 욕구, 그리고 단시간 동안의 감정적인 욕구까지도 욕망을 상호 교환하는 것에 대가를 치름으로써 충족시킬 수 있으니 말이다. 진짜 대상물과 비교할 때, 그것은 패스트 푸드만큼이나 내용이 뻔하고 느끼할 것처럼 여겨질 수도 있지만, 대량 생산된 친밀감은 특정한 한 벌의 욕구들을 채워 준다. 그것은 균형잡힌 식사와 함께 유용하며 만족스러운 경험을 제공할 수 있는 것이다.

캐닌은 자신의 환상을 롬바드와 함께 토론할 수 있었고, 따라서 어쩌면 그 두 사람은 환상의 유용성과 현실로부터 환상을 구별짓는 특정한 정의에 대해서 합의했을 수도 있는 것이다. 만약 캐닌이 적고 있는 그 이야기가 정확한 것이라면, 롬바드는 환상과 현실 사이의 경계선이 지니고 있는 확고함과 그녀의 내적 자아가 가지고 있는 가치, 그리고 그것이 그들의 관계에 기여하는 바에 대하여 엄청난 자부심을 느꼈을 것임이 분명하다. 캐닌의 환상이 누구에게도 해를 끼치지 않을 수 있었던 것은 오로지 그가 재미와 강박관념, 가면을 쓴 인격과 자아, 환상과 현실 사이에 존재하는 약정된 선을 넘지 않았기 때문이었다. 이 상황이 가지고 있는 위험성은 그러한 차이가 혼동되거나 또는 거부되어, 그러한 혼동 속에서 내적 자아에 대한 감각의 유지가 영구히 상실될 수도 있다는 가능성 속에 존재한다.

새로운 시작이 주는 흥분, 그리고 익히 잘 알고 있는 것의 편안함이 주는 무난함, 이 두 가지 모두를 맛본다는 환상은 문화민

속학에서 공통적인 주제가 된다. 아리스토파네스의 그리스 희극에서 시작되어 셰익스피어의 《한여름밤의 꿈》으로, 거기서 다시 오늘날의 영화(《밥과 캐롤과 테드와 앨리스》)에 이르기까지 드러나는 공통적인 주제는 우연에 의한, 또는 알지 못하는 사이에 짝이 뒤바뀐다는 것이다. 변화가 있음에도 불구하고 그 주제는 일관되게 남아 있다.

프로이트 같은 몇몇 학자들은 포르노그라피와 성애를 다룬 문학·예술(erotica)이라는 주제가 무의식으로부터 생겨난 것이라고 생각한 반면, 다른 학자들은 그것들의 근원을 사회 계급간의 이해 관계에서 찾고 있다.(마르크스, 1909; 푸코, 1979) 일부 학자들은 그러한 주제가 사회적으로 짜맞춰진 것(가핑클, 1967)이고, 또는 도덕적으로 규정되는 것(사드, 1795)이라고 단언하지만, 대부분의 환상들은 세계 각 대륙 전체와 이제까지의 역사 전체에 걸쳐 아주 비슷하다. 폰섹스 교환원으로 10년을 일하고 난 후, 게일에게는 그것들 전부가 들어 본 적이 있는 것이 되었다.

그건 마치 영화와도 같은 것이죠. 무슨 뜻인가 하면, 만들어진 영화 중에서 우리가 전에 본 적이 없는 영화는 한 편도 없다는 말이죠. 모든 장르에 걸친 영화가 만들어져 왔어요. 우리는 전쟁에 관한 영화를 본 적이 있고, 평화에 관한 영화를 본 적이 있으며, 희극 영화를 드라마 형식의 영화를 폭력적인 내용의 영화를 본 적이 있다는 거죠. 문제는 만들어지지 않았던 것이 무엇인가 하는 점이 아니라 그것이 어떤 식으로 제작되었는가, 그리고 누가 제작했는가 하는 점이라는 뜻이에요. 그 점이 그것이 현재 처해 있는 상황이고 바로 문제가 되는 부분이죠.

폰섹스의 환상은 텔레비전이나 잡지 광고, 그리고 다른 문화적 이미지들을 형성해 내는 바로 그 힘에 의해 형성된다. 이 이미지들은 생활 양식·나이·계급 같은 공통 분모와 시장을 찾아내고 있는 평등화 과정 속에서 생산된다. 대량 판매는 여성과 구별되는 존재로서의 현대 남성들이 지니고 있는 예측 가능한 본성을, 그리고 공통의 주제들을 통하여 인구통계학적 이해 관계에 의해 뭉쳐져 있는 각 집단의 사람들이 동일시될 수 있으며, 그들에게 영향을 미치게 될 수 있다는 생각을 먹이로 삼고 있는 야수와 마찬가지이다. 그 점이 바로 폰섹스가 효력을 발휘하게 되는 이유인데, 그 까닭은 어떤 단일한 포르노그라피 이미지가 큰 규모의, 동일시할 수 있는 그리고 영향을 줄 수 있는 모집단의 부분에 호소력을 지니고 있기 때문이다. 그리고 어떤 이용자가 광고에 자기 마음에 드는 이미지가 실린 것을 보게 되었을 때, 그는 광범위한 측면에서 자신이 예상하는 바를 교환원에게 옮겨 놓을 수 있기 때문에 교환원은 그 광고를 한 번도 본 적이 없는 상태에서도 창조된 인물을 나름대로 해석하여 묘사해 낼 수 있는 것이다. 한 정보제공자가 내게 말했던 바 그대로이다. "나는 그들이 원했던 것은 뭐든지 다 해주니까. 그들은 내게 요구할 필요조차도 없지요."

이용자들은 환상의 근원에 대하여 좀처럼 자각하지 못하는데, 교환원들과 마찬가지로 그들도 그러한 경험의 유일무이함을 인정하는 쪽을 선호한다. 개체성에 대한 느낌은 그 상호 작용이 참여자들과 질적으로 연관되어 있으며, 유일하고 특별하다는 것으로서——모두가 그 통화의 대가에 포함되어 있는 것들이다.

푸코(1979)는 오늘날의 사회 제도가 대중 집단들을 조종하기 위하여 섹스를 이용하고 있으며, 섹스가 편재하는 우리 문화는 성애의 에너지가 지니고 있는 힘을 동력으로 이용하고 있다고 주장해 왔다. 폰섹스라는 상호 작용의 운영자들에는 AT&T · MCI, 그리고 여타의 국제전화교환회사들과 같이 20세기 최대의 몇몇 기업들이 포함되어 있다. 제1장에서 논의했듯이 이러한 기업들은 폰섹스 상호 작용의 내용과 전체적 구성에, 그리고 참여자들의 동기 유발에 영향을 준다. 만약 이러한 기업들이 그들의 잠재적 고객들을 토대로 하는 특정한 성적 취향에 관심을 가지고 있다면, 그것은 고객들을 '누군가와 접촉하여 감정적으로 영향을 받도록' 몰아가는 국면을 증폭시키는 데 있으며, 고객들로 하여금 자신들이 들인 돈의 값어치만큼을 얻어냈다고 느끼지만 한편으로는 그 이상을 바라게 만들 수 있을 정도로 충분한 만족감을 제공하는 데 있는 것이다. 혹자는 이것을 대중들의 외로움을 이기적 목적에 이용하는 것으로 여기기도 하는 반면, 존재하는 욕구를 만족시켜 주는 행위로 보는 이들도 있다. 우리가 취하는 시각은 경험적인 증거, 또는 참여자들 개개인의 경험에 근거하고 있는 것이라기보다는 이미 존재하고 있는 정치 · 사회적 편견에 보다 많은 근거를 두고 있다.

진보적 통신 회사인 QVC의 총수 배리 딜러를 외로움과 고립을 이기적인 목적에 이용하는 음모에 일조하고 있다고 비난하는 일은 불합리한 것으로 여겨진다. 하지만 QVC와 다른 기업들은 그러한 욕구와 불안정함을 극대화하기 위한 판매 전략을 수립하고 있으며, 그들은 이처럼 대량 생산된 친밀감에 대하여 증가하고 있는 수요에 따른 이윤을 챙긴다. 욕구들이 만나게 되면서 본보기가 정해진 것이다. 실험용 쥐들과 마찬가지로 대다수의 소비자들은 당장에 필요로 하는 욕구를 만족시켜 주게 되는 레버를 밀면 된다는 사실을 알게 되며, 그 과정에서 그들은 그것에 대한 의존도만을 높이게 될 뿐이다.

교환원은 이용자들이 기대하는 바를 예측하기 위해서는, 그리고 적절한 기대에 부응하는 환상을 제공하기 위해서는 특정한 포르노 대본들에 대하여 어느 정도 알고 있어야 할 필요가 있다. 이용자는 자신이 원하는 환상을 말해 달라는 암시를 해줄 수 있도록 교환원의 것을 보완해 주는 지식을 가지고 있어야 한다. 각 서비스국 또한 그러한 상호 작용을 용이하게 해주는 기술을 제공하기 위해서 어떤 상호 작용이 요구되고 있는지에 대하여 어느 정도 알고 있어야만 한다. 정보 제공 사업자들 또한 어떤 종류의 광고가 이용자들을 끌어들이게 될 것인지에 대하여 파악하고 있어야만 한다.

고프먼(1956)은 그 어떤 상호 작용에 대해서건 필요한 토대가 되는 것은 어느 정도의 이해와 공통되는 가정이며, 폰섹스의 경우에서처럼 이러한 이해는 성공적인——이 경우에 있어서는 만족스럽고 수익성이 높은——상호 작용을 가능케 하는 데 결정적인 역할을 한다고 말한다. 포르노 이미지들은 그 강도에 있어서 다양하게 나타날 수 있지만, 그럼에도 불구하고 그것들은 우리 문화에 속속들이 배어 있다. 우리 모두는 마치 우리가 다른 사회적 관습들을 알게 되는 바와 마찬가지로 그것들의 보편적인 이미지들에 대해서 알게 된다. 폰섹스 상호 작용과 관련된 모든 사람들——이용자·교환원·정보 제공 사업자, 그리고 교환 회사들까지도——은 이러한 시나리오들을 개발하고 진행시키며 상연하는 데 필요한 이미지들과 과정에 대한 공통의 이해를 공유한다. 그러한 상징들·이미지들은 널리 보급되어 있으며, 공공연한 것이기 때문에 그 어떤 참여자에게도 특별한 훈련 따위는 필요치 않다. 다른 교환원들과 마찬가지로 아니타도 이야기를 날조해 낼 아이디어를 어떻게 얻어내는지 설명하면서 정식 훈련이 필요하다는 생각 따위는 아예 하지도 않는다고 했다. 동시에 그녀는 자신이 이용하고 있는 이미지들이 얼마나 널리 퍼져 있는 것인지를 설명했다.

나는 텔레비전의 유명 인사 인터뷰 프로그램을 매우 자주 시청하는데, 도나휴 쇼 같은 프로그램은 성전환에 관한 주제를 놓고 진행하게 됩니다. 다수의 성전환자들이 프로그램 진행중에 전화를 걸어 오기 때문에 그것은 내게 정말 절호의 기회이며, 그것을 시청하고 나면 그들에게 성전환 수술을 해주는 의사들이 누구인지, 정신병 치료를 위한 회합은 얼마나 많이 가져야 하는지, 얼마나 오래 걸리는지 등등 모든 것에 대하여 알게 됩니다. 그러니까 그런 프로그램은 정말로 득이 되죠.

누구나 이런 이미지들이 편재한다는 사실이 득이 된다고 생각하는 것은 아니다. 드워킨(1974)이나 포르노그라피와 관련된 상징에 대해 다른 비평가들은 포르노 이미지가 넓은 범위에 걸쳐 속속들이 퍼져 있다는 사실이 성적 관심의 개성을 박탈한다고 주장한다. 참여자들은 그 목표가 가면을 쓴 인격을 갑옷으로 이용하며, 실재와 허구 사이의 어떤 교차도 허락함 없이 자아를 보호하자는 것인, 소외와 대항하여 싸우는 전두에서의 첨병들인 것이다. 그 환상은 참여자들에게는 외면적인 소재들로 구성되어 있으며, 그 부산물들의 일부는 분노·복수, '진짜인' 사적 친밀감으로부터의 소외, 그리고 종종 그 절정을 이루게 되는 것으로 설욕을 포함한다.

성적인 것에 대하여 숨김이 없고 상대를 가리지 않는 난잡한 성행위를 광고하고 있음에도 불구하고, 동성애나 복장 도착 그리고 다른 '성적 도착들'을 인정하고 있음에도 불구하고 포르노 산업은 여성을 순종적이고 의존적인 존재로 보는, 아주 전통적이며 보수적인 시각을 유지하고 있다.(1974년 저술 참조) 폰섹스 노동자들은 이러한 전통적 힘의 역학 관계를 실제로 날마다 연기해 내고 있다. 피터는 여성 행세를 하는 이성애의 남성이며, 그로 인하여 여성으로서의 삶을 경험해 볼 기회를 가지게 된 까닭에 어떤 독특한 시각을 제공한다. 인터뷰를 하는 동안, 내가 여성들(females)을 같은 여성이 다른 여성 일반을 가리키는 말인 'women'이라고 부르자, 그는 그때마다 내 말을 잘 알아듣지 못하거나 또는 오해하고는, "무슨 말이죠? 아 **아가씨들**(girls: 이렇게 부르는 사람은 상대 여성의 나이가 어리거나 그 여성에게 권위를 부릴 수 있는 위치에 있어서 얕잡아 보는 듯한 뉘앙스를 지닌 호칭) 말씀이군요"라는 말로 확인하거나 바로잡아 주곤 했다. 비록 다른 점에서는 예민하고 눈치가 빨랐지만, 그는 페미니즘에 대하여 특별히 정통해 있지는 못했다. 그럼에도 불구하고 그가 '아가씨' 노릇을 한다는 경험은 성별 정형화에 스스로가 참여하고 있다는 사실을 깨우쳐 주고 있는 것으로 여겨졌다.

정말이지 남성들은 여성들에 대하여 자신들이 얼마나 무례하게 굴고 있는지를 깨닫지 못하고 있다고 생각해요. 솔직히 말씀드리자면, 여성들조차도 이러한 점을 깨닫지 못하고 있다는 생각이 들어요. 아가씨 역할을 하면서 나도 아주 불쾌한 기분을 느낄 때가 있거든요. 내가 감정이 상하게 되는 것은 남성들이 내가 무슨 고깃덩어리라도 되는 듯이 여기려 들거나, 아니면 그런 식으로 이야기를 하게 되기 때문인데, 여기서도 아가씨들은 그런 점을 그저 가볍게 넘겨 버리고 말죠. 빌어먹을 경우로구나 하는 생각이 들었어요. 여성들은 남성들이 하는 짓들 중 얼마간에 대해서는 무감각하게 받아들인다고 생각해요. 아시다시피 나는 남자인데다, 나를 무시하려 드는 그런 개소리를 받아들이는 것에 익숙지가 않거든요. 나는 즉각 되받아 앙갚음을 하려 들게 되죠. 동성애자인 남성들은 약간 더 심한데…… 그들 중 몇몇은 무례하기 짝이 없어요. 만약 당신이 그들에게 친절히 대해 준다 하더라도, 그들은 이성애의 남자들 이상으로 무례하게 반응하는 것으로 여겨질 정도니까요.

그러한 무례함을 여성들이 알아채지 못한다거나, 아니면 상관하지 않는다고 생각하는 점에 있어서 피터는 잘못 판단하고 있다. 내게 정보를 제공했던 모든 교환원들은 일부 남성들이 정말로 귀에 거슬리는, 또는 무례한 이야기를 한다는 점을 지적한다. 교환원들은 이용자들이 사적인 상호 작용에 있어서 정중함을 기대하는 것만큼이나 정중함이라는 규칙을 준수해 줄 것을 기대한다. 그리고 이용자들이 그러한 규칙을 위반하게 될 때, 교환원들은 대본의 범위 안에서 그에 대해 보복할 방법을 찾아보게 된다.
내가 인터뷰했던 교환원들 대부분은 어떤 환상을 요구하기 시작하기에 앞서 "여보세요. 안녕하세요"라고 인사 정도는 하는 여유를 가진 이용자들을 좋아한다. 비록 교환원들은 그러한 잡담이 잠재되어 있는 그들의 자아에 대하여 알려는 노력이 아니라는 것은 깨닫고 있지만, 여전히 그러한 의례를 그리고 그 이용자가 또 하나의 인간과 사회적 상호 작용에 참여하고 있음을 암시적으로나마 받아들이는 점을 높이 평가하고 있었던 것이다.

이미지 조립에 필요한 부품들

교환원들은 종종 육체에서 분리된 목소리만이 존재한다는 폰섹스의 특성이 보통과는 다른, 또는 판에 박힌 것이 아닌 자아를 탐구해 볼 수 있는 자유를 제공하게 될 거라고 생각하게 된다. 그보다도 폰섹스는 전통적인 대개의 포르노그라피와 사회에 의해 제공되는 판에 박힌 이미지들에 성격을 부여하는 낡아빠진 상징들과 시각화 의식에 전적으로 의존하고 있는 것처럼 보인다. 폰섹스 노동자는 환상의 이미지들을 생산해 내고, 대본을 대량으로 제작해 내지만, 포르노그라피의 이상형을 창조해 내는 것은 아니다. 그녀가 하게 되는 일은 종종 그것들의 진정한 의미·장점, 또는 의도했던 목적지로 그녀를 데려가 줄 능력 따위를 고려하지 않은 상태로, 논리적 경로에 따라서 그 이미지들을 연기해 내는 것뿐이다.

내가 교환원으로 일하기 시작했을 때, 나는 내 실제 키인 5피트 9인치를 그대로 사용했었다. 그 키는 지나치게 큰 것처럼 여겨졌는데, 그 까닭은 남자들이 종종 겁을 집어먹은 듯했고(아마도 그들은 내 키보다 작았을 수도 있다), 몇몇은 직접 내게 키가 더 작은 여자를 원한다고 말했던 적도 있었기 때문이다. 나는 키가 크다는 것이 마음에 들었고, 그래서 개인적이고 정략적인 이유들로 해서 내 원래의 키를 그대로 유지하려 들었다. 하지만 나는 고객들을 잃어가고 있었다. 마지못해 나는 점점 키를 줄이기 시작했고, 결국 키가 큰 환상 속의 여인으로서 만족스러운 키는 5피트 7인치 정도라는 쪽으로 결정을 보았다.

참여자로서 관찰하던 기간 동안 나는 교환원들이 특정한 환상의 자세한 부분들로서, 어떤 것이 적절할지에 대하여 어쩔 수 없이 대본으로 작성되어 있는 환상들로 다시 후퇴하거나, 아니면 서로 조언을 해주는 것을 목격하게 되는 경우가 잦았다. 대본으로 작성되어 있는 내용이 가지고 있는 일관성은 그것을 지어낸 사람들의 범위가 다양함에도 불구하고, 그리고 역설적이게도 그들은 자신들이 지어낸 이야기가 개성이 있다고 자부하고 있음에도 불구하고 그대로 남아 있었다. 큰 키이기는 하되 지나치게 큰 것은 아니라는 쪽을 택해야 했던 나의 타협을 포함하여, 개성을 유지하려는 시도들은 마치 현재 그대로의 상태에 있어서의 그 어떤 진정한 변화도 요구함 없이 참여자들의 애도를 흡수해 버리는 종교 의식과도 같은 것으로서——사실 그러한 의식들은 그같은 굳어진 관념의 형태를 강화해 주게 된다.

환상의 본체와 그것의 영향력은 개별적 참여자들에 의존하고 있는 것이 아니라, 그 자체로서의 존재를 가지고 있다. 각 교환원들은 그 판에 박힌 전형에 생명의 숨결을 불어넣는 일에 대하여 스스로 자긍심을 지니고 있지만——푸른 눈 대신에 녹색 눈을, 날씬한 몸매 대신에 풍만하고 곡선미를 지닌 몸매를 제시하는 것과 같은——그러한 변형된 부분들조차도 그 전형의 일부이다. 물론 환상은 그 자체가 통제하는 영역 내에서 약간의 생명력과 약간의 매력적인 개성을 필요로 하지만, 이러한 특성들은 포르노그라피라는 의식에 있어서 희생의 제물로 바쳐지는 처녀인 것이다. 엄청난 영예가 따르면서도 권한은 전혀 없는 위치를 차지하고 있기 때문에 개성을 지닌 상징들은 아주 화려한 선전과 함께 바쳐지며, 한순간에 사라져 버리는 덧없는 제물들과는 달리 보다 강력한 요소들을 무색하게 만들면서 지속된다.

대부분의 여성들과 남성들은 현대 사회 곳곳에 속속들이 배어 있는 성차별적 이미지들과 관념들을 그럭저럭 극복해 나가고 있으며, 심지어는 이러한 관념들 안에서 살아가기에 적합한 환경들을 창조해 내기까지 한다. 폰섹스 노동자들은 여성의 성이라는 전형을 실제로 연기해 내는 데 엄청난 시간을 소비한다. 그들은 혹독한 관념적 기후 속에서 자신들의 자아에 대한 감각을 격리시키기 위한, 특히 강력하며 분명한 대응 기제를 발전시키며 이러한 기제들은 익히 알려진 것들의 외양을 지니고 있다. 폰섹스의 부산물들을 무효화시키는 데 이용되는 이러한 대처 기제들은 다른 유형의 서비스 업종 가운데 실증된 것들과 비슷하다.(라이드너, 1993; 훠턴, 1993) 그것들은 서비스 경제 속에서 서비스 그 자체가 **되고 있는** 온갖 종류의 여성들에 의해 이용되고 있다. 발레리는 자신이 반해 버린 이용자의 진짜 정체를 추적해 왔지만, 결국 그가 그동안 줄곧 그녀를 배신해 왔다는 사실을 알게 돼 버리고 만 경위에 대하여 자조(自嘲)의 기미도 없이 설명하였다. 그녀는 스스로의 자아에 대하여 그녀가 전화를 통해 묘사해 내고 있는 환상들로부터뿐만 아니라, 섹스 산업에 종사한 자신의 경력과 그녀의 사생활로부터도 분리되어 있는, 아주 탁월한 존재라는 견해를 지니고 있는 듯이 보였다. 그녀가 지니고 있는 자아에 대한 감각은 그 자체의 환상에 기초하고 있는 것처럼 보였던 것이다.

나에 대한 판단은 내가 가지고 있는 직업에 의해 내려지는데, 그것은 공평하지가 못해요. 내가 어떤 종류의 사람인가에 의해 나에 대한 판단이 내려지고 있지 못하며, 그러한 일은 내가 옷을 벗고 있는 중이라고 말하고 있을 때도 [또한] 일어나죠. 만약 내가 누군가에게 이러한 일이 생계를 위해 하는 것이라고 말하게 된다면, 그말을 하기 5분 전에 그들에게 뇌수술이나 뭐 그런 것으로 노벨상을 받았다고 말했을 수도 있는 일이죠. 이용자는 뇌수술 따위에 대한 이야기를 나누고 싶어하지 않아요. 그는 이 섹스라는 매혹적인 주제에 대하여 이야기해 주기를 원하는데, 왜냐하면 그거야말로 남자의 으뜸가는 환상이기 때문이죠. 그들의 마음속에 언제나 자리잡고 있는 것은 바로 섹스거든요. 건물이 무너져 버릴 수도 있겠지만, 만약 거기에 섹스가 연루되어 있다면 그들은 그 무너진 흙더미를 헤치고 그것을 꺼내러 기어 들어갈 테니까요. 그것이 그들의 방식이죠.

하지만 발레리는 뇌수술 발전에 기여한 공로로 노벨상을 수상했던 것이 아니다. 우리의 행동이 자아에 대한 진실을 드러내 보여 준다는 의미에 있어서 우리 모두는 바로 우리가 하는 일 그 자체로 여겨지며, 우리의 자아는 우리가 하게 되는 삶에서의 선택으로부터 떼어낼 수 없는 것처럼 보인다. 자아에 잠재되어 있는 것인, 기질이나 '창조된 인물'을 드러내 주는 것은 우리의 행동이다. 역설적이게도 발레리가 환상들로부터 거리를 두기 위해 의존하는 것인, 그녀의 자아에 대한 감각은 환상들 그 자체와 아주 똑같은 이미지들에 기초하고 있다.

몇 명의 응답자들은 어떤 남자가 생계를 위해 어떤 일을 하고 있는지를 알아본다는 일이 얼마나 어려운가 하는 점에 대하여 의견을 말해 왔는데, 그 까닭은 그 남자가 폰섹스에 대하여 소름끼치는 질문을 해댐으로써 폰섹스 이용자들과 똑같이 되어 버리는 경우가 자주 있기 때문이라는 것이었다. 일단 그가 이런 질문을 하면, 교환원은 대체로 그를 싫어하게 되며, 나아가서 모든 남자들이 잠재적인 이용자들이라는 생각으로 인해 한층 더 환멸을 느끼게 된다. 개인들의 연속된 행위들은 모든 남성들의 본질에 대한 형태와 기대값을 정해 놓는다. 내 정보제공자들은 남자들의 본질에 대하여, 그것도 아주 열중하여 지나치게 보편화시키는 경향이 빈번했던 반면, 동시에 그들은 자신들의 자아와 전형적인 폰섹스 교환원 사이에 차이가 있다는 점을 단호히 주장했다. 라도나는 말한다.

요전날 밤 어떤 남자를 만났는데, 그가 물었어요. "직업이 뭐죠?" 내가 대답했죠. "전화교환수예요." 그랬더니 그가 말했어요. "아 911구조대에서 일하시나 보군요. 옳지 컴퓨터나 뭐 그런 걸 조작하는 게 분명하군요." 내가 말했어요. "뭐 비슷한 거죠." "저 당신이 실제로 하는 일은 뭐죠?" 내가 말했어요. "저 《플레이걸》·《펜트하우스》·《허슬러》·《클럽》·《위》 같은 너절한 책들이나 그런 비슷한 온갖 잡지들에 나오는 800번과 900번 전화에 대해서 알고 있죠?" 내가 말했어요. "그러니까 난 그 번호로 걸려 오는 전화를 받는 여자들 중 한 사람인 셈이죠." 그는 말했죠. "오 내게 음담패설 좀 해봐요." 그러고는 바로 거기서 숨을 헐떡이는 것이었어요. 내가 근무하는 밤도 아닌데 그에게 이야기를 해줄 필요는 없지요. 감사해요.

폰섹스 이용자가 아닌 사람이 스스로를 이용자의 위치에 놓게 될 때, 그것은 경멸로 이어지는 연쇄 반응이 시작되게 만든다. 남성용의 '너절한 책들'이라는 라도나의 경멸에 찬 언급은 그녀의 시각을 드러내 준다. 어쩌면 그녀는 잠시 경계심을 늦추고 자신이 평범한 시민으로서 다른 평범한 시민과 자발적으로, 그리고 직업과 관계 없이 대화를 나누고 있다고 생각했을 수도 있는 문제지만, 그 남자는 그녀가 직업적으로 하는 일의 특정 부분을 캐고듭으로써, 어떤 자세한 내용에 대하여 요구하고 예상하며 강요함으로 인해 자신이 내심으로는 폰섹스 이용자임을 드러내게 되었던 것이다. 그가 그녀에게 환상을 연기해 보라고 분명히 요구했을 때, 그는 단지 그녀가 의심하기 시작해 왔던 바를 확증해 주었을 뿐이다.

모든 남성들이 잠재적인 이용자들이라고 할 때, 직접 대면하여 신뢰할 수 있는 남자는 아무도 없다. 샤를렌은 모든 이용자들을 타락한 존재로 분류하는 것으로 시작하고, 그런 다음에 모든 남성들이 거기에 포함되도록 일반화시킴으로써 이러한 관점을 예시한다.

내가 사람들에 대한 내밀한 일들을 알게 되었던 것은 우리가 전적으로 익명에다가 그들 또한 마찬가지이기 때문이며, 따라서 그들은 어느것에 대해서건 상당히 많은 부분을 우리에게 말할 수 있게 되는 것이죠. 신분이나 연령 집단, 그리고 재정적 등급 등과 같은 것들이 얼마나 차이가 나는지를 보게 되는 것은 신기한 일이며, 이것은 모두 그들 삶의 일부분입니다. [그들은] 갖가지 다른 신분을 가지고 있지요. 우리는 이러한 모든 사람들이 정말이지 소파에 웅크리고 앉아 맥주나 퍼마시고 있는 구역질나는 늙은이들, 또는 허튼 농담이나 하고 싸돌아다니는 젊은이들이라고 생각하게 될 수도 있지만 그것은 모든 사람들인 것입니다.

시야를 남성들에게로, 또는 다른 어떤 분할된 집단으로 향하도록 좁힘으로써 교환원들은 폰섹스라는 사기 행위나 이중성에 의해 복잡해진 바가 아닌, 실생활에서의 진정한 사랑의 가능성 여지를 자신들에게 남겨 놓을 수 있게 된다. 유감스럽게도 이용자들은 자신들의 진짜 자아에 대한 단서를 제공하게 될 때, 이들 중요한 차이점들을 파괴하게 된다. 관례에 따르는 예의바른 이야기로 세련되고 친절하며, 상대방에 대한 이해심이 많은 듯이 들리게 대화를 시작하는 이용자는, 흔히 교환원을 놀라자빠지게 만들 정도의 환상을 요구하며 그런 다음 그 환상에 결말이 지어지면, 그는 다시 공손한 태도로 돌아와 그녀의 동정심 많고 유능한 배려에 감사하고는 작별 인사를 한다. 비록 교환원들은 폭력적인 또는 무례하게 대화를 시작하여 그런 식으로 끝까지 가는 이용자보다는 이러한 유형의 이용자를 더 선호한다고 말하지만, 그처럼 때때로 중단되는 예의바름 또한 내심으로는 모든 남성들을 이용자라고 가정해 보는 일을 용이하게 만든다. 테리는 말한다.

그것이 무엇이 되었건 외면적으로, 또는 공적 생활에 있어서 표면적으로는 평범하고, 어쩌면 정상적일 수도 있는 많은 이들이 보통 그들의 사생활에 있어서 가장 색다른 짓을 하는 사람들이죠. 보다 보수적인 직업을 가지고 있으며 가족이 있는 남자들은 결혼을 한 사람들이며, 어쩌면 우리가 평범한 존재들로 정형화시키게 될 수도 있는, 중서부에 살고 있을 수도 있는 그들이야말로 엉큼하고 숨김없으며, 성적으로 도착되어 있는 그런 사람들이죠. 대개 외면적으로 보다 거칠고 자유분방한 사람들이 성적으로는 보다 정상적인 사람들이거든요. 표면적으로 도서관 사서와 같은 유형의 차분함을 가진 사람들, 지적으로 보이는 사람들이야말로 나를 겁먹게 만드는 사람들이죠.

C. 라이트 밀스의 1953년 연구 《화이트 칼라》에서는 테리가 언급했던 '지식인들'과 '도서관 사서' 유형의 사람들을 상대하는 일

을 한다는 점에서 위세를 뽐내는 아주 고급스러운 백화점 매장의 '여성 판매원들'을 관찰한다. 어디에서건 공동체의 존경할 만한 구성원들인 이 정상적인 사람들이야말로 교환원들이 일의 상대로 가장 꺼리는 남자들인 것이다. 표면적으로 존경할 만한 남자들이 폰섹스에 전화를 건다는 사실은 우리의 존경할 만한 이웃들을 의심스럽게 만드는 일이다. 하지만 역설적이게도 표면적으로 존경할 만한 남자들이 폰섹스에 전화를 건다는 사실은, 또한 폰섹스 노동자 자신이 참여한다는 것이 지니고 있는 치욕스러움을 상쇄시켜 주는 바이기도 하다.

밀스의 연구에서 위세가 대단한 고객들과의 상호 작용은 궁극적으로 판매원들의 기를 꺾는 일이 되었는데, 다수의 동일한 이유들로 해서 그러한 점은 내가 인터뷰했던 폰섹스 노동자들을 혼란에 빠뜨렸던 것이다. 동등하지 않은 쌍방간의 상호 작용은 단지 예속과 무력감만을 고조시키게 될 뿐이며, 밀스의 연구에서 판매원들은 종종 그들의 가장 위세 높은 고객들을 마침내는 증오하게 되었다.

내가 인터뷰했던 폰섹스 노동자들 대다수는 단순히 이용자들에 대해서 뿐만 아니라, 모든 남성들을 포함하는 집단인 잠재적인 이용자들에 대해서까지도 마음껏 경멸하고 있었다. 이러한 경멸은 교환원들을 이용자들로부터 구별짓기보다는, 단지 교환원이 이용자들에 대하여 가지고 있는 관련성이라는 효과를 강화시켰던 것이다. 교환원이 근무중 연기하게 되는 의식처럼 되어 버린 친밀감의 표현은 대량 생산을 위해서는 필요한 것이지만, 그것이 주는 효과들이 공장 바닥으로만 국한되지는 않는다. 만약 그들의 일이 주는 효과들을 통제하기 위한 예방 조치가 취해지지 않는다면, 교환원들의 사적인 삶이란 공공 복지(pro bono)를 위한 일에 지나지 않는 것이 된다.

자아를 새로 규정해 보기

폰섹스에서의 각 만남은 참여자들에게 변화가 시작되게 만드는 것으로서, 그들은 그 대화를 그들 미래의 사회적 상호 작용에 영향을 미치게 될 새로운 생각과 태도를 담고 있는 것으로 만들어 놓게 된다.(고프먼, 1956) 이러한 영향들 가운데 일부는 불리한 것이며, 다른 일부는 보다 건설적인 것이다. 아니타는 이같은 보다 건설적인 측면들 중 한 가지에 대하여 상세히 설명한다.

내가 이 일을 시작한 이후로 남편과의 성생활은 실제로 더 좋아졌어요. 왜냐하면 어떤 이야기를 듣게 되면, "야, 그거 색다르네. 그건 전에 한 번도 해본 적이 없는데." 이렇게 말하게 되고, 결국 그걸 해보게 되기 때문이죠. 내 남편은 현실을 직시하는 사람이라 이렇게 말해요. "맙소사 당신 이런 걸 어디서 다 배웠지?" 그는 내가 무슨 일을 하는지 알고 있어요. 그는 실제로 내가 전화일 하는 것을 일삼아 들은 적도 있는데, 그 이유는 그 일이 a)나를 성적으로 흥분시키는 것이 아니며, 또는 b)내가 남자 혹은 그것이 무엇이 되었건 그런 쪽과 진짜로 연루되는 것이 아니라는 점을 확인하고 싶어했기 때문이었습니다. 남편은 똑같은 내용이 자꾸만 반복되는 것을 듣고는 따분해져 그만 잠들어 버리더군요.

폰섹스 교환원 노릇을 하는 것이 주는 개인적 생활에서의 득이 되는 점들을 열거하는 사람은 아니타만이 아니다. 하지만 그녀는 내 인터뷰에 응한 사람들 가운데서도 그 일을 하고 있는 동안에도 안정된 부부 관계를 유지하고 있었던 특이한 경우에 해당했던 것이다. 폰섹스가 주는 이득 가운데 하나는 섹스 노동자가 자신의 성적 관심에 대하여 평가하는 방법을 알게 된다는 점이다. 여성들의 성적 관심의 가치가 절하되고, 모욕의 대상이 되는 사회에서 성적인 부분이 지니고 있는 감각은 귀중한 자산인 것이다.

폰섹스 교환원은 자신들의 성적 관심의 경계선에 변화를 일으키도록 만드는 끊임없는 압력을 경험하게 된다. 다수의 교환원들은 해악과 외설에 대하여 자신들이 내리고 있는 정의들이 그들이 그 업계에서 일하게 되면서 지속적으로 범위가 넓혀져 왔다고 말했다. 어떤 교환원들은 자신들이 성적으로 보다 '적극적인' '지나치다 싶을 정도의 요구를 하는' '도착된' 또는 '숨기는 것이 없는' 태도를 가지게 되었다고 말하기도 했다. 그들은 또한 새로운, 전에는 알고 있지 못했던 성적 여정을 기꺼이 탐험하게 되었다고 말했다. 비록 전화를 받는 동안에 진짜로 오르가슴이나 성적 자극을 받게 되었는지 여부에 대하여 내가 한 번도 교환원들에게 질문한 적은 없었지만, 내 정보제공자들 가운데 일부는 자진해서 자신들이 그런 경험을 한 적이 있었다는 점을 밝혔다. 그들 중 대부분은 나를 이용자 또는 관음증 환자의 입장에 서도록 만들면서, 자신들은 내가 그것을 알고 싶어하리라는 것을 '알고 있었다'고 말했다. 그 문제를 꺼냈던 모든 교환원들은 '물론' 매력을 느끼게 하는 민감한 부분을 용케도 찾아내는 이용자들이 있었으며, 그것은 그러한 경험에서 자연스러운 부분이었다고 했다.

미미는 자신이 가지고 있는 폰섹스라는 직업에 무척 만족스러워하고 있었다. 그녀는 음악을 공부하는 학생이었으며, 수업 시간을 피해서 일할 짬을 낼 수가 있었다. 그녀는 수입도 괜찮고 근무 시간도 마음에 들며 일이 재미있다고 말했다. 그들 스스로의 정체성에 있어서 그녀 자신보다 덜 안정되어 있으며, 직업적인 재해에 굴복하게 된 섹스 노동자들을 위해서인지 미미는 이 업계에 대하여 비판하기를 사양했다.

여기서 일하는 아가씨들 대부분에게는 작업 방식에 대한 훈련이 필요 없어요. 그들은 대개 조종하는 방법에 대한 훈련을 필요로 하죠. 대부분의 사람들은 따끈한 점심 식사들(상대방의 대변)이라는 것이 무엇인지를 알고 있으며, 그들은 당신이 "자 어서 자기, 이제 내 몸에 똥을 눠주어요," 또는 그게 무엇이 되었건 그런 이야기를 시작해야만 된다는 것이 무엇인지를 알고 있지요. 그들은 상황을 어떻게 말로 표현해야 하는지 알고 있을 필요가 있으며, 전화로 어떤 것을 묘사해 낼 수 있어야 할 필요가 있는 것이지요. 전화를 걸어 온 상대방은 이야기를 들으면서 눈으로 보는 것처럼 느낄 수 있어야 하구요. 당신은 장면을 묘사해 낼 수 있어야만 하는 겁니다.

미미는 이 맥락에서 '대부분의 사람들'이 따끈한 점심 식사들이라는 것이 뭔지 알고 있다고 여기는 점에서 잘못을 저지르고 있는 것일 수도 있지만, '조종하는 기교'가 이 서비스 산업에서 살아남기 위해서는 반드시 필요하리라는 점은 사실이다. 하지만 약간의 형식적인 훈련은 존재하며, 내가 일찍이 본 적이 있는 유일한 참고 문헌은 《하퍼스》 1990년 12월호에 그 재판(再版)이 실린 폰섹스 교환원 훈련 교범이었다. 그 교범은 '전문 직업 의식'이라는 범주 안에서 이렇게 충고한다. "당신은 전화 통화를 위해 당신이 창조해 낸 인물이 아니라는 사실을 명심할 것." 이것은 충고처럼 들리지만, 그것을 따른다는 의미는 어쩌면 그것이 가리키고 있는 것보다 훨씬 더 복잡한 것일 수도 있으며, 이같은 중요 규칙을 어길 경우 생겨나게 될 결과에 대해서는 전혀 언급되지 않고 있다. 교환원이 자신의 자아와 자신이 창조해 낸 인물 사이의 차이를 구별짓는 것을 그만두게 될 때, 그녀는 이전에는 환상이라는 이름으로 통했던 교묘한 조종과 속임수라는 자신의 행위들에 직면하게 되며, 결국은 그러한 변형을 생겨나게 만들었던 이용자들에 대한 앙갚음이란 형태의 설욕을 하려 들게 되는 경우가 자주 있다.

매춘의 해악에 대한 연구에 덧붙여서 파리의 매춘부들에 대한 뒤샤틀레의 연구(1830)를 필두로 엄청나게 많이 이루어진 연구들은 섹스와 관련된 업종에서 일하는 사람들의 부정적인 특징들에 대해서 정의를 내려왔던 것이다. 뒤샤틀레는 매춘부들이 대개는 문맹인데다가 가난하며, 정식으로 혼인한 부부 사이에서 태어나지 않은 경우가 흔하다는 사실을 알아냈으며, 그는 또한 그들이 섹스 노동에 만족하지 못하고 더 나은 어떤 일자리를 찾고 있다는 사실도 알아내게 되었다.(불로우, 1965년 저술 참조) '자포자기한' 여성들로 특징지어지는 것에 덧붙여 매춘부들은 또한 아주 성적 관심이 강하고(프로이트), 오이디푸스 콤플렉스와도 같은 상충된 감정들로 가득 차 있으며(글로버, 1945), 불감증이고(에이브러헴, 1942), 남성들에 대하여 적개심을 품고 있는(글로버, 1945) 것으로도 설명되어 왔다. 섹스와 수익성 두 가지 모두를 매력적인 것으로 만들고 있는 오늘날의 사회 속에서 가장 매력적인 섹스 노동자들은 매춘부 자신들이 아니라, 섹스 행위를 몸소 경험하는 일에 의존함 없이 그것으로부터 스스로 거리를 유지할 수 있는 하이디 플라이스 또는 시드니 비들 배로스 같은 여자 포주들인 것이다.

자신들 스스로를 약자들 또는 인생의 방향을 잘못 잡은 이들의 보호자·선도자로 여기고 있는 사회과학자들은, "한 매춘부의 인생에서 뭐가 잘못되었는가?"라는 질문을 던지게 되는 경향이 있다. 마찬가지로 중요하지만 빠져 있는 것은 섹스 노동을 보다 중립적인 시각에서 보는 연구이며, "우수한 노동자가 되게 하는 것은 무엇인가?" "섹스 노동은 어떤 목적에 기여하는가?"라고 묻거나, 또는 "섹스 노동이 운영될 때 무엇이 제대로 돌아가게 되는가?"라는 질문까지도 해보는 것이다. 내 자료와 경험에서 보면, 그러한 문제에 대답하는 데 반드시 필요한 것은 직업적 자아로부터 사적 자아를 분리시키는 일로 나타나게 된다.

정체성은 우리가 아무리 그것으로부터 도망치려고 애쓴다 하더라도, 육체에서 분리된 목소리만에 의한 관계에 있어서 우리가 연기하게 되는 창조된 인물의 기초가 된다. 이 창조된 인물은 언제나 우리의 핵심적인 관심사들이나 근본적인 천성처럼 좀처럼 가장하기 힘든 정서적 토대를 통합시키고 있다. 그것들이 서로 연결되어 있음에도 불구하고 창조된 인물과 정체성은, 그렇게 하는 것이 그들의 필요를 만족시키게 될 때면 이용자들과 교환원들 양쪽 모두에 의해 분리된다. 내가 발레리에게 그저 폰섹스 일이 그녀의 사생활에 영향을 끼쳤던 적이 있느냐고 물었을 뿐인데, 그녀는 '이것은 내가 아니다'를 강조하는 열변으로 응수하였다.

한동안은 그게 사생활에 영향을 미치기도 했지만, 나는 그것을 분리시키는 방법을 알아냈던 겁니다. 하지만 때때로 나는 스스로에게 "이건 내가 아냐. 내가 아냐. 내가 아냐"라고 일깨워야만 했는데, 왜냐하면 이용자들이 정말로 독설을 늘어놓게 될 때면, 나는 이렇게 생각하여야만 했기 때문이다. "이건 내가 아냐. 이건 여성 일반에 대한 것이지 개인적인 나에 대한 것이 아냐. 그리고 이 남자는 병적이고 도움이 필요할 뿐이야." 우리는 그걸 기억하고 있어야만 하는 거예요.

아니타는 이용자에 비해 통화에 참여하는 그녀 자신이나 그녀가 창조해 낸 인물 사이를 구별짓고 있지만, 이용자의 자아를 그가 연기했던 인물로부터 분리시켜 보는 일에는 실패했다. 하지만 이용자들과 교환원들은 공동 운명체로서 환상 속에서는 양쪽 모두 창조된 인물들인, 한편으로는 여전히 그들 자신들로 남아 있는 것이다. 진짜 자아는 물질계에 중심을 두고 있도록 만들고, 자신들이 전화를 통해 표현하는 가면을 쓴 인격은 그저 상상 속에서 꾸며냈을 뿐이라고 공상에 잠기는 것은 육체에서 분리된 목소리만을 통한 친밀감의 교환에 관여하는 모든 사람들에게 유용하다. 실재하는 세계라는 것을 가짜라고 주장할 수도 있을 포스트모더니스트들은 의미론이라는 놀이에 참여하고 있는 셈인데, 실재라는 것은 지각되는 바에 근거하고 있는 것으로서의 모든 세계들, 모든 실재들을 인정하는 데 존재하고 있기 때문이다.

교환원들이 하고 있는 자아와 창조된 인물 사이의 구별은 무의식적이고 일관성이 없는 것이었지만, 그러한 구별은 제아무리 그렇다 할지라도 필연적인 것으로서 네 가지 기능을 만족시켜 준다. 첫번째로, 자아와 창조된 인물 사이를 구별짓는 일은 우리가 본질적으로 무력하다고 느끼게 되는 상황 속에서도 참여자를 유력한 존재라고 느끼게 만들어 줄 수 있다. 두번째로, 그러한 구별은 개성과 정체성이 그녀 스스로의 상황에 대한 지각에 따라 억제, 또는 제공할 수 있는 통제된 실체라는 점을 함축하고 있음으로 해서 참여자가 익명으로 남아 있을 수 있도록 보호해 준다. 세 번째로, 자아와 창조된 인물 사이를 구별짓는 것은 교환원이 자신도 종종 가짜라고 믿는 경우가 있는 제품과의 교환으로 대가를 받음으로써, 그리고 스스로도 거짓임을 알고 있는 희망을 제안함으로써 이용자를 교환원 자신만의 목적에 이기적으로 이용하는 방식에 대한 변명의 사유를 제공해 준다. 그리고 마지막으로, 하지만 가장 중요한 것으로서 분리된 자아라는 착각은 매춘과 궁극적으로는 모르는 남녀끼리의 초면 데이트(blind date)라는 이 두 가지 모두가 가지고 있는 치욕스러움으로부터 참여자들을 보호해 주게 된다.

나는 그러한 상황 속에서 갈등을 느끼지 못하는데, 그 이유는 내 마음속에서는 그것이 내가 아니기 때문입니다. 그들이 이러한 짓을 하는 대상은 실재하지 않는 바비라는 여성을 향한 것이죠. 그건 내가 아니라 바비인 것이죠.

가면을 쓴 인격으로부터 자아의, 그리고 실재로부터 환상의 분리에 의해 제기되는 물음들에 대한 쿨리(1902)의 대답은 '거울에 비친 것처럼 반대로 보이는 자아'라는 것이었다. 정체성은 환경을 반영하며, 자아란 예정대로 성취되는 예언에 지나지 않는 것이다. 이러한 사실은 아니타가, 그리고 육체에서 분리된 목소리만을 통한 친밀감의 교환에 관여하는 여타의 참여자들이 도덕적 판단 착오를 합리화하기 위하여 자아와 가면을 쓴 인격 사이에 존재한다는 거짓 차이를 교묘히 조작했다는 죄의식을 가지게 만든다. 각각의 참여자는 다른 사람이 예상하고 요구하는 어떤 것, 사회적으로 미리 프로그램되어 있는 어떤 것 이상의 그 무엇도 충족시킬 수 없는 것이다.

  대부분의 폰섹스 회사들은 이용자들이 선물이나 편지, 그리고 사진 따위를 우편으로 보낼 수 있는 사서함들을 마련하고 있다. 교환원들은 종종 가장 속에서 보내진 선물들을 받는 것에 대하여 도덕적인 애매함을 느끼게 된다는 점을 막연하게나마 암시했지만, 그들은 또한 그 선물들을 받기로 하는 자신들의 결정을 자신들도 의식하지 못한 상태로 다음과 같은 말로 합리화하기도 했다. "그가 정말로 나를 좋아하는 것 같아요." 또는 "내가 그 사람에게 정말로 강한 인상을 남긴 게 분명하군요." 이러한 이론적 해석들은 그 이용자가 교환원들을 알고 있었으며——교환원들은 자신들의 진정한 어떤 부분을 제공해 왔으며, 진짜 물건의 교환이 일어날 수 있도록 이용자가 필요로 하는 어떤 것을 주어 왔다는 가정에 근거한 것이었다. 인터뷰가 이루어지는 동안 내내 이용자들에게 그토록 인기가 있었다는 찬사를 받아 온 바로 그 교환원들은, 그러한 교환에 참여한 것은 그들이 아니라는 주장을 계속했다. 하지만 그것이 자신들에게 던져지는 찬사이거나, 또는 자신들에게 유용한 것일 경우에 그들은 그 폰섹스 상호 작용에 있어서의 실제적인 참여 사실을 인정했었다.

  이러한 분리와 부인의 층위들은 우리 모두가 상황이 요구하는 바에 따라 자아를 제조해 낸다는 사실을 보여 주는 침전 작용에 의한 증거이다. 상황이 자아를 팔기에 알맞은 것으로 만들라고 명령하게 되면, 진짜 자아와 제조된 자아들 사이의 거리들은 조심스럽게 측정되고, 이익과 손해라는 측면에서 가치가 할당된다. 그럼에도 불구하고 이 작업의 내부에서 품위를 지키기 위해 싸워야 할 필요성이, 친밀감을 불러일으키고 있는 동안에조차도——그리고 어쩌면 특히 그때야말로——이용자들과의 거리를 유지해야 할 필요성이 존재하는 것이다. 이러한 양면 가치는 섹스 노동자들에게만 유일하게 존재하는 것이 아니라 음악가들과 그들의 청중 사이에, 내과 의사들과 그들의 환자들 사이에, 그리고 다른 여러 분야에 있어서도 마찬가지로 관찰되어 온 것이다.(휴스, 1951) 낸시는 연기하는 일로부터 자아를 분리시킬 수 있음의 중요성을 강조했다.

> 나는 내 진짜 자아로는 절대로 그런 짓을 할 수 없었어요. 그것은 내가 전화를 받고 있을 때, 마치 그것을 내 몸에서 분리시킬 수 있는 바와 마찬가지라는 것이고, 내 최초의 직감은 '이게 내가 머무르는 곳이다'라는 것과도 같은 것이죠. 당신이 실제로 그 자리에 있게 된다면, 당신이 그걸 해낼 방법이라곤 없어요. 나는 그게 바로 매춘부들이 일할 때 써야만 하는 방식이라고 생각해요. 그들 또한 자신들의 자아로부터 육체를 분리시키죠. 나는 대개 텔레비전을 보거나, 아니면 책을 읽어요. 그들에 대한 이야기를 듣게 되는 것조차도 원치 않는 때가 많이 있죠. 나는 내 자아라는 것을 꺼내어 내려 놓고는 그저 거기 앉아서 이야기를 합니다.

자아란 동기들의 현시이다. 스스로에 대한 설명을 통하는 것말고 어떤 사람을 이해하는 기본적인 방식들 가운데 하나는 그 또는 그녀의 진술과 별개의 것으로서의 그 사람이 하는 행동을 조사해 보는 일이다. 진정한 자아는 다양한 자아들의 지휘자격인 행동 뒤에 자리잡은 동기에서 찾게 되는 경우가 자주 있다.

만약 참여자들의 동기가 그 상호 작용에 그들이 이끌어넣게 되는 자아들을 형성시키는 것이라면, 폰섹스 회사들에 의해 상호 작용의 전체적 구성에 스며들게 된 동기는 참여자들이 창조해 내는 자아 형성에 강한 영향력을 행사하게 된다. 폰섹스의 경우에는 그것을 조종하는 끈이라는 사실이 분명하게 드러난다. 분 단위로 요금을 내는 이용자는 통화 단위로 요금을 내는 이용자와는 다른 동기를 가지고 있게 된다. 만약 친교가 생겨나면 그러한 관계는 때로 무료가 되며, 사이버 공간에서는 어느쪽도 요금을 내지 않지만, 그 매체는 여전히 그들이 가지게 되는 상호 작용에 영향을 미치고 있게 된다. 그것은 그들이 단체로 만나건, 아니면 일대 일로 만나건 관계 없이 그들이 서로에 대하여 가지고 있는 정보와 그들의 상호 작용의 분위기에 영향을 미치게 되는 것이다. 사람들끼리 직접 접촉하는 일도 가능하지만 그 매체가 메시지에 형태를 주어 표현하며, 사람들끼리의 접촉은 육체에서 분리된 목소리만을 전달하는 그 매체 또는 과정을 통해서 이동해야만 한다.

《마드무아젤》의 바바라 해리슨은 말했다. "만약에 우리가 언제나 일부 남성들이 그들의 섹스 상대자를 필요악으로 여겨 온 것이나 아닌가 하고 생각했다면, 이처럼 전화를 통하여 환상을 제공하는 서비스는 그러한 의심을 강화시켜 주는 것이다. 그 어떤 지적 정신도 애정을 품은 마음도 사랑도 존재하지 않으니 말이다." 관찰자들은 교환원들이 모든 남성들을 향해 던지는 마찬가지의 의심을 육체에서 분리된 목소리만을 통해 친밀감을 교환하는 모든 행위에 대해서도 던지게 되는 경우가 종종 있다. 하지만 분명 전부는 아닐지라도, 면밀히 살피는 안목을 지닌 사람에게는 일부 폰섹스 상호 작용 속에 정신·마음·사랑이 존재한다. 진지한 광부가 발견하게 될, 돌무더기 사이에 섞인 보석들이라 할 수 있는 깊은 동정심과 만족감을 경험하게 되는 순간들이 존재하는 것이다. 낸시는 폰섹스를 통하여 그녀가 배우고, 또 가르치게 되었던 귀중한 교훈들이 있었음을 표명했던 다수의 교환원들 가운데 1명이었다.

> [이 일은] 나 자신을 그리고 상황에 대한 내 견해를 자세히 살펴보게 만듭니다. 그것은 내가 보다 더 잘 이해할 수 있게 만듭니다. 보통은 꼭 그 입장에 나 자신을 놓지 않게 되었을 수도 있는 사람들과 동등한 수준에 내가 있는 것처럼 여겨지니까요.

육체가 분리된 목소리만을 통한 친밀감의 교환이 가지고 있는 결점을 보충할 만한 장점은 그 과정이 생성시키는, 속이 뻔히 들여다보이는 이기적인 면의 뒤쪽에 감춰져 있다. 가장 분명하게 나타나는 유리한 점이란 교묘한 조종과 사기 행위를 통해 얻는 이득이다. 폰섹스나 목소리만을 통해 친밀감을 교환하는 여타의 행위들이 가지고 있는 덕목들은 쉽사리 간과되며, 사랑과 섹스는 이러이러한 것이 '되어야만' 한다는 전통적인 생각에 집착하고 있는 사람들에 의해 무시되거나 또는 부인되고 있는 것이다. 새로운 형태의 친밀감을 나누는 행위를 선뜻 인정하려 들지 않는, 또는 그럴 능력이 없는 사람들은 그것이 가지고 있는, 육체에서 분리된 목소리만에 의한 것이라는 사실을 일그러지고 가치가 손상되고 불만스러운 것으로 본다.

전화나 컴퓨터처럼 육체에서 분리된 목소리만을 이용할 수 있는 새로운 도구들은 그것들이 정보의 확산과 의사 소통의 경로가 되리라는 것을 예고해 왔다. 사람들은 계급적·인종적·문화적 그리고 언어상의 경계선까지도 초월하여 개인적 수준에서 의사 소통을 할 수 있게 되었다. 하지만 다른 경계선들은 많이 존재한다. 내가 인터뷰했던 교환원들은 계급적·인종적·문화적인 암시가 되는 부분들을 즉각 감지할 수 있다는 점에 대하여 아주 자랑스럽게 여겼다. 그들은 전문적인 지식 분야들에 관해서도 평가를 할 수 있었으며, 넓은 범위의 분야들에 있어서 사용되는 전문 용어들에 관한 이용자들의 지식에 대해서도 간단히 시험해 볼 수가 있었다. 육체에서 분리된 목소리만을 통한 친밀감의 교환이라는 것도 정체성을 자세히 나타내 주는 의사 소통의 중요한 요소들을 바꿔 놓지 않는다.

모든 남성과 여성은 폰섹스의 기교를 훈련받는다. 일반적인 대화의 기교들에는 허위 진술과 얼버무림 양쪽 모두를, 타인들의 정직성과 정확성에 대한 평가, 누군가의 표현된 자아로부터 내면적인 자아를 분리시키기, 그리고 타인들의 설명이 지니고 있는 타당성과 일관성에 대한 온갖 판단들이 포함된다.

폰섹스를 가능하게 했던 기술적 진보들은 또한 사실상 전세계에 걸쳐 균일한 품질의 의복·음악·오락 그리고 식품이 존재할 수 있도록 만들었다. 도시에 사는 평균적 수준의 미국인들은 그녀 또는 그가 개인적인 기준에서 아는 사람이 아닌 수백 명의 사람들을 날마다 보게 된다. 그녀 또는 그는 집으로 퇴근하여 텔레비전에 나오는 익숙한 얼굴들을 대하게 되고, 그와 같은 매체에 등장하는 인사들과의 상상을 통한 관계를 수행하게 된다. 데이비드 레터맨과 오프라 윈프리는 오랜 친구들만큼이나 친숙하며, 그러한 착각 속에서의 관계는 전통적으로 친구들과 가족에 의해 충족되던 욕구를 어느 정도까지 만족시켜 줄 수 있게 된다. 비록 누군가는 실재하는 친밀한 관계를 더 선호할 수도 있지만, 그러한 것들의 부재 속에서 이같은 허깨비 유대 관계는 세상과의 귀중한 연결 부분들이 될 수 있다.

육체에서 분리된 목소리만을 통한 친밀감의 교환을 그 이상의 것이 되도록 바꾸어 놓는 데는 새로운 기술의 발전이 수반되어야 할 것이다. 그러한 형식의 것들에 대하여 도덕적 판단을 내린다는 것은 무의미한 일이다. 목소리만을 통한 친밀감의 교환은 단지 폰섹스 참여자, 또는 사이버 공간의 사용자에게만 영향을 주는 것이 아니라, 오늘날의 세상을 살아가고 있는 모든 이들에게도 영향을 미치게 된다. 육체의 부재는 실체를 가진 친밀감, 또는 현실이나, 진짜 자아와 환상 사이에 존재하는 중요한 구별, 그 어느것도 파괴하지 않는 것으로서——그것은 단지 인간의 정신이 현실과 환상 모두가 가지고 있는 한계점들과 가능성들을 극복하여 그것을 초월하도록 요구하는 일일 뿐이다. 우리가 그러한 요구를 감당해 낼 수 있을지, 그 여부에 관한 물음은 21세기 들어 나타나게 되는 보다 흥미로운 쟁점들 중 하나가 될 것이다.

참고 문헌

Abraham, Karl
   1942   *Selected Papers of Karl Abraham, M. D..* London: Hogarth Press.

Adam, Barry D.
   1978   *The Survival of Domination: Inferiorization and Everyday Life.* New York: Elsevier North-Holland.

Albrecht, Karl and Ron Zemke
   1985   *Service America! Doing Business in the New Economy.* Homewood, III.: Dow Jones-Irwin.

Alleman, James H. and Richard D. Emmerson, eds.
   1989   *Perspectives on the Telephone Industry: The Challenge for the Future.* New York: Harper and Row.

Allmendinger, Blake
   1992   *The Cowboy: Representations of Labor in on American Work Culture.* New York: Oxford University Press.

Allport, Cordon W. and Philip E. Vernon, with Edwin Powers
   1933   *Studies in Expressive Movement.* New York: Macmillan.

Asakawa, Gil
   1988   〈Giving Good Phone〉. *Utne Reader*(September/October): 73.

Baker, Nicholson
   1992   *Vox.* New York: Random House.

Baldwin, James
   1956   *Giovanni's Room.* New York: Dial Press.

Barrows, Sydney Biddle, with William Novak
   1986   *Mayflower Madam: The Secret Life of Sydney Biddle Barrows.* New York: Arbor House.

Bartlett, Katherine T.
   1988   〈Porno-Symbolism: A Response to Professor McConahay.〉 *Law and Contemporary Problems* 51, 1: 71-77.

Bateson, Gregory
   1956   *Mind and Nature: A Necessary Unity.* New York: Bantam Books.

Baumrind, Diana
   1979   〈The Costs of Deception.〉 *IRB: A Review of Human Sub-*

jects Research 1, 6(October): 1-4.
Becker, Howard and Blanche Geer
 1957 ⟨Participant Observation and Interviewing: A Comparison.⟩ *Human Organization* 16, 3: 322-41.
Bell, Laurie, ed.
 1987 *Good Girls/Bad Girls: Feminists and Sex Trade Workers Face to Face.* Seattle: Seal Press.
Benedikt, Michael, ed.
 1991 *Cyberspace: First Steps.* Cambridge Mass.: MIT Press.
Benjamin, Jessica
 1988 *The Bonds of Love: Psychoanalysis, Feminism, and the Problem of Domination.* New York: Pantheon Books.
Berger, Charles R.
 1989 ⟨Personal Opacity and Social Information Gathering: Explorations in Strategic Communication.⟩ *Communication Research* 16, 3: 27-34.
Blauner, Robert
 1972 *Racial Oppression in America.* New York: Harper and Row.
Blumer, Herbert
 1969 *Symbolic Interactionism: Perspective and Method.* Englewood Cliffs, N. J.: Prentice-Hall.
Blumstein, Philip and Pepper Schwartz
 1983 *American Couples: Work, Money, and Sex.* New York: William Morrow.
Boston Magazine
 1992 ⟨Coitus Disconnectus.⟩ 84, 12: 15(1).
Braverman, Harry
 1974 *Labor and Monopoly Capital: The Degradation of Work in the Twentieth Century.* New York: Monthly Review Press.
Brown, Paul B. and Laura Rohmann
 1983 ⟨For a Good Time, Call……⟩ *Forbes* 131(March 28): 46.
Bullough, Vern L.
 1964 *The History of Prostitution.* New York: University Books.
 1965 ⟨Problems and Methods for Research in Prostitution and the Behavioral Sciences.⟩ *Journal of the History of the Behavioral Sciences* 1, 3: 14-23.
 1994 *Science in the Bedroom: A Histiry of Sex Research.* New

York: Basic Books.

Bullough, Vern L. and Bonnie Bullough
  1978 *Prostitution: An Illustrated Social History*. New York: Crown.
  1987 *Women and Prostitution: A Social History*. Buffalo, N. Y.: Prometheus Books.
  1993 *Cross Dressing, Sex, and Gender*. Philadelphia: University of Pennsylvania Press.

Carp, Frances M.
  1991 *Lives of Career Women: Approaches to Work, Marriage, Children*. New York: Plenum Press.

Caughey, John L.
  1984 *Imaginary Social Worlds: A Cultural Approach*. Lincoln: University of Nebraska Press.

Charmaz, Kathy
  1983 〈The Grounded Theory Method: An Explication and Interpretation.〉 In *Contemporary Field Research*, ed. Robert M. Emerson. Boston: Little, Brown. Pp.109-15.

Cockburn, Cynthia
  1985 *Machinery of Dominance: Women, Men, and Technical Know-How*. Boston: Northeastern University Press.

Collins, Randall, ed.
  1985 *Three Sociological Traditions: Selected Readings*. New York: Oxford University Press.

Conn, Peter
  1989 *Literature in America: An Illustrated History*. New York: Cambridge University Press.

Connell, R. W.
  1987 *Gender and Power: Society, the Person, and Sexual Politics*. Stanford, Calif.: Stanford University Press.

Connell, R. W. and G. W. Dowsett, eds.
  1992 *Rethinking Sex: Social Theory and Sexuality Research*. Philadelphia: Temple University Press.

Cooley, Charles Horton
  1902 *Humen Nature and the Social Order*. New York: C. Scribner's Sons.

Cornog, Martha
  1991 *Libraries, Erotica, and Pornography*. Phoenix, Ariz.: Oryx Press.

Daniels, Arlene Kaplan
   1988   *Invisible Careers: Women Civic Leaders from the Volunteer World.* Chicago: University of Chicago Press.

Dannemeyer, W. E.
   1988   〈Our House.〉 *National Review* 40(June 24): 32.

Davis, Murray S.
   1973   *Intimate Relations.* New York: Free Press.
   1983   *Smut: Erotic Reality/Obscene Ideology.* Chicago: University of Chicago Press.

de Beauvoir, Simone
   1949   *The Second Sex.* New York: Bantam Books.

Dee, Juliet
   1994   〈To Avoid Charges of Indecency, Please Hang Up Now.〉 *Communications and the Law* 196, 1: 3-28.

Delacoste, Frédérique and Priscilla Alexander
   1987   *Sex Work: Writings by Women in the Sex Industry.* San Francisco: Cleis Press.

Derlega, Valerian J.
   1988   〈Self-Disclosure: Inside or Outside the Mainstream of Social Psychological Research?〉 *Journal of Social Behavior and Personality* 3: 129-34.

Dewey, John
   1938   *Logic: The Theory of Inquiry.* New York: Holt, Rinehart and Winston.

Dexter, Lewis Anthony
   1970   *Elite and Specialized Interviewing.* Evanston, Ill.: Northwestern University Press.

Dimmick, John W., Jaspreet Sikand and Scott J. Patterson
   1994   〈The Gratifications of the Household Telephone: Sociability, Instrumentality, and Reassurance.〉 *Communication Research* 21, 5: 643-63.

Douglas, Jack D.
   1985   *Creative Interviewing.* Beverly Hills, Calif.: Sage Publications.

Downs, Donald Alexander
   1989   *The New Politics of Pornography.* Chicago: University of Chicago Press.

Drew, Paul and Anthony Wootton, eds.
   1988   *Erving Goffman: Exploring the Interaction Oder.* Boston:

Northeastern University Press.

Durkheim, Emile
- 1893a *The Division of Labor in Society*. Reprint New York: Free Press, 1964(ⓒ 1933).
- 1893b *Suicide: A Study in Sociology*. Reprint Glencoe, Ill.: Free Press, 1951.

Dworkin, Andrea
- 1974 *Woman Hating*. New York: Dutton Press.
- 1979 *Pornography: Men Possessing Women*. New York: Perigee Books.
- 1987 *Intercourse*. New York: Free Press.

The Economist
- 1994 〈Heavy Breathing.〉 332, 7874: 64(1).

Eisenson, Jon and Paul H. Boase
- 1964 *Baisic Speech*. New York: Macmillan.

Ellis, Havelock
- 1936 *Studies in the Psychology of Sex*. New York: Random House.

Erikson, Kai and Steven Peter Vallas, eds.
- 1990 *The Nature of Work: Sociological Perspectives*. New Haven, Conn.: Yale University Press.

Ferguson, Ann, Ilene Philipson, Irene Diamond and Lee Quinby; and Carole S. Vance and Ann Barr Snitow
- 1984 〈Forum: The Feminist Sexuality Debates.〉 *Signs: Journal of Women in Culture and Society* 10, 1: 102-35.

Fischer, Claude S.
- 1992 *America Calling: A Social History of the Telephone to 1940*. Berkeley: University of California Press.

Fishman, Pamela
- 1978 〈Interaction: The Work Women Do.〉 *Social Problems* 25, 4: 397-406.

Form, W.
- 1987 〈On the Degradation of Skills.〉 *Annual Review of Sociology* 13: 29-47.

Foucault, Michel
- 1979 *The History of Sexuality* Vol. 1, *An Introduction*. Trans. Robert Hurley. New York: Pantheon.

Fraser, Laura

1990 〈Nasty Girls.〉 *Mother Jones*(February-March): 78-84.
Freedman, Estelle B. and Barrie Thorne
 1984 〈Introduction to the Feminist Sexuality Debates.〉 *Signs: Journal of Women in Culture and Society* 10, 1: 102-35.
Friday, Nancy
 1980 *Men in Love: Men's Sexual Fantasies*. New York: Delacorte.
Friedan, Betty, Barrie Thorne, Carol Warren and R. L. Geller
 1994 〈A Feminist Regrounding of Sexuality and Intimacy.〉 *American Behavioral Socientist* 37, 8: 1042-57.
Gagnon, John H. and William Simon
 1973 *Sexual Conduct: The Social Sources of Human Sexuality*. Chicago: Aldine.
Game, Ann and Rosemary Pringle
 1983 *Gender at Work*. Sydney: Allen and Unwin.
Garfinkel, Harold
 1967 *Studies in Ethnomethodology*. Englewood Cliffs, N. J.: Prentice-Hall.
Giddens, Anthony
 1992 *The Transformation of Intimacy: Sexuality Love and Eroticism in Modern Societies*. Stanford, Calif.: Stanford University Press.
Glaser, Barney and Anselm Strauss
 1967 *The Discovery of Grounded Theory: Strategies for Qualitative Research*. Chicago: Aldine.
Glazer, Nona Y.
 1984 〈Servants to Capital: Unpaid Domestic Labor and Paid Work.〉 *Review of Radical Political Economics* 16, 1: 61-87.
Glover, Edward
 1945 *The Psycho-Pathology of Prostitution*. London: Institute for the Scientific Treatment of Delinquency.
Goffman, Erving
 1955 〈On Face-Work: An Analysis of Ritual Elements in Social Interaction.〉 *Psychiatry* 18: 213-31.
 1956 〈The Nature of Deference and Demeanor.〉 *American Anthropologist* 58: 473-502.
 1959 *The Presentation of Self in Everyday Life*. New York: Overlook Press.
 1961 *Encounters: Two Studies in the Sociology of Interaction*.

          Indianapolis: Bobbs Merrill.
- 1962 *Asylums: Essays on the Social Situation of Mental Patients and Other Inmates.* Chicago: Aldine.
- 1963a *Behavior in Public Places: Notes on the Social Organization of Gatherings.* New York: Free Press.
- 1963b *Stigma: Notes on the Management of Spoiled Identity.* Englewood Cliffs, N. J.: Prentice-Hall.
- 1967 *Interaction Ritual: Essays on Face-to-Face Behavior.* New York: Pantheon Books.
- 1974 *Frame Analysis: An Essay on the Organization of Experience.* New York: Harper and Row.
- 1981 *Forms of Talk.* Philadelphia: University of Pennsylvania Press.
- 1983 〈The Interaction Order.〉 *American Sociological Review* 48: 1-17

Goldstein, Harry
- 1991 〈The Dial-ectic of Desire.〉 *Utne Reader* (March/April): 32(2).

Gordon, Bart
- 1991 Statement. In U. S. Congress, *Telephone 900 Services*, 1991.

Greenhouse, Linda
- 1989 〈Justices Uphold Businesses' Right to Sell Phone Sex.〉 *New York Times*, June 24, 1(N)

Griffin, Susan
- 1981 *Pornography and Silence: Culture's Revenge Against Nature.* New York: Harper and Row.

Hall, Lesley A.
- 1991 *Hidden Anxieties: Male Sexuality, 1900-1950.* Cambridge, Mass.: Polity Press.

Harper's
- 1990 〈Becoming a Dream Girl(transcript of training manual for operators of 970-LIVE).〉 28, 1687(December): 26(2)

Harrison, B. G.
- 1988 〈Dirty Dialing: Sex Is Only a Phone Call Away.〉 *Mademoiselle* 94(July) : 76.

Henslin, James M., ed.
- 1977 *Deviant Life-Styles.* New Brunswick, N. J.: Transaction Books.

Henslin, James M. and Edward Sagarin

1978 *The Sociology of Sex. An Introductory Reader.* New York: Schocken Books.
Herbert, John
    1990 〈Needed: A Creative Approach to Deal with High-Tech Porn〉. *Governing* 3, 10: 17(1).
Hirschhorn, Larry
    1988 *The Workplace Within: Psychodynamics of Organizational Life.* Cambridge, Mass.: MIT Press.
Hochschild, Arlie Russell
    1979 〈Emotion Work, Feeling Rules, and Social Structure.〉 *American Journal of Sociology* 85, 3: 551-75.
    1983 *The Managed Heart: Commercialization of Human Feeling.* Berkeley: University of California Press.
Hochschild, Arlie Russell, with Anne Machung
    1989 *The Second Shift: Working Parents and the Revolution at Home.* New York: Viking.
Hodson, Randy
    1991 〈Workplace Behaviors: Good Soldiers, Smooth Operators, and Saboteurs.〉 *Work and Occupations* 18, 3: 271-90.
Howard, James L., Myron B. Liptzin and Clifford B. Reifler
    1973 〈Is Pornography a problem?〉 *Journal of Social Issues* 14, 2: 133-45.
Hughes, Everett Charrington
    1951 *The Sociological Eye: Selected Papers.* Chicago: Aldine Atherton.
Humphreys, Laud
    1970 *Tearoom Trade: Impersonal Sex in Public Places.* New York: Aldine.
Hylton, Richard D.
    1992 〈For 900 Numbers the Racy Gives Way to the Respectable.〉 *New York Times,* March 1: F8(N).
Irvine, Janice
    1990 *Disorders of Desire: Sex and Gender in Modern American Sexology.* Philadelphia: Temple University Press.
James, C.
    1988 〈Curb Phone Abuse!〉 *Essence* 19(September): 121.
Kahn-Hut, Rachel, Arlene Kaplan Daniels and Richard Coluard
    1982 *Women and Work: Problems and Perspectives.* New York:

Oxford University Press.

Kanin, Garson
 1974 *Hollywood.* New York: Viking Books.

Kanter, Rosabeth Moss
 1977 *Men and Women of the Corporation.* New York: Basic Books.

Katz, Alfred
 1993 *Self-Help in America: A Social Movement Perspective.* New York: Twayne.

Keller, Evelyn Fox
 1983 〈Feminism as an Analytic Tool for the Study of Science.〉 *Academe*(September-October): 15-21.

Kelman, Herbert C.
 1972 〈The Rights of the Subject in Social Research: An Analysis in Terms of Relative Power and Legitimacy.〉 *American Psychologist*(November): 989-1015.

Kemp, Alice Abel
 1994 *Women's Work: Degraded and Devalued.* Englewood Cliffs, N. J.: Prentice-Hall.

Kendrick, Walter
 1987 *The Secret Museum: Pornography in Modern Culture.* New York: Viking Press.

Klinger, Eric
 1971 *Structure and Functions of Fantasy.* New York: John Wiley.

Klunder, Jan
 1987 〈Phone Sex Led to Forgery.〉 *Los Angeles Times* May 20:21

Kramarae, Cheris
 1995 〈A Backstage Critique of Virtual Reality.〉 In *CyberSociety: Computer-Mediated Communication and Community.* Thousand Oaks, Calif.: Sage. Pp.36-56.

Lawrence, D. H.
 1930 *Pornography and Obscenity.* New York: Alfred A. Knopf.

LeGuin, Ursula K.
 1979 *The Language of the Night: Essays on Fantasy and Science Fiction.* New York: Berkeley Press.

Leidner, Robin
 1991 〈Serving Hamburgers and Selling Insurance: Gender, Work, and Identity in Interactive Service Jobs.〉 *Gender and Society* 5, 2: 154-77.

    1993   *FastFood, Fast Talk: Service Work and the Routinization of Everyday Life*. Berkeley: University of California Press.

Leiter, Kenneth
    1980   *A Primer on Ethnomethodology*. New York: Oxford University Press.

Linz, Daniel
    1989   ⟨Exposure to Sexually Explicit Materials and Attitudes Toward Rape: A Comparison of Study Results.⟩ *Journal of Sex Research* 26, 1:50-84.

Lockhart, W. B. et al.
    1970   *The Report of the Commission on Obscenity and Pornography*. Washington, D. C.: U. S. Government Printing Office.

Lopata, Helena Z.
    1974   *Occupation Housewife*. New York: Oxford University Press.

Los Angeles Times
    1987   ⟨Regulators Answer Protests of Huge 976 Phone Charges.⟩ September 28: 3.

MacKinnon, Catharine
    1987   *Feminism Unmodified: Discourse on Life and Love*. Cambridge, Mass. : Harvard University Press.
    1989   ⟨Sexuality, Pornography, and Method: 'Pleasure Under Patriarchy.⟩ *Ethics* 99(January): 314-46.

MacLeod, Bruce A.
    1993   *Club Date Musicians: Playing the New York Party Circuit*. Urbana: University of Illinois Press.

Mailer, Norman
    1965   *An American Dream*. New York: Dial Press.
    1971   *The Prisoner of Sex*. New York: New American Library, Times Mirror Press.

Mano, D. K.
    1984   ⟨The Phone Sex Industry.⟩ *National Review* 36(December 28): 49.
    1985   ⟨The Phone Sex Industry.⟩ *National Review* 37(February 8): 59.

Marcus, Steven
    1966   *The Other Victorians: A Study of Sexuality and Pornography in Mid-Nineteenth-Century England*. New York: Basic Books.

Marcuse, Herbert

1955   *Eros and Civilization.* Boston: Beacon Press.
  1964   *One-Dimensional Man: Studies in the Ideology of Advanced Industrial.* Society. Boston: Beacon Press.
Marx, Karl
  1909   *Capital.* Chicago: Charles H. Kerr.
McConahay, John B.
  1988   〈Pornography: The Symbolic Politics of Fantasy.〉 *Law and Contemporary Problems*(Winter): 31-69.
McLuhan, Marshall
  1964   *Understanding Media: The Extensions of Man.* New York: New American Library.
Mead, George Herbert
  1934   *Mind, Self, and Society: From the Standpoint of a Social Behaviorist.* Ed. Charles W. Morris. Chicago: University of Chicago Press.
Mead, Margaret
  1949   *Male and Female: A Study of the Sexes in a Changing World.* London: Victor Gollancz.
  1950   *Sex and Temperament in Three Primitive Societies.* New York: Minter.
Mead, Rebecca
  1989   〈Dialing for Dollies.〉 *New York* 22(November 13): 38.
Merrill Lynch, Pierce, Fenner and Smith
  1980   *The Telephone Industry: Financial Summary.* New York: Merrill Lynch, Pierce, Fenner, and Smith.
Milgram, Stanley
  1974   *Obedience to Authority: An Experimental View.* New York: Harper and Row.
Mills, C. Wright
  1953   *White Collar: The American Middle Class.* New York: Oxford University Press.
Mithers, C. L.
  1985   〈She Works Hard for the Money: Portrait of a Porn Star.〉 *Mademoiselle* 91(November): 172.
Monroe, Alan H.
  1955   *Principles and Types of Speech.* Chirago: Scott, Foresman.
Morgan, James and Thomas Skovholt
  1977   〈Using Inner Experience: Fantasy and Daydreaming in Ca-

reer Counseling.〉 *Journal of Counseling Psychology* 24: 391.

Murphy, Kim
　　1987　〈Regulators Answer Protests of Huge 976 Phone Charges.〉 *LosAngeles Times*, September 28: 3.

Nagel, Thomas
　　1969　〈Sexual Perversion.〉 Reprint in *The Philosophy of Sex: Contemporary Readings*, ed. Alan Soble. Totowa, N. J.: Littlefield, Adams. Pp.66-87

New York Times
　　1985　〈U. S. Court Postpones a Rule on Obscene Phone Services.〉 December 27: B9(L).
　　1988　〈Ban on Indecent Calls Is Upset〉. July 20: 10(N).

Newsweek
　　1983　〈A Dial-A-Porn Protest〉. 102(September 26): 40.
　　1987　〈Suing Ma Bell over Dirty Language.〉 110(December 7): 47.
　　1989a　〈Court Orders: Pornography and Drugs.〉 114(July 3): 20.
　　1989b　〈The Uphill Fight Against Dial-a-Porn.〉 113(January 9): 42.

Noble, David F.
　　1984　*Forces of Production: A Social History of Industrial Automation*. New York: Alfred A. Knopf.

Oakes, Guy
　　1984　*Georg Simmel: On Women, Sexuality, and Love*. New Haven, Conn.: Yale University Press.

Oakley, Ann
　　1974　*The Sociology of Housework*. New York: Pantheon Books. Odendahl, Teres Jean, Elizabeth Trocolli Boris and Arlene Kaplan Daniels
　　1985　*Working in Foundations: Career Patterns of Women and Men*. New York: Foundation Center.

Osanka, Franklin Mark
　　1989　*Sourcebook on Pornography*. Lexington, Mass.: Lexington Books.

Overall, Christine
　　1992　〈What's Wrong with Prostitution? Evaluating Sex Work.〉 *Signs: Journal of Women in Culture and Society* 17, 4: 705-24.

Padgett, Yernon R., Jo Ann Brislin-Slutz and James A. Neal
　　1989　〈Pornography, Erotica, and Attitudes Toward Women: The Effects of Repeated Exposure.〉 *Journal of Sex Research* 26,

4: 479-91.

Pagnozzi, Amy
 1983 〈Aural Sex.〉 *Penthouse Magazine* 14(March): 72.

Paules, Greta Foff
 1992 *Dishing It Out: Power and Resistance Among Waitresses in a New Jersey Restaurant.* Philadelphia: Temple University Press.

Pheterson, Gail, ed.
 1989 *A Vindication of the Rights of Whores.* Seattle: Seal Press.

Pringle, Rosemary
 1988 *Secretaries Talk: Sexuality, Power, and Work.* New York: Verso.

Pynchon, Thomas
 1963 *V: A Novel.* Philadelphia: Lippincott.
 1966 *The Crying of Lot 49.* Philadelphia: Lippincott.
 1974 *Gravity's Rainbow.* New York: Bantam Books.

Rainwater, Lee and David J. Pittman
 1967 〈Ethical Problems in Studying a Politically Sensitive and Deviant Community.〉 *Social Problems* 14: 357-66.

Ramirez, Anthony
 1991 〈A Chapter 11 Filing Is Set by Telesphere Communications Inc.〉 *New York Times,* September 12: C4(N).

Reinharz, Shulamit
 1990 *Social Research Methods: Feminist Perspectives.* New York: Pergamon Books.

Rich, Adrienne
 1977 *The Meaning of Our Love for Women, or What We Constantly Need to Expand.* New York: Out and Out.

Rieff, Philip(ed.)
 1963 *Sexuality and the Psychology of Love.* New York: Collier Books.

Rollins, Judith
 1985 *Between Women: Domestics and Their Employers.* Philadelphia: Temple University Press.

Rosenthal, M. L. and Sally M. Gall
 1983 *The Modern Poetic Sequence: The Genius of Modern Poetry.* New York: Oxford University Press.

Rubin, Gayle

- 1975 〈The Traffic in Women: Notes on the Political Economy of Sex.〉 In *Toward an Anthropology of Women*, ed. Rayna Reiter. New York: Monthly Review Press.
- 1984 〈Thinking Sex: Notes for a Radical Theory of the Politics of Sexuality.〉 In *Pleasure and Danger*, ed. Carole Vance. Boston: Routledge and Kegan Paul. Pp.267-331.

Rubin, Lillian
- 1983 *Intimate Strangers: Men and Women Together*. New York: Harper and Row.

Sacks, Harvey
- 1992 *Lectures on Conversation*. Cambridge, Mass.: Blackwell.

Sacks, Karen Brodkin and Dorothy Remy, eds.
- 1984 *My Troubles Are Going to Have Trouble with Me: Everyday Trials and Triumphs of Women Workers*. New Brunswick, N. J.: Rutgers University Press.

Sade, Marquis de(1740-1814)
- 1791 *Complete Justine, Philosophy in the Bedroom, and Other Writings*. Reprint New York: Grove Press, 1992.

Sanger, William W.
- 1972 *The History of Prostitution*. New York: Arno Press.

Savage, David G.
- 1992 〈Dial-a-Porn Dealt High Court Setback.〉 *Los Angeles Times*, January 28: A13.

Schacht, Richard
- 1971 *Alienation*. New York: Doubleday.

Schaffner, Bertram, ed.
- 1956 *Group Processes: Transactions of the Second Conference*. New York: Josiah Macy Jr. Foundation.

Schatzman, Leonard and Anselm L. Strauss
- 1973 *Field Research: Strategies for a Natural Sociology*. Englewood Cliffs, N. J. : Prentice-Hall.

Schur, Edwin M.
- 1988 *The Americanization of Sex*. Philadelphia: Temple University Press.

Schutz, Alfred
- 1964 *Collected Papers*. Vol. 2, *Studies in Social Theory*. The Hague: Martinus Nijhoff.

See, Carolyn

    1974   *Blue Money: Pornography and the Pornographers.* New York: David Mckay.

Seidman, Steven
    1992   *Embattled Eros: Sexual Politics and Ethics in Contemporary America.* New York: Routledge.

Shrage, Laurie
    1989   〈Should Feminists Oppose Prostitution?〉 *Ethics*99(January): 347-61.

Sieber, Joan E.
    1982   〈Deception in Social Research 1: Kinds of Deception and the Wrongs They May Involve.〉 *IRB: A Review of Human Subjects Research* 4, 9(November): 1-5.
    1983a   〈Deception in Social Research 2: Evaluating the Potential for Harm of Wrong.〉 *IRB: A Review of Human Subjects Research* 5, 1(January/February): 1-4.
    1983b   〈Deception in Social Research 3: The Nature and Limits of Debriefing.〉 *IRB: A Review of Human Subjects Research* 5, 3(May/June): 1-4.

Simmel, Georg
    1900   *The Philosophy of Money.* Reprint, London: Routledge and Kegan Paul, 1978.
    1902-3   〈The Metropolis and Mental Life.〉 Reprint in *The Americanization of Sex,* Edwin M. Schur. Philadelphia: Temple University Press, 1988. Pp.23-38.

Singer, Jerome L.
    1966   *Daydreaming: An Introduction to the Experimental Study of Inner Experience.* New York: Random House.

Slater, Philip
    1970   *The Pursuit of Loneliness: American Culture at the Breaking Point.* Boston: Beacon Press.

Smith, Bradley
    1978   *The American Way of Sex.* New York: Two Continents.

Smith, Charles P.
    1981   〈How (Un)Acceptable Is Research Involving Deception?〉 *IRB: A Review of Human Subjects Research* 3, 8(October): 1-4.

Smith, Dorothy
    1987   *The Everyday World as Problematic: A Feminist Sociology.*

Boston: Northeastern University Press.

Snitow, Ann, Christine Stansell and Sharon Thompson
- 1983 *Power of Desire: The Politics of Sexuality*. New York: Monthly Review Press.

Soble, Alan, ed.
- 1978 〈Deception in Social Science Research: Is Informed Consent Possible?〉 *Hastings Center Report* 8, 5(October): 40-46.
- 1980 *The Philosophy of Sex: Contemporary Readings*. Totowa, N. J.: Littlefield, Adams.

Spradley, James P.
- 1972 *Culture and Cognition*. San Francisco: Chandler Press.
- 1979 *The Ethnographic Interview*. New York: Holt, Rinehart and Winston.

Stanmeyer, William A.
- 1984 *The Seduction of Society: Pornography and Its Impact on American Life*. Ann Arbor, Mich.: Servant Books.

Steinberg, Ronnie J.
- 1990 〈Sorial Construction of Skill: Gender, Power, and Comparable Worth.〉 *Work and Occupations* 17, 4(November): 449-82.

Steinem, Gloria
- 1983 *Outrageous Acts and Everyday Rebellions*. New York: New American Library.

Stoller, Robert J.
- 1985 *Observing the Erotic Imagination*. New Haven, Conn.: Yale University Press.
- 1991 *Porn: Myths for the Twentieth Century*. New Haven, Conn.: Yale University Press.

Stone, Alan
- 1989 *Wrong Number: The Breakup of AT&T*. New York: Basic Books.

Strasser, Susan
- 1982 *Never Done: A History of American Housework*. New York: Pantheon.

Thorne, Barrie
- 1978 〈Political Activist as Participant Observer: Conflicts of Commitment in a Study of the Draft Resistance Movement of the 1960s.〉 *Symbolic Interaction*. Reprint, in *Contemporary Field Research*, ed. Robert M. Emerson. Boston: Little,

Brown, 1983.
- 1980 〈'You Still Takin' Notes?' Fieldwork and Problems of Informed Consent.〉 *Social Problems* 27, 3: 284-97.

Times Magazine
- 1983 〈Aural Sex.〉 121(May 6): 39.
- 1987 〈Reach Out and Touch Someone.〉 130(December 21): 58.
- 1988a 〈Hanging Up on Porn.〉 131(May 2): 18.
- 1988b 〈Who Ever Said Talk was Cheap?〉 132(September 19): 12.

Tönnies, Ferdinand
- 1887 *Community and Society / Ferdinand Tonnies*. Reprint. New York: Harper and Row, 1963(© 1957).

Turkle, Sherry
- 1995 *Life on the Screen: Identity in the Age of the Internet*. New York: Simon and Schuster.

Underwood, Nora
- 1993 〈Lust at the End of the Line.〉 *Maclean's* 106, 6(February 8): 52(2).

U. S. Attorney General's Commission on Pornography
- 1986 *Final Report of the Attorney General's Commission on Pornography*. Nashville, Tenn.: Rutledge Hill Press.

U. S. Congress, House Committee on Commerce, Science and Transportation, Subcommittee on Communications
- 1992 *The 900 Services Consumer Protection Art of 1991, and the Telephone Consumer Assistance Art: Hearing Before the Subcommittee on Commerce, Science, and Transportation, United States Senate*, 102nd Congress, first session, July 16, 1991. Washington, D. C.: U. S. Government Printing Office.

U. S. Congress, House Committee on Energy and Commerce, Subcommittee on Telecommunications and Finance
- 1990 *Telephone 900 Service: Hearing Before the Subcommittee on Commerce, House of Representatives*, 101st Congress, Second Session, on H. R. 5671, September 27, 1990. Washington, D. C.: U. S. Government Printing Office.
- 1991 *Telephone 900 Service: Hearing Before the Subcommittee on Commerce, House of Representatives*, 102nd Congress, First Session, on H. R. 328, February 28, 1991. Washington, D. C.: U. S. Government Printing Office.

Vance, Carol

1984 *Pleasure and Danger: Exploring Female Sexuality.* Boston: Routledge and Kegan Paul.

Vogue
1986 〈Interview with the Pornographers.〉 *Vogue* 176(April) 212.

Watkins, C. Edward
1990 〈The Effects of Counselor Self-Disclosure: A Research Review.〉 *Counseling Psychologist* 19, 3(July): 477-500.

Wax, Murray L.
1977 〈Fieldworkers and Research Subjects: Who Needs Protection?〉 *Institute of Society, Ethics, and the Life Sciences* (August): 29-32.

Weeks, Jeffrey
1985 *Sexuality and Its Discontents: Meanings, Myths, and Modern Sexualities.* London: Routledge and Kegan Paul.
1986 *Sexuality.* London: Horwood and Tavistock.

Wharton, Amy S.
1993 〈The Affective Consequences of Service Work: Managing Emotions on the Job.〉 *Work and Occupations* 20, 2(May): 205-32.

Whyte, William Hollingsworth Jr.
1956 *The Organization Man.* New York: Simon and Schuster.

Williams, Linda
1989 *Hard Core: Power, Pleasure and the 〈Frenzy of the Visible.〉* Berkeley: University of California Press.

Wolfe, Tom
1973 *The New Journalism.* New York: Harper and Row.

Yaffe, Maurice and Edward C. Nelson
1982 *The Influence of Pornography on Behaviour.* New York. Academic Press.

Zimbalist, Andrew
1992 *Baseball and Billions: A Prebing Look Inside the Big Business of our National Pastime.* New York: Basic Books.

색 인

《LA 위클리 LA Weekly》 55,59,142
가핑클 Garfinkel 227
게이블 Gable, W. C. 225,226
고든 Gordon, Bart 18,19
고프먼 Goffman 87,169,172,188,230,242
골 Gall 106
글레이저 Glaser 67
글로버 Glover 245
기어 Geer 55
나겔 Nagel, Ernest 194
나폴레옹 1세 Napoléon I 206
다니엘스 Daniels, Jack 93
다머 Dahmer, Jeffrey 138
데를레가 Derlega 64
데지레 Desiree 206
도나휴 Donahue 231
뒤르켐 Durkheim, Émile 8,217
뒤샤틀레 Duchatelet 245
드워킨 Dworkin 195,231
딜러 Diller, Barry 229
라이드너 Leidner, Robin 100,121,122,236
레인워터 Rainwater 45,46
레터맨 Letterman, David 253
로젠탈 Resenthal 106
롬바드 Lombard, Carole 225,226
루빈 Rubin, Gayle 31,51
루소 Rousseau, Henri / Rousseau, J. -J. 95
린즈 Linz 145
림보 Limbaugh, Rush 196
《마드무아젤 Mademoiselle》 251

마르크스 Marx, Karl Heinrich 227
먼로 Monroe, Marilyn 70
메일러 Mailer, Norman 220
모건 Mogan 223
《목소리 Voix》 49
《미국의 꿈 An American Dream》 220
미드 Mead, R. 197
밀스 Mills, Charles Wright 99,240,241
《밥과 캐롤과 테드와 앨리스 Bob & Carol & Ted & Alice》 227
배로스 Barrows, Sydney Biddle 245
버논 Vernon 73
베이커 Baker 49
베이트슨 Bateson 198,
베커 Becker 55,
보부아르 Beauvoir, S. L. -E. -M. -B. de 95
《불로우와 불로우 Bullough and Bullough》 31,62,197
사드 Sade, Marquis de 227
《사회학적 시각 The Sociological Eye》 86
《상호 작용의 의식 Interaction Ritual》 169
《섹스에 대하여 생각하기: 섹스의 질서 및 지배 관계에 있어서의 급진적 이론에 대한 소고 Thinking Sex: Notes for a Radical Theory of the Politics of Sexuality》 31
셰익스피어 Shakespeare, W. 227
《소블 Soble》 24,194

슈르츠 Schurz, Carl　9,51
슈타이너 Steiner, George　24,51
《스내퍼 신데렐라 Cinderella the Snapper》　94
스미스 Smith　195
스코프홀트 Skovholt　223
스트라우스 Strauss　67
스프래들리 Spradley　66
아리스토파네스 Aristophanes　227
아사카와 Asckawa　196,197
액턴 Acton, Willam　195
앨리스 Alice　173
에이브러햄 Abraham　245
《영화 속에서의 삶 Life on the Screen》　10
올포트 Allport, Gordon Willard　73
윗킨스 Watkins　64
원프리 Winfrey, Oprah　253
《위 Oui》　238
융 Jung, C. G.　186
《이코노미스트 Economist》　12
《자신이 원하는 것을 아는 자들 They Knew what They wanted》　225
《즉석 음식과 즉석 대화 Fast Food, Fast Talk》　100
지멜 Simmel, Georg　9,24
캐닌 Kanin, Garson　224,225,226
켈러 Keller　28
켈만 Kelman　46
코이 Caughey, John　223
콘 Conn　220
쿨리 Cooley　248

《클럽 Club》　238
《타임 Time》　11
터클 Turkle, Sherry　10,217
퇴니에스 Tönnies, Ferdinand Julius　8
파드겟 Padgett　145
파일 Pyle, Gomer　158
페이스 Pace, Thomas　18
《펜트하우스 Penthouse》　48,238
《포럼 Forum》　48
푸코 Foucault, Michel Paul　227,228
프로이트 Freud, Sigmund　227,245
플라이스 Fleiss, Heidi　245
《플레이걸 Playgirl》　188,238
《플레이보이 playboy》　48,51
피트먼 Pittman　45,46
핀천 Pynchon, Thomas　220
《하퍼스 Harper's》　244
《한여름밤의 꿈 A Midsummer Night's Dream》　227
해럴드 Herold, Jim　18
해리슨 Harrison, Barbara　251
해터 Hatter, Mad　173
《햄릿 Hamlet》　112
《허슬러 Hustler》　48,51,238
험프리 Humphrey, Laud　140
헨슬린 Henslin　62
혹스차일드 Hochschild, Arlie Russell　121,183,184,185
《화이트 칼라 White Collar》　99,240
휘턴 Wharton　236
휴스 Hughes, Everette　86,103,250

역자 후기

《판타지 공장: 내부자의 시각에서 본 폰섹스 산업》이라는 이 책의 제목은 두어 가지 오해의 소지를 안고 있다. 단순히 제목에 끌려 이 책을 펼치게 될 훔쳐보기 취미를 가진 성도착자들이라면, 책의 내용에 실망하게 될 것이 분명하다. 이 책의 내용은 외설과는 거리가 멀기 때문이다. 외설이기는커녕 이것은 일차적으로 알렉산더 그레이엄 벨을 그 발생 원인으로 볼 수도 있을 현대판 섹스 노동, 즉 폰섹스에 수반되는 손실과 이득에 대한 조심스러우면서도 냉정한 분석이다. 또한 저자는 단순한 구경꾼 이상의 입장이긴 하지만, 그렇다고 해서 전적으로 경제적 필요에 의해 폰섹스업계에서 일했던 내부자인 것도 아니기 때문이다.

그녀는 자신처럼 박사 학위 논문을 쓰기 위한 지적 호기심에서가 아니라 그야말로 순수한 경제적 필요에 의해 그 일을 하는 여성들, 그리고 얼마간의 남성들과 함께 LA에 있는 폰섹스업체에서 4개월을 폰섹스 교환원으로 일했던 경험과 광고에 의해 접촉할 수 있었던 보다 경험이 많은 교환원들과 행한 인터뷰 내용을 통해, 어떤 것이라고 쉽사리 단정지을 수 없는 이 업계가 지니고 있는 속성의 개략적인 측면을 비교적 명쾌하게 펼쳐 보여 주고 있다. 하지만 폰섹스를 단순 명쾌하게 '육체가 부재한 상태에서의 친밀감의 교환'이라거나, '남성들의 소외와 여성들의 매력 상실에 대하여 포르노업계가 보이는 반응'이라고 정의하고 있는 점은, 저자가 이 글에서 해내고 있는 복잡하고도 정교한 분석에는 그리 어울리지 않는 것으로 보인다.

저자에 따르면, 뛰어난 폰섹스 교환원이 되기 위하여 익혀야 하는 기본적인 기교는 거짓말하기, 이용자들의 혐오스러운 요구를 참아내기, 남자들의 욕망을 간파하고 조종하기, 성적인 측면과 관련된 금기를 과감하게 깨버리기 등이다. 또한 경험이 많고 능숙한 폰섹스 교환원들은 자신들이 포르노업계에 몸담고 있다는 사실에 대하여, 자신들의 성적 관심에 대하여, 그리고 자신들의 이력에 대하여 불편하게 여기지 않고 솔직하게 인정한다는 것이다.

어떤 면에 있어서 이 폰섹스 일은 여타의 직업이나 다를 바가 없지만, 또 다른 면에 있어서는 전적으로 상이한 측면 또한 존재한다. 이기적인 목적을 위해 남을 부당하게 이용해야 한다는 작업 조건, 또는 공포감마저 일으키게 만들 정도로 병적인 이용자들의 요구에 비위를 맞춰 주어야 할 필요성이 존재한다는 사실은 이 섹스 노동이 가혹한 것이며, 해로운 것이라는 비판론자들의 견해를 뒷받침해 주는 것이 될 수도 있다. 하지만 정작 이 업계의 노동자들은 성적으로 미숙하거나 수줍어하는 이들에게 성에 관한 교육적인 정보를 제공해 줄 수 있고, 자기 자신들의 성적인 욕망을 좀더 대담하게 실행에 옮겨 볼 수 있는 여지를 발견하게 된다는 데서 자긍심을 느끼기도 한다. 하지만 폰섹스는 상업적인 측면이 언제나 두드러지게 부각되며, 전통적인 포르노그라피 환상이라는 상연 목록의 경계선을 점점 넓혀 가고는 있지만 좀처럼 그 경계선을 뛰어넘지는 못하는 그러한 것이다. 또한 폰섹스 상호작용이 제대로 이루어지기 위해서는 교환원과 이용자 양측 모두가 서로 기꺼이 속이고 속으려는 자발적인 참여를 필요로 한다. 저자가 머리말에서 밝히고 있듯이, 어쩌면 사람들은 인간을 고립시킨 바로 그 도구를 이용해서 친밀감을 다시 발명해 내고 있는 것인지도 모른다.

좀더 중요하게 느껴지는 것으로 번역을 하면서 나의 관심을 끌었던 주제는, 교환원들이 이용자들이라는 고객들과 상대를 하면서 스스로의 자아를 보호하기 위하여 사용하는 가면을 쓴 인격과 진정한 내적 자아 사이의 경계선을 어디로 해야 할 것인가를 결정하지 못하는 부분에서 생겨나는 갈등이었다. 교환원들이 혐오스러운 이용자들의 요구에 따르면서 그렇게 하는 것은 자신의 창조해 낸 인물인 가면을 쓴 인격이 그 행위를 하는 것이라고 주장하지만, 만약에 어떤 이용자가 교환원 자신이 창조해 낸 인물에 반하여 선물을 보내기라도 한다면, 그 경우에는 그 창조된 인물이 자신의 진정한 자아를 반영하는 것이라는 이중적이며 모호한 태도를 취한다. 그런데 문제는 그 경계선을 확실히 정해 두는 일이 절대 불가능한 것처럼 보인다는 점이다. 폰섹스는 절대로 환상 속에만 또는 상업적 거래 관계 속에만 머물러 있는 것이 아니며, 그것은 참여자들의 실제 생활 속에 도저히 예측할 수 없는 방식으로 속속들이 스며들어 있기 때문이다.

 교통 수단, 그리고 전화·컴퓨터 같은 통신 수단, 그외의 생활을 편리하게 만드는 첨단 기술들이 놀라울 정도로 발전을 이룩한 현대 사회는 더 이상 잘 아는 사람들만을 상대해도 생활에 아무런 지장을 받지 않았던 이전의 촌락 공동체에서와는 전혀 다른 생활 방식을 필요로 한다. 낯선 이들과 부딪쳐야만 한다는 것이 우리들의 거의 모든 생활에서 필연적인 기본 조건이 되어 버린 현대 사회 속에서 저자가 예로 들고 있는 이러한 폰섹스 교환원들, 패스트 푸드 점포나 백화점의 점원들, 그리고 여객기 승무원들처럼 고객을 상대해야 하는 직종에서 일할 수 있기 위해서 가장 필요한 것은 '직업적인 가장'이다. 즉 자기 자신의 진정한 의사와는 관계 없이 친밀감을 가장하고, 또한 그것을 실행에 옮기기, 저자의 표현대로라면 '성실하게 불성실해지기'인 바이다. 따라서 폰섹스에서 팔고 있는 것은 단순한 성적 환상만이 아닌 오늘날의 우리 생활 전반에 걸쳐 경험할 수 있는 육체 또는 진정한 자아에서 분리된 친밀감이며, 실재하는 세상과의 연결고리가 되는 실체 없는 유대 관계의 일부인 것이다. 저자는 육체의 부재가 실체를 가진 친밀감이나 현실 또는 진짜 자아와 환상 사이에 존재하는 그 어떤 구별짓도 파괴하지 않음으로써, 그것에 대하여 도덕적인 선악의 기준에 따른 판단을 내려본다는 것은 무의미한 일이며, 그것은 단지 인간의 정신이 환상과 현실 두 가지 모두가 가지고 있는 한계점을 극복하도록 요구하는 것일 뿐이라는 결론을 내린다.

2001년 11월 박 범 수

박범수
충남 홍성 출생
경희대 영문과, 동대학원 석사
현재 영문 번역가로 활동
역서: 《고고학이란 무엇인가》《클래식》
《미술사학입문》《본다는 것의 의미》외 다수

현대신서
55

판타지 공장

초판발행: 2001년 11월 20일

지은이: 에이미 플라워즈
옮긴이: 박범수
펴낸이: 辛成大
펴낸곳: 東文選

제10-64호, 78. 12. 16 등록
110-300 서울 종로구 관훈동 74번지
전화: 737-2795
팩스: 723-4518

편집설계: 韓智硯 李惠允 李尙恩 劉泫兒 李姃旻

ISBN 89-8038-136-0 04330
ISBN 89-8038-050-X (현대신서)

【東文選 現代新書】

1	21세기를 위한 새로운 엘리트	FORESEEN 연구소 / 김경현	7,000원
2	의지, 의무, 자유 — 주제별 논술	L. 밀러 / 이대희	6,000원
3	사유의 패배	A. 핑켈크로트 / 주태환	7,000원
4	문학이론	J. 컬러 / 이은경·임옥희	7,000원
5	불교란 무엇인가	D. 키언 / 고길환	6,000원
6	유대교란 무엇인가	N. 솔로몬 / 최창모	6,000원
7	20세기 프랑스철학	E. 매슈스 / 김종갑	8,000원
8	강의에 대한 강의	P. 부르디외 / 현택수	6,000원
9	텔레비전에 대하여	P. 부르디외 / 현택수	7,000원
10	고고학이란 무엇인가	P. 반 / 박범수	8,000원
11	우리는 무엇을 아는가	T. 나겔 / 오영미	5,000원
12	에쁘롱 — 니체의 문체들	J. 데리다 / 김다은	7,000원
13	히스테리 사례분석	S. 프로이트 / 태혜숙	7,000원
14	사랑의 지혜	A. 핑켈크로트 / 권유현	6,000원
15	일반미학	R. 카이유와 / 이경자	6,000원
16	본다는 것의 의미	J. 버거 / 박범수	10,000원
17	일본영화사	M. 테시에 / 최은미	7,000원
18	청소년을 위한 철학교실	A. 자카르 / 장혜영	7,000원
19	미술사학 입문	M. 포인턴 / 박범수	8,000원
20	클래식	M. 비어드·J. 헨더슨 / 박범수	6,000원
21	정치란 무엇인가	K. 미노그 / 이정철	6,000원
22	이미지의 폭력	O. 몽젱 / 이은민	8,000원
23	청소년을 위한 경제학교실	J. C. 드루엥 / 조은미	6,000원
24	순진함의 유혹 〔메디시스賞 수상작〕	P. 브뤼크네르 / 김웅권	9,000원
25	청소년을 위한 이야기 경제학	A. 푸르상 / 이은민	8,000원
26	부르디외 사회학 입문	P. 보네위츠 / 문경자	7,000원
27	돈은 하늘에서 떨어지지 않는다	K. 아른트 / 유영미	6,000원
28	상상력의 세계사	R. 보이아 / 김웅권	9,000원
29	지식을 교환하는 새로운 기술	A. 벵토릴라 外 / 김혜경	6,000원
30	니체 읽기	R. 비어즈워스 / 김웅권	6,000원
31	노동, 교환, 기술 — 주제별 논술	B. 데코사 / 신은영	6,000원
32	미국만들기	R. 로티 / 임옥희	근간
33	연극의 이해	A. 쿠프리 / 장혜영	8,000원
34	라틴문학의 이해	J. 가야르 / 김교신	8,000원
35	여성적 가치의 선택	FORESEEN연구소 / 문신원	7,000원
36	동양과 서양 사이	L. 이리가라이 / 이은민	7,000원
37	영화와 문학	R. 리처드슨 / 이형식	8,000원
38	분류하기의 유혹 — 생각하기와 조직하기	G. 비뇨 / 임기대	7,000원
39	사실주의 문학의 이해	G. 라루 / 조성애	8,000원
40	윤리학 — 악에 대한 의식에 관하여	A. 바디우 / 이종영	7,000원
41	武士道란 무엇인가	新渡戶稻造 / 심우성	근간

42 진보의 미래	D. 르쿠르 / 김영선	6,000원
43 중세에 살기	J. 르 고프 外 / 최애리	8,000원
44 쾌락의 횡포·상	J. C. 기유보 / 김웅권	10,000원
45 쾌락의 횡포·하	J. C. 기유보 / 김웅권	10,000원
46 지식의 불	B. 데스파냐 / 김웅권	근간
47 이성의 한가운데에서 — 이성과 신앙	A. 퀴노 / 최은영	6,000원
48 도덕적 명령	FORESEEN 연구소 / 우강택	6,000원
49 망각의 형태	M. 오제 / 김수경	근간
50 느리게 산다는 것의 의미·1	P. 쌍소 / 김주경	7,000원
51 나만의 자유를 찾아서	C. 토마스 / 문신원	6,000원
52 음악적 삶의 의미	M. 존스 / 송인영	근간
53 나의 철학 유언	J. 기통 / 권유현	8,000원
54 타르튀프 / 서민귀족	몰리에르 / 덕성여대극예술비교연구회	8,000원
55 판타지 공장	A. 플라워즈 / 박범수	10,000원
56 홍수·상 〔완역판〕	J. M. G. 르 클레지오 / 신미경	8,000원
57 홍수·하 〔완역판〕	J. M. G. 르 클레지오 / 신미경	8,000원
58 일신교 — 성경과 철학자들	E. 오르티그 / 전광호	6,000원
59 프랑스 시의 이해	A. 바이양 / 김다은·이혜지	8,000원
60 종교철학	J. P. 힉 / 김희수	10,000원
61 고요함의 폭력	V. 포레스테 / 박은영	8,000원
62 소녀, 선생님 그리고 신 〔소설〕	E. 노르트호펜 / 안상원	근간
63 미학개론 — 예술철학입문	A. 셰퍼드 / 유호전	10,000원
64 논증 — 담화에서 사고까지	G. 비뇨 / 임기대	6,000원
65 역사 — 성찰된 시간	F. 도스 / 김미겸	7,000원
66 비교문학개요	F. 클로동·K. 아다-보트링 / 김정란	8,000원
67 남성지배	P. 부르디외 / 김용숙·주경미	9,000원
68 호모사피언스에서 인터렉티브인간으로	FORESEEN 연구소 / 공나리	8,000원
69 상투어 — 언어·담론·사회	R. 아모시·A. H. 피에로 / 조성애	9,000원
70 촛불의 미학	G. 바슐라르 / 이가림	근간
71 푸코 읽기	P. 빌루에 / 나길래	근간
72 문학논술	J. 파프·D. 로쉬 / 권종분	8,000원
73 한국전통예술개론	沈雨晟	10,000원
74 시학 — 문학 형식 일반론 입문	D. 퐁텐느 / 이용주	8,000원
75 자유의 순간	P. M. 코헨 / 최하영	근간
76 동물성 — 인간의 위상에 관하여	D. 르스텔 / 김승철	6,000원
77 랑가쥬 이론 서설	L. 옐름슬레우 / 김용숙·김혜련	10,000원
78 잔혹성의 미학	F. 토넬리 / 박형섭	9,000원
79 문학 텍스트의 정신분석	M. J. 벨멩-노엘 / 심재중·최애영	9,000원
80 무관심의 절정	J. 보드리야르 / 이은민	8,000원
81 영원한 황홀	P. 브뤼크네르 / 김웅권	9,000원
82 노동의 종말에 반하여	D. 슈나페르 / 김교신	6,000원
83 프랑스영화사	J. -P. 장콜 / 김혜련	근간

84	조와(弔蛙)	金敎臣 / 노치준·민혜숙	8,000원
85	역사적 관점에서 본 시네마	J. -L. 뢰트라 / 곽노경	근간
86	욕망에 대하여	M. 슈벨 / 서민원	8,000원
87	아인슈타인 최대의 실수	D. 골드스미스 / 박범수	근간
88	철학 연습	M. 아롱델-로오 / 최은영	8,000원
89	삶의 기쁨들	D. 노게 / 이은민	6,000원
90	이탈리아영화사	L. 스키파노 / 이주현	8,000원
91	한국문화론	趙興胤	10,000원
92	현대연극미학	M. -A. 샤르보니에 / 홍지화	8,000원
93	느리게 산다는 것의 의미·2	P. 쌍소 / 김주경	7,000원
94	진정한 모럴은 모럴을 비웃는다	A. 에슈고엔 / 김웅권	근간
95	제7의 봉인〔시놉시스/비평연구〕	E. 그랑조르주 / 이은민	근간
96	근원적 열정	L. 이리가라이 / 박정오	9,000원
97	라캉, 주체 개념의 형성	B. 오질비 / 김 석	근간
98	미국식 사회 모델	J. 바이스 / 김종명	근간
99	소쉬르와 언어과학	P. 가데 / 김용숙·임정혜	근간
100	철학자들의 동물원·상	A. L. 브라쇼파르 / 문신원	근간
101	철학자들의 동물원·하	A. L. 브라쇼파르 / 문신원	근간

【東文選 文藝新書】

1	저주받은 詩人들	A. 뻬이르 / 최수철·김종호	개정근간
2	민속문화론서설	沈雨晟	40,000원
3	인형극의 기술	A. 훼도토프 / 沈雨晟	8,000원
4	전위연극론	J. 로스 에반스 / 沈雨晟	12,000원
5	남사당패연구	沈雨晟	16,000원
6	현대영미희곡선(전4권)	N. 코워드 外 / 李辰洙	절판
7	행위예술	L. 골드버그 / 沈雨晟	절판
8	문예미학	蔡 儀 / 姜慶鎬	절판
9	神의 起源	何 新 / 洪 熹	16,000원
10	중국예술정신	徐復觀 / 權德周	24,000원
11	中國古代書史	錢存訓 / 金允子	14,000원
12	이미지 — 시각과 미디어	J. 버거 / 편집부	12,000원
13	연극의 역사	P. 하트놀 / 沈雨晟	절판
14	詩 論	朱光潛 / 鄭相泓	9,000원
15	탄트라	A. 무케르지 / 金龜山	10,000원
16	조선민족무용기본	최승희	15,000원
17	몽고문화사	D. 마이달 / 金龜山	8,000원
18	신화 미술 제사	張光直 / 李 徹	10,000원
19	아시아 무용의 인류학	宮尾慈良 / 沈雨晟	절판
20	아시아 민족음악순례	藤井知昭 / 沈雨晟	5,000원
21	華夏美學	李澤厚 / 權 瑚	15,000원
22	道	張立文 / 權 瑚	18,000원

23	朝鮮의 占卜과 豫言	村山智順 / 金禧慶	15,000원
24	원시미술	L. 아담 / 金仁煥	16,000원
25	朝鮮民俗誌	秋葉隆 / 沈雨晟	12,000원
26	神話의 이미지	J. 캠벨 / 扈承喜	근간
27	原始佛敎	中村元 / 鄭泰爀	8,000원
28	朝鮮女俗考	李能和 / 金尙憶	24,000원
29	朝鮮解語花史(조선기생사)	李能和 / 李在崑	25,000원
30	조선창극사	鄭魯湜	7,000원
31	동양회화미학	崔炳植	9,000원
32	性과 결혼의 민족학	和田正平 / 沈雨晟	9,000원
33	農漁俗談辭典	宋在璇	12,000원
34	朝鮮의 鬼神	村山智順 / 金禧慶	12,000원
35	道敎와 中國文化	葛兆光 / 沈揆昊	15,000원
36	禪宗과 中國文化	葛兆光 / 鄭相泓・任炳權	8,000원
37	오페라의 역사	L. 오레이 / 류연희	절판
38	인도종교미술	A. 무케르지 / 崔炳植	14,000원
39	힌두교의 그림언어	안넬리제 外 / 全在星	9,000원
40	중국고대사회	許進雄 / 洪 熹	22,000원
41	중국문화개론	李宗桂 / 李宰碩	15,000원
42	龍鳳文化源流	王大有 / 林東錫	17,000원
43	甲骨學通論	王宇信 / 李宰錫	근간
44	朝鮮巫俗考	李能和 / 李在崑	12,000원
45	미술과 페미니즘	N. 부루드 外 / 扈承喜	9,000원
46	아프리카미술	P. 윌레뜨 / 崔炳植	절판
47	美의 歷程	李澤厚 / 尹壽榮	22,000원
48	曼茶羅의 神들	立川武藏 / 金龜山	절판
49	朝鮮歲時記	洪錫謨 外/李錫浩	30,000원
50	하 상	蘇曉康 外 / 洪 熹	절판
51	武藝圖譜通志 實技解題	正 祖 / 沈雨晟・金光錫	15,000원
52	古文字學첫걸음	李學勤 / 河永三	14,000원
53	體育美學	胡小明 / 閔永淑	10,000원
54	아시아 美術의 再發見	崔炳植	9,000원
55	曆과 占의 科學	永田久 / 沈雨晟	8,000원
56	中國小學史	胡奇光 / 李宰碩	20,000원
57	中國甲骨學史	吳浩坤 外 / 梁東淑	근간
58	꿈의 철학	劉文英 / 河永三	22,000원
59	女神들의 인도	立川武藏 / 金龜山	13,000원
60	性의 역사	J. L. 플랑드렝 / 편집부	18,000원
61	쉬르섹슈얼리티	W. 챠드윅 / 편집부	10,000원
62	여성속담사전	宋在璇	18,000원
63	박재서희곡선	朴栽緖	10,000원
64	東北民族源流	孫進己 / 林東錫	13,000원

65	朝鮮巫俗의 硏究(상·하)	赤松智城·秋葉隆 / 沈雨晟	28,000원
66	中國文學 속의 孤獨感	斯波六郎 / 尹壽榮	8,000원
67	한국사회주의 연극운동사	李康列	8,000원
68	스포츠인류학	K. 블랑챠드 外 / 박기동 外	12,000원
69	리조복식도감	리팔찬	절판
70	娼 婦	A. 꼬르뱅 / 李宗旼	22,000원
71	조선민요연구	高晶玉	30,000원
72	楚文化史	張正明	근간
73	시간, 욕망 그리고 공포	A. 꼬르뱅	근간
74	本國劍	金光錫	40,000원
75	노트와 반노트	E. 이오네스코 / 박형섭	절판
76	朝鮮美術史硏究	尹喜淳	7,000원
77	拳法要訣	金光錫	10,000원
78	艸衣選集	艸衣意恂 / 林鍾旭	14,000원
79	漢語音韻學講義	董少文 / 林東錫	10,000원
80	이오네스코 연극미학	C. 위베르 / 박형섭	9,000원
81	중국문자훈고학사전	全廣鎭 편역	15,000원
82	상말속담사전	宋在璇	10,000원
83	書法論叢	沈尹默 / 郭魯鳳	8,000원
84	침실의 문화사	P. 디비 / 편집부	9,000원
85	禮의 精神	柳 肅 / 洪 熹	10,000원
86	조선공예개관	日本民芸協會 편 / 沈雨晟	30,000원
87	性愛의 社會史	J. 솔레 / 李宗旼	18,000원
88	러시아미술사	A. I. 조토프 / 이건수	16,000원
89	中國書藝論文選	郭魯鳳 選譯	25,000원
90	朝鮮美術史	關野貞 / 沈雨晟	근간
91	美術版 탄트라	P. 로슨 / 편집부	8,000원
92	군달리니	A. 무케르지 / 편집부	9,000원
93	카마수트라	바쨔야나 / 鄭泰爀	10,000원
94	중국언어학총론	J. 노먼 / 全廣鎭	18,000원
95	運氣學說	任應秋 / 李宰碩	8,000원
96	동물속담사전	宋在璇	20,000원
97	자본주의의 아비투스	P. 부르디외 / 최종철	6,000원
98	宗敎學入門	F. 막스 뮐러 / 金龜山	10,000원
99	변 화	P. 바츨라빅크 外 / 박인철	10,000원
100	우리나라 민속놀이	沈雨晟	15,000원
101	歌訣(중국역대명언경구집)	李宰碩 편역	20,000원
102	아니마와 아니무스	A. 융 / 박해순	8,000원
103	나, 너, 우리	L. 이리가라이 / 박정오	10,000원
104	베케트연극론	M. 푸크레 / 박형섭	8,000원
105	포르노그래피	A. 드워킨 / 유혜련	12,000원
106	셸 링	M. 하이데거 / 최상욱	12,000원

107 프랑수아 비용	宋 勉	18,000원
108 중국서예 80제	郭魯鳳 편역	16,000원
109 性과 미디어	W. B. 키 / 박해순	12,000원
110 中國正史朝鮮列國傳(전2권)	金聲九 편역	120,000원
111 질병의 기원	T. 매큐언 / 서 일·박종연	12,000원
112 과학과 젠더	E. F. 켈러 / 민경숙·이현주	10,000원
113 물질문명·경제·자본주의	F. 브로델 / 이문숙 外	절판
114 이탈리아인 태고의 지혜	G. 비코 / 李源斗	8,000원
115 中國武俠史	陳 山 / 姜鳳求	18,000원
116 공포의 권력	J. 크리스테바 / 서민원	23,000원
117 주색잡기속담사전	宋在璇	15,000원
118 죽음 앞에 선 인간(상·하)	P. 아리에스 / 劉仙子	각권 8,000원
119 철학에 대하여	L. 알튀세르 / 서관모·백승욱	12,000원
120 다른 곳	J. 데리다 / 김다은·이혜지	10,000원
121 문학비평방법론	D. 베르제 外 / 민혜숙	12,000원
122 자기의 테크놀로지	M. 푸코 / 이희원	12,000원
123 새로운 학문	G. 비코 / 李源斗	22,000원
124 천재와 광기	P. 브르노 / 김웅권	13,000원
125 중국은사문화	馬 華·陳正宏 / 강경범·천현경	12,000원
126 푸코와 페미니즘	C. 라마자노글루 外 / 최 영 外	16,000원
127 역사주의	P. 해밀턴 / 임옥희	12,000원
128 中國書藝美學	宋 民 / 郭魯鳳	16,000원
129 죽음의 역사	P. 아리에스 / 이종민	13,000원
130 돈속담사전	宋在璇 편	15,000원
131 동양극장과 연극인들	김영무	15,000원
132 生育神과 性巫術	宋兆麟 / 洪 熹	20,000원
133 미학의 핵심	M. M. 이턴 / 유호전	14,000원
134 전사와 농민	J. 뒤비 / 최생열	18,000원
135 여성의 상태	N. 에니크 / 서민원	22,000원
136 중세의 지식인들	J. 르 고프 / 최애리	18,000원
137 구조주의의 역사(전4권)	F. 도스 / 이봉지 外	각권 13,000원
138 글쓰기의 문제해결전략	L. 플라워 / 원진숙·황정현	20,000원
139 음식속담사전	宋在璇 편	16,000원
140 고전수필개론	權 瑚	16,000원
141 예술의 규칙	P. 부르디외 / 하태환	23,000원
142 "사회를 보호해야 한다"	M. 푸코 / 박정자	20,000원
143 페미니즘사전	L. 터틀 / 호승희·유혜련	26,000원
144 여성심벌사전	B. G. 워커 / 정소영	근간
145 모데르니테 모데르니테	H. 메쇼닉 / 김다은	20,000원
146 눈물의 역사	A. 벵상뷔포 / 김자경	18,000원
147 모더니티입문	H. 르페브르 / 이종민	24,000원
148 재생산	P. 부르디외 / 이상호	18,000원

149 종교철학의 핵심	W. J. 웨인라이트 / 김희수	18,000원
150 기호와 몽상	A. 시몽 / 박형섭	22,000원
151 융분석비평사전	A. 새뮤얼 外 / 민혜숙	16,000원
152 운보 김기창 예술론연구	최병식	14,000원
153 시적 언어의 혁명	J. 크리스테바 / 김인환	20,000원
154 예술의 위기	Y. 미쇼 / 하태환	15,000원
155 프랑스사회사	G. 뒤프 / 박 단	16,000원
156 중국문예심리학사	劉偉林 / 沈揆昊	30,000원
157 무지카 프라티카	M. 캐넌 / 김혜중	25,000원
158 불교산책	鄭泰爀	20,000원
159 인간과 죽음	E. 모랭 / 김명숙	23,000원
160 地中海(전5권)	F. 브로델 / 李宗旼	근간
161 漢語文字學史	黃德實·陳秉新 / 河永三	24,000원
162 글쓰기와 차이	J. 데리다 / 남수인	28,000원
163 朝鮮神事誌	李能和 / 李在崑	근간
164 영국제국주의	S. C. 스미스 / 이태숙·김종원	16,000원
165 영화서술학	A. 고드로·F. 조스트 / 송지연	17,000원
166 미학사전	사사키 겐이치 / 민주식	근간
167 하나이지 않은 성	L. 이리가라이 / 이은민	18,000원
168 中國歷代書論	郭魯鳳 譯註	8,000원
169 요가수트라	鄭泰爀	15,000원
170 비정상인들	M. 푸코 / 박정자	25,000원
171 미친 진실	J. 크리스테바 / 서민원	근간
172 디스탱숑(상·하)	P. 부르디외 / 이종민	근간
173 세계의 비참(전3권)	P. 부르디외 外 / 김주경	각권 26,000원
174 수묵의 사상과 역사	崔炳植	근간
175 파스칼적 명상	P. 부르디외 / 김웅권	22,000원
176 지방의 계몽주의(전2권)	D. 로슈 / 주명철	근간
177 이혼의 역사	R. 필립스 / 박범수	근간
178 사랑의 단상	R. 바르트 / 김희영	근간
179 中國書藝理論體系	熊秉明 / 郭魯鳳	근간
180 미술시장과 경영	崔炳植	16,000원
181 카프카 — 소수적인 문학을 위하여	G. 들뢰즈·F. 가타리 / 이진경	13,000원
182 이미지의 힘 — 영상과 섹슈얼리티	A. 쿤 / 이형식	13,000원
183 공간의 시학	G. 바슐라르 / 곽광수	근간
184 랑데부 — 이미지와의 만남	J. 버거 / 임옥희·이은경	근간
185 푸코와 문학 — 글쓰기의 계보학을 향하여	S. 듀링 / 오경심·홍유미	근간
186 연극의 영화로의 각색	A. 엘보 / 이선형	근간
187 폭력과 여성들	C. 도펭 外 / 이은민	근간

【기 타】

▨ 현대의 신화	R. 바르트 / 이화여대기호학연구소	15,000원

제목	저자/역자	가격
▨ 모드의 체계	R. 바르트 / 이화여대기호학연구소	18,000원
▨ 텍스트의 즐거움	R. 바르트 / 김희영	15,000원
▨ 라신에 관하여	R. 바르트 / 남수인	10,000원
▨ 說 苑 (上·下)	林東錫 譯註	각권 30,000원
▨ 晏子春秋	林東錫 譯註	30,000원
▨ 西京雜記	林東錫 譯註	20,000원
▨ 搜神記 (上·下)	林東錫 譯註	각권 30,000원
■ 경제적 공포〔메디시스賞 수상작〕	V. 포레스테 / 김주경	7,000원
■ 古陶文字徵	高 明·葛英會	20,000원
■ 古文字類編	高 明	절판
■ 金文編	容 庚	36,000원
■ 그리하여 어느날 사랑이여	이외수 편	6,500원
■ 딸에게 들려 주는 작은 지혜	N. 레흐레이트너 / 양영란	6,500원
■ 딸에게 들려 주는 작은 철학	R. 시몬 셰퍼 / 안상원	7,000원
■ 노력을 대신하는 것은 없다	R. 쉬이 / 유혜련	5,000원
■ 미래를 원한다	J. D. 로스네 / 문 선·김덕희	8,500원
■ 사랑의 존재	한용운	3,000원
■ 산이 높으면 마땅히 우러러볼 일이다	유 향 / 임동석	5,000원
■ 서기 1000년과 서기 2000년 그 두려움의 흔적들	J. 뒤비 / 양영란	8,000원
■ 서비스는 유행을 타지 않는다	B. 바게트 / 정소영	5,000원
■ 선종이야기	홍 희 편저	8,000원
■ 섬으로 흐르는 역사	김영회	10,000원
■ 세계사상	창간호~3호: 각권 10,000원 / 4호: 14,000원	
■ 십이속상도안집	편집부	8,000원
■ 어린이 수묵화의 첫걸음(전6권)	趙 陽	42,000원
■ 오늘 다 못다한 말은	이외수 편	7,000원
■ 오블라디 오블라다, 인생은 브래지어 위를 흐른다	무라카미 하루키 / 김난주	7,000원
■ 인생은 앞유리를 통해서 보라	B. 바게트 / 박해순	5,000원
■ 잠수복과 나비	J. D. 보비 / 양영란	6,000원
■ 천연기념물이 된 바보	최병식	7,800원
■ 原本 武藝圖譜通志	正祖 命撰	60,000원
■ 隸字編	洪鈞陶	40,000원
■ 테오의 여행 (전5권)	C. 클레망 / 양영란	각권 6,000원
■ 한글 설원 (상·중·하)	임동석 옮김	각권 7,000원
■ 한글 안자춘추	임동석 옮김	8,000원
■ 한글 수신기 (상·하)	임동석 옮김	각권 8,000원

東文選 文藝新書 146

눈물의 역사

안 뱅상 뷔포
이자경 옮김

사생활의 형태들에 대한 역사학의 현대적 관심 속에서, 하나의 질문이 제기된다. 그것은 바로 '눈물의 역사가 있다면?'이다. 우리의 가장 은밀한 (또는 겉으로 표현되기도 하는) 태도들 가운데 하나인 이 눈물을 역사의 개념으로 이해하는 것은, 이러한 감동의 형태들을 사용하는 방식이 시대와 사회에 따라 섬세하거나, 혹은 부자연스러운 것이 된다는 사실을 성찰하게 해준다.

어떠한 눈물도 서로 유사하지 않지만, 그러나 이전의 두 세기를 살펴보면 이러한 감동 표현의 중심에 변화가 일어났음을 알게 된다. 문학작품·의학서적·재판기록·연감·일기 등의 자료에 근거하여, 저자는 18세기를 쉽게 눈물을 흘리는 시대로 나타낸다. 눈물을 자아내는 연극으로부터 대혁명 하의 십단식 신성토로에 이르기까지, 눈물은 대중 사이에서 선파되는 것처럼 보인다. 비록 이러한 행동에 대한 해석에서 성별에 따라 몇 가지 차이점이 읽혀지지만, 그럼에도 불구하고 18세기는 손쉬운 눈물을 흘리게 한다. 그리고 그 눈물은 뚜렷이 식별되는 기능들을 가진다. 남몰래 부끄러워하며 홀로 내적 자아의 감미로운 희열 속에서 눈물 흘리기를 좋아하는 낭만주의 시기가 지나고, 19세기는 후반에 들어서면서 다른 양상으로 나아간다. 풍속과 연관된 다른 분야들에서와 마찬가지로 눈물에서도 질서를 부여하려고 노력한다. 불안을 일으키는 것으로 인식된 눈물은 경계의 대상이 되며, 그 담론 한가운데 여성이 위치하게 된다. 따라서 여성이 눈물의 희생자이든 조작자이든간에, 여성이 지닌 감동의 능력은 통제되지 않으면 안 되게 된다.

역사학자로서 특히 근대 프랑스 사회의 풍속사를 연구 대상으로 하고 있는 저자는, 18,9세기에 걸친 눈물의 궤적을 추적, 문학작품·연극·고문서 기록·회상록·일기 등과 같은 광범위한 자료를 섭렵하였다. 결국 이 연구서는 프랑스의 18,9세기에 있어서 '감수성의 사회적 표현에 관한 변천사'라고 할 수 있다.

東文選 現代新書 96

근원적 열정

뤼스 이리가라이

박정오 옮김

 뤼스 이리가라이의 《근원적 열정》은 여성이 남성 연인을 향한 열정을 노래하는 독백 형식의 산문시로 이루어져 있다. 이 글에서는 여성이 담화의 주체로 등장하지만, 남성 중심으로 이루어진 현존하는 언어의 상징 체계와 사회 구조 안에서 여성의 열정과 그 표현은 용이하지도 자유로울 수도 없다.

 따라서 이리가라이는 연애 편지 형식을 빌려 와, 그 안에 달콤한 사랑 노래 대신 가부장제 안에서 남녀간의 진정한 결합이 왜 가능할 수 없는지를 역설적으로 보여 주려 애쓴다. 연애 편지 형식의 패러디는 기존의 남녀 관계에 의문을 제기하고 교란시키는 적절한 하나의 전략이 되고 있는 것이다.

 서구의 도덕적 코드가 성경 위에 세워지고, 신학이 확립되면서 여신 숭배와 주술은 주변으로 밀려났다. 이리가라이는 그 뒤 남성신이 홀로 그의 말과 의지대로 우주를 창조하고, 그의 아들에게 자연과 모든 피조물을 통치하게 하는 사고 체계가 형성되면서 여성성은 억압되었다고 지적한다. 또한 그녀는 남성신에서 출발한 부자 관계의 혈통처럼, 신성한 여신에게서 정체성을 발견하고 면면히 이어지는 모녀 관계의 확립이 비로소 동등한 남녀간의 사랑과 결합을 가능케 해준다고 주장한다.

 이리가라이는 정신과 육체의 이분법적인 서구 철학의 분류에서 항상 하위 개념인 몸이나 촉각이 여성적인 것과 연관되어 있다는 점을 인식하고 타자로 밀려난 몸에 일찍부터 주목해 왔다. 따라서 《근원적 열정》은 여성 문화를 확립하는 일환으로 여성의 몸이 부르는 새로운 노래를 찾아나선 여정이자, 여성적 글쓰기의 실천 공간인 것이다.

東文選 文藝新書 103

나, 너, 우리
— 差異의 文化를 위하여

뤼스 이리가라이
박정오 옮김

정신분석학·언어학·법학·생태학에서의 페미니즘

여성으로서 평등을 주장하는 것은 내게는 진정한 반대의 잘못된 표현처럼 보인다. 평등을 요구하는 것은 비교 대상을 전제로 한다. 누구에게, 또는 무엇에 대해 여자들이 동등해지기를 원하는가? 남자에게? 봉급에서? 공공기관에서? 도대체 어떤 기준에 대해? 왜 여성들 스스로에 대해서는 안 되는가?

평등의 요구에 대해 좀더 엄밀히 분석해 보면, 피상적인 문화 비평의 차원에서는 이러한 요구들의 근거가 충분하지만, 여성을 해방시키는 수단으로서는 유토피아적이다. 여성의 착취는 성차별에 기초하고 있으므로, 그 해결책은 성차별을 통해서만 가능할 것이다.

이 간결하고 직접적인 글에서 이리가라이는 여성의 어머니로서의 경험, 나이, 美라는 제도, 사회에서 에이즈를 다루는 태도, 사랑의 문화적 개념, 사회 변화가 어떻게 언어 변화에 의존하고 있는지, 그리고 왜 어머니만 딸을 교육할 수 있는지, 여성들이 왜 자신의 주체성을 발견하는 것이 필요한지를 깊이 숙고한다. 이러한 문제들이 제자리를 찾을 때 비로소 여성은 여성의 정체성을 형성하고, 그들의 욕구와 욕망, 권리와 의무가 조화를 이루며 살 수 있는 문화적 수단을 발견하게 될 것이다. 구분된 여성으로서의 〈나〉가 존재할 때 비로소 어떤 여성이든 또 다른 〈너〉에 동참하여, 복수의 〈우리〉를 만들 수 있을 것이다.

東文選 文藝新書 109

性과 미디어
— 의식조작의 시대

윌슨 브라이언 키

박해순 옮김

광고의 교묘한 설득에 관한 세계 최고의 권위자가 대중매체인 상업광고·코머셜·음악·잡지의 겉장이나 수퍼마켓 등에서 어떻게 우리의 정신을 조작하고 있는가와 우리 자신을 어떻게 보호할 것인가를 밝히고 있다.

우리가 보고 듣는 것이 결코 우리가 얻는 것의 전부는 아니다. 이 책은 대중매체가 만들어 내는 우리 시대 사회의 통념을 파헤치고 있다. 매일 그리고 매번 잡지나 텔레비전을 볼 때마다 자기의 의식으로는 제어할 수 없는 강력한 힘에 의해 현혹당하고, 교묘히 조작당하고 있는 것이다.

억지로 꾸며낸 말일까? 저자는 우리의 의식적인 이해가 못 미치고 무의식적인 두려움·필요성, 그리고 욕망들에 직접적으로 영향을 미치는 전략가들인 광고업자들이 대중을 현혹하기 위해 사용하는 교묘하고 세련된 전략들을 파헤치고 있다. 숨겨진 메시지와 이미지들이 여전히 만연해 있으며, 지금 우리는 빠른 편집·음악·거짓논리·부조화나 상징과 같은 광고가 드러내 놓고 대중을 조작하는 방식들을 접하게 된다. 그리고 이러한 방법들은 단순히 광고에서만 사용하고 있지 않다. 사업·대중음악이나 정치를 포함한 대중매체를 사용하는 사회의 거의 모든 분야에서 쓰여지고 있다. 우리가 수 년 동안 보아왔던 49가지의 충격적인 삽화들, 즉 뮤직비디오, 마이클 잭슨의 춤에 담긴 이중의 의미부여, 샐러드 장식에 매몰되어 있는 성행위, 중요한 부분을 삭제한 술광고, 외설스러운 케이크, 그리고 심지어는 잡지를 팔기 위해 뉴스를 조작하는 방법 등에서 벌어지고 있는 것들을 볼 수 있도록 도와 줄 것이다.

東文選 文藝新書 105

포르노그래피 −여자를 소유하는 남자들

안드레아 드워킨 / 유혜련 옮김

사드와 바타유로부터 킨제이報告, 플레이보이誌, 포르노테이프에 이르기까지 온갖 性묘사 속에 은닉된 '意味'를 적나라하게 파헤친 레디칼 페미니즘의 眞髓. 2개 출판사로부터 계약파기당하였고, 12개 출판사로부터 거부당하였으며, 출판 후에도 수 년간 절판당해야 했던 禁書 아닌 禁書!

본서는 '외설'을 다루고 있는 것이 아니다. 무엇이든 '외설'이려면 그것이 관람이나 전시에 적합지 않다는 판단이 내려져야 한다. '외설'은 '포르노그래피'와 동의어가 아니다. '외설'은 하나의 개념이며, 그것은 가치판단을 요구한다. 포르노그래피는 구체적인 매춘부들의 생생한 묘사이다. 포르노그래피는 천박한 표적에 불과하며, 그것을 공격한 시점에서 아무 변화도 일어나지 않는다고 말하는 사람들은 언제나 있기 마련이지만, 그러나 진실로 말하자면 그것은 잘못이다. 포르노그래피는 남성의 우월성 구현에 불과하다. 그것은 남성지배의 DNA라고도 할 수 있는 것으로서 성적 학대의 온갖 규칙도, 성적 새디즘의 온갖 미묘한 의미도, 공공연한 것과 비밀스러운 것을 포함한 온갖 성적 착취도 이 속에 암호화되어 있다. 포르노그래피란 우리들 여성에게는 그런 남성이 없었으면 좋겠다 싶은 상태이며, 남성에게는 여성이란 이러한 것이라고 생각케 하며, 또한 우리들을 그렇게 만들려고 하는 상태이며, 더욱이 남성이 우리를 사용하는 방식이다. 내가 이 말을 하는 이유는, 그들이 생물학적으로 남성인 것이 문제가 아니라 그들 남성의 사회권력이 그렇게 조직되어 있다는 것이다. 정치활동가의 관점에서 보면, 포르노그래피는 남성우위성의 청사진으로 남성의 우위성을 구축하는 방식을 나타내고 있다. 정치활동가는 이 청사진을 알 필요가 있다. 문화적 용어를 사용한다면, 포르노그래피는 남성의 지배라는 교의를 굳게 지키는 원리주의이다. 여성과 성충동을 규정하는 이러한 교의, 이 예정설에는 자비라곤 도무지 없다. 이 속에서 여성은 단지 강간과 매춘으로 이끌릴 뿐이며, 이의를 제창하는 사람은 파괴 또는 소멸된다. 포르노그래피는 남성의 권력과 증오・소유권・계급제도・새디즘・우월성이 성욕으로 표현된 것이다. 있을 수 있는 모든 강간, 예를 들어 여성이 구타당하고 범해질 경우와 매춘하게 될 경우까지 포함한 모든 강간 사례, 아직 말도 제대로 못하는 유아였을 때 벌어진 근친상간을 포함한 있을 수 있는 모든 근친상간, 그리고 남편이나 연인이나 연쇄살인범 탓에 생긴 여성 살해 뒤에는 포르노그래피의 전제가 도사리고 있다.

만약 이것을 천박하다고 말한다면, 도대체 깊이 있는 것은 무엇일까?

東文選 文藝新書 115

성의 歷史

장 루이 플랑드렝
편집부 옮김

아날학파의 유럽 性에 대한 기념비적인 논고.

대부분 인간의 행동양식은 어떤 문화의 틀 속에서 만들어져야 한다는 의미에서, 자연인은 결코 존재하지 않는다. 그런데 모든 문화란 시간의 흐름 속에서 조금씩 완성되어 온 것으로, 과거에 존재했던 갖가지 체계, 과거에 받았던 정신적 상처가 깊이 아로 새겨져 있다. 문학·도덕·법률·언어·과학·기술·예능, 요컨데 우리들의 문화를 구성하는 모든 것을 사이에 두고, 우리들은 태어나면서부터 자신도 모르는 사이에 과거에 의해 계속 침략당하고 있는 것이다. 우리들에게는 이 유산 수취를 거부할 자유가 없다. 특히 性에 관한 한 우리들 과거로부터의 해방을 철저히 방해받고 있다.

몇 세기 전부터 사랑은 시인·소설가, 혹은 독자들이 원하는 주제가 되어 왔다. 이런 점은 예를 들어 16세기부터 20세기 사이에 이렇다할 변화가 없다. 그러나 이 5백 년 동안 사랑으로 불리어 온 것이 모두 같은 감정이었을까? 사랑의 자극원인·대상은 항상 같은 것이었을까? 또한 사랑의 행동은? 본서에 정리되어 있는 몇 편의 논고도 연애·결혼·부부의 성교·친자관계·독신자의 성생활에 관한 것이다. 시간의 축을 잃어버린 지식이 우리들에게 주어진 이미지를 변화시키는 작업에 참가할 수 있게 되기를 저자는 내심 기대한다.

인류의 마지막 수수께끼, 혼백(魂魄)을 풀다!

유사 이래 사람들은 정신이 곧 영혼이라 믿어 왔다. 하지만 그것만으로는 도무지 풀리지 않는 무엇이 있다. 그걸 찾고자 철학자들은 "너 자신을 알라!"며 끝없이 추궁을 해대고, 불교에서는 '참나'를 찾는다고 누천년을 수색해 왔지만 아직도 딱히 명확한 실체를 제시하지 못하고 모호하고 신령스런 어떤 것으로 얼버무리고 있다.

과연 영혼이란 무엇인가? 그리고 마음은 어디에 숨었단 말인가? 죽어서 우리 영혼이 넘어갈 저승 세계는 과연 있기나 한가? '혼백(魂魄)'은 어쩌면 인류가 그토록 찾아 헤매던 판도라의 마지막 상자가 아닐까? 인류 최초, 혼백(魂魄)으로 정신세계와 물질세계를 가른다!

- 산책의 기술, 사색의 비밀
- 걸어야 뇌(腦)가 산다
- 걷기만 잘해도 20년은 더 산다
- 도가비전양생기공 '호보(虎步)'
- 발끝으로 명상한다
- 혼백을 가르면 마음을 본다

- 마음을 알면 지혜의 문이 열린다
- 혼백을 알면 귀신을 본다
- 인류 최초의 야바위 귀신놀음
- 신성한 모든 것은 진실이 아니다
- 혼을 넣고 빼는 비밀
- 귀신을 보고 만들고 부리는 법
- 귀신도 몰랐던 귀신 이야기

신성대(辛成大)

1954년 경남 영산(靈山) 출생으로 16세에 해범 김광석 선생에게서 조선의 국기인 무예 십팔기(十八技)를 익히고, 이후 40여 년 동안 십팔기의 전승과 보급에 힘써 왔다. 현재 (사)전통무예십팔기보존회 회장으로 십팔기와 더불어 수행법, 도인양생공을 지도하고 있다. 저서로는 《무덕(武德)-武의 문화, 武의 정신》《품격경영(상/하)》《자기 가치를 높이는 럭셔리 매너》《나는 대한민국이 아프다》 등이 있다.

귀신부리는 책

혼백론

인류 최초로 공개되는 혼백론(魂魄論), 귀신론(鬼神論)

만약 귀신(鬼神)이 없었다면, 신(神)이 없었다면 인류 문명은 지금 어떤 모습일까? 귀(鬼)는 무엇이고, 신(神)은 무엇인가? 인간의 정신(精神)은? 그리고 혼백은? 혼(魂)과 백(魄)은 같은가, 다른가? 영혼(靈魂), 혼령(魂靈), 심령(心靈), 정령(精靈)… 다 그게 그건가? 초문명의 시대, 이런 것 하나 제대로 정리도 안해 놓고 천당이니 지옥이니, 윤회니 해탈이니 하면서 무조건 엎드리라고만 하는데 과연 믿어도 될까? 혼백과 귀신을 모르고는 그 어떤 종교도 철학도 진리(지혜)에 이를 수 없다.

인간은 자신을 속이는 유일한 동물이다. 인간에겐 '헛것'이 가장 크고, '없는 것'이 가장 무겁다. 버리기 전에는 절대 못 느낀다. 그렇지만 '있는 것'은 버려도 '없는 것'은 못 버리는 게 인간이다. 수행은 그 '없는 것'을 버리는 일이다.

본서는 특정한 종교나 방술, 신비주의를 선전코자 쓴 책이 아니다. 오로지 건강한 육신에 건강한 영혼이 깃든다는 명제 아래 유사 이래 인간이 궁금해하던 것, 오해하고 있던 오만가지 수수께끼들을 과학적이고 논리적인 관점에서 풀어냈는데, 이미 많은 독자들이 "왜 진작에 이 생각을 못했을까!"하고 탄식을 하였다. 더하여 수행자는 물론 일반인의 건강과 치매 예방을 위해 사색산책법, 호보(虎步), 축지법(縮地法), 박타법(拍打法) 등 갖가지 무가(武家)와 도가(道家)의 비전 양생법들도 최초로 공개하였다. 이제까지 아무도 말해 주지 않았던 비밀한 이야기들로 한 쪽지 한 쪽지가 수행자나 탐구자들이 일생을 통해 좇아다녀도 얻을 수 있을까말까 하는 산지혜들이다. 문명의 탄생 이래 인류가 감춰야만 했던 엄청 불편한 진실 앞에 '천기누설'이란 단어를 절로 떠올리게 된다.

東 文 選

신성대 지음 / 상·하 각권 19,000원/ 전국서점 판매중

혼백론·상
산책의 힘

제1장 형용사는 진실이 아니다!

- 가장 진실된 원시언어
- 형용사는 편견이다!
- 누가 '아름답다' 말하는가?
- 문명은 학습이다!
- 형용사를 붙이지만 마라!
- 가동사(假動詞), 가명사(假名詞)
  Tip. 지혜는 발끝에서 나온다!

제2장 직립보행, 인간 뇌를 키우다!

- 인류 진화의 비결은 직립보행!
- 엄지손가락의 진화
- 입(口)의 퇴화
- 발가락의 비밀
- 발가락과 두뇌
- 인간은 궁극적으로 무엇을 '생각'하는가?
  Tip. 귀보다 눈을 믿어라!

제3장 혼(魂)이냐, 백(魄)이냐?

- 난 아직 귀신을 보지 못했다!
- 혼백(魂魄)이란 무엇인가?
- 혼(魂)이란 무엇인가?
- 백(魄)이란 무엇인가?
- '나'의 주인은 누구인가?
- '마음'이란 무엇인가?
- 혼백을 가르면 '마음'이 보인다!
- 인간은 그동안 왜 백(魄)을 놓쳤을까?
- 넋과 얼
- 물질 세계와 정신 세계
  Tip. 정(精), 기(氣), 신(神)

제4장 발가락으로 사유한다?

- 걷는 것이 최고의 수행법
- 예술가들은 왜 산보를 즐기는가?
- 사유냐? 고민이냐?
- 산책(散策)과 사유(思惟)
- 합리적 판단과 결정을 위한 걸음
  Tip. 창조적 발상은 어디서 나오는가?

제5장 사색산책, 어떻게 하나?

- 타인을 의식하지 않기!
- 산책 코스를 바꾸지 마라!
- 도심에서의 철학산책, 가능할까?
- 사색산책은 맨손이어야!
- 언제, 얼마만큼 걸을까?
- 실내에서 걷기
- 가벼운 노동은 사색을 돕는다!
- 사색과 취미생활
- 도보(徒步) 여행?
- 비즈니스 산책
- 등산이 몸에 좋은 이유
- 조깅, 마라톤
- 숭어 따라 망둥어도 뛴다?
- 아무나 뛰는 것이 아니다!
- 수(水)와 습(濕)은 다른 성질
- 창조적인 사색을 위한 산책 요령
- 발가락으로 두뇌 운동을!
- 미세먼지보다 더 무서운 건?
  Tip. 참신한 발상을 유도하는 사옥과 사색정원

제6장 치매, 질병인가 섭리인가?

- 고려장(高麗葬)이란?
- 치매(癡呆)는 자연의 섭리
- 치매란 무엇인가?
- 기억이 사라진다는 것은?
- 만약 늙어서 치매가 오지 않으면 어떻게 될까?
- 치매의 증상
- 치매는 피할 수 없는가?
- 치매는 귀족병이다!
- 인간도 동물(動物)이다!
- 걸어야 뇌가 산다!
- 치매는 계속 늘어난다!
- 자극이 없으면 뇌는 녹슨다!
- 발이 편하면 치매가 온다!
- 치매의 지름길 닦는 식탐(食貪)
- 원시 지혜와 고통의 순기능
- 치매에 좋은 한약재
  Tip. 싱겁게 늙고, 싱겁게 놀아라!

제7장 호보(虎步)란 무엇인가?

- 호보(虎步)란 일자보(一字步)!
- 호보(虎步)의 효과
- 치매 예방의 최고 비방 호보(虎步)
- 호보(虎步)에 숨은 비결
- 운동선수가 호보(虎步)를 익히면
- 불가수행법 경행(經行)
- 발가락만 움직여도 운동 효과
  Tip. 골(骨)·기(氣)·풍(風) 삼원론(三元論)

제8장 인간은 왜 우울한가?

- 우울증의 원인, 혼백의 균형 상실
- 스트레스와 조울증, 공황장애
- 알츠하이머와 불안증
- 갱년기 우울증과 호르몬
- 가까울수록 더 멀어지는 현대인
- 의기소침(意氣銷沈) 극복하는 법
- 열정 없는 삶은 죄악
- 반려동물과 더불어 살아가기
- 스마트폰을 멀리하라!
- "울고 싶어라!"
- 산책과 햇볕은 우울증에 보약
  Tip. 야만(野蠻)과 야성(野性)은 별개

제9장 자살하는 유일한 동물, 인간?

- 생각한다. 고로 나는 자살한다?
- 답이 없는 질문, 망상의 철학
- 불행의 시작, 행복 바이러스
- 자연계에서 인간은 가장 못된 주인?
- 죽음을 오락으로 부추기는 가상 현실
- 전쟁중에는 자살이 없다!
- 군인들은 왜 자살하는가?
- 운동시설을 많이 갖추어 주라!
- 제복을 멋지게 해주라!
- 개똥밭에 굴러도 이승이 낫다!
- 가려거든 혼자서 가라!
- "죽고 싶다!" "죽고 싶다!" "죽고 싶다!"
- 상처받은 혼백이 강하다!
- 죽음은 붙잡거나 기다리는 것이 아니다!
  Tip. 마음의 뿌리, 변연계의 기억

제10장 야성(野性)을 길러라!

- 전자발찌로도 성범죄 재범을 막지 못하는 이유
- 신체적 고통에 대한 기억이 없는 현대인
- 문명이 야만보다 우월하다는 착각
- 때로는 야만에서 배워야!
- 이에는 이, 눈에는 눈!
- 체벌 금지가 최선인가?
- 폭력과 무덕(武德)
- 헬리콥터 마마 매니저
- 체벌도 훌륭한 교육의 방편
- 벌레물리기, 가시찔리기, 상처나기
- 아이들을 위한 '위험한 놀이터'
- 원시적 백(魄)강화법

- 간접 체험을 통한 백(魄)강화법
- 종손에 적통 없다!
  Tip. 사춘기와 성인식(成人式)

제11장 어둠으로 돌아가라!

- 방은 작을수록 좋다!
- 큰 집에서 우울증, 자살 많아!
- 공부방도 작아야!
- 빛과 호르몬 분비
- 햇볕과 생식
- 달의 인력과 생식
- 도시형 인간의 비극!
- 건강의 가장 기본은 숙면
- 어둠에서 평안을!
- 빛 공해와 안경
- 빛(색)깔과 두뇌
- 색깔의 분별과 사유 능력
  Tip. 해와 달이 인간의 운명을 결정한다?

제12장 왜 명상하는가?

- 안락(安樂)에 병들고, 환락(歡樂)에 미치다!
- 참선(參禪), 명상(冥想), 묵상(黙想), 정좌(靜坐)
- 동중정(動中靜) 정중동(靜中動)
- 의문이 없으면 답도 없다!
  Tip. 귀 얇은 자가 잘 엎어진다!

혼백론 · 하
혼백과 귀신

제1부 귀신산책(鬼神散策)

- 귀(鬼)란 무엇인가?
- 신(神)이란 무엇인가?
- 혼(魂)과 백(魄)이 갈라서다!
- 혼백(魂魄)은 귀신(鬼神)이 아니다!
- 정말 용한 점쟁이!
- 환생(還生, 幻生), 믿어도 될까?
- 전이감응(轉移感應)?
- 윤회(輪廻), 정말 가능할까?
- 텔레파시(원격정신반응)와 외계인?
- 유체 이탈과 공중부양
- 의식 유영(遊泳)과 우주합일!
- 임사 체험과 사후 세계
- 저승길은 누가 안내하는가?

- 또 다른 나 '도플갱어'
- 구마(驅魔), 퇴마(退魔)의 원리
- 누가 구마(퇴마)사가 될 수 있는가?
- 귀신을 모르는 사람과는 못 논다!
- '신내림'이란 진실일까?
- 누가, 왜 무병(巫病)에 걸리는가?
- 성욕 해소가 안 되는 처녀!
- 억눌린 성욕으로 인한 혼백의 갈등!
- 성적 수치심과 욕망 해소!
- 접신(接神)이란 신장(神將)과의 섹스다!
- 한국의 무당은 왜 신장(神將)을 모시는가?
- 직감(直感), 직관(直觀), 직각(直覺)
- 뇌파(腦波)란 무엇인가?
- 교감(交感), 감응(感應)
- 애니멀커뮤니케이터가 되려면?
- 인간은 왜 동물처럼 교감하지 못할까?
- 제3의 눈, 영안(靈眼)은 실재할까?
- 환각(幻覺)이란 가상 현실?
- 환각도 기억으로 만든다!
- 약물로도 수행이 가능할까?
- 독심술(讀心術)은 왜 밀려나는가?
- 최면술(催眠術)의 한계?
- 누가 귀신을 보는가?
- 귀신(鬼神) 만드는 법!
- 전설의 고향, '공동묘지 백여우'
- 혼(魂)을 빼고 넣는 법!
- 기공(氣功)과 명상으로 혼빼고넣기
- 염화시중(拈華示衆)과 정기신(精氣神)
- 삼매(三昧)로 가는 길
- 태어난 달에 따라 직업이 결정된다?
- 체질(體質)과 일월(日月)은 무슨 상관?
- 왜 아직도 사주(四柱)인가?
- 인간의 운명, 보름이냐 그믐이냐?
- 당신의 운명은 순행인가, 역행인가?
- 귀신은 다 알고 있다?
- 인류가 감춰야만 했던 엄청 불편한 진실

제2부 왜 수행(修行)인가?

- 귀(鬼)와 신(神)이 갈라서다!
- 인간도 신(神)이 될 수 있을까?
- 수행은 말로 하는 것이 아니다!
- 판도라의 상자는 뇌(腦) 속에 있다!
- 마음의 복잡한 갈래
- 씻어낼 수 없는 감정의 불순물
- 왜 금욕(禁慾)해야 하는가?
- 편견투성이인 감정(感情)에 관련된 기억들
- 마음챙김(mindfulness)
- 성(誠)·신(信)·의(意)
- 정중동(靜中動)과 집중 훈련
- 화두(話頭)란 무엇인가?
- 왜 정좌(正坐)인가?
- 제감(制感)이란 무엇인가?
- 대뇌 콘트롤은 가능한가?
- 의식의 매직 아이 현상
- 왜 수행하는가?
- 드디어 삼매(三昧)에 들다!
- 삼매(三昧)에서 무얼 하나?
- 신(神)을 버려야 '나'를 본다!
- 해탈(解脫)이 가능할까?

[부록] 양생이설(養生異說)

- 무지하면 몸이 고달프다!
- 야바위와 돌팔이에게 걸려드는 이유
- 꽃을 먹는다고 아름다워지랴!
- 아흔아홉 번을 구워도 소금은 소금일 뿐!
- 정령(精靈)의 결정체, 주사(朱砂)
- 사도세자는 왜 미쳐 죽었을까?
- 중금속, 약(藥)인가 독(毒)인가?
- 인간도 흙(土)을 먹고 살아야!
- 세탁기의 보급과 하이타이, 그리고 아토피
- 자연이 주는 최고의 항생제, 껍질
- 아무도 모르는 병, 냉상(冷傷)!
- 협심증과 심장마비를 부르는 운동, 직업
- 최고의 건강 도우미, '팥서방'
- 침뜸 대신 샤워뜸을!
- 경기(驚氣)와 간질(癎疾)
- 주의력 결핍 과잉행동장애(ADHD), 자폐증
- 정신질환 발작과 신경안정제
- 마늘을 이기는 보약은 없다!
- 체육인의 필수 음식 율무
- 위기(圍氣)를 다스리는 도인법
- 원초적인 양생법, 박타(拍打)
- 뇌염 예방 접종과 돼지고기
- 하등동물(무척추동물)과 몬도 카네
- 고기를 구워먹기 좋아하는 한국인들
- 신태교(新胎敎), 구태교(舊胎敎)
- 결혼 전 성기능 체크하는 법!
- 남성이든 여성이든 섹스는 무조건 뜨거워야!
- 임신 휴가로 건강한 아이를!
- 재임신 기간이 짧으면 기형아 출산 위험!
- 조기교육보다 조기임신을!
- 성기는 왜 뒷다리 사이에 있나?
- 생식(生食)과 화식(火食)에 대한 오해
- 사리(舍利) 만드는 비결

東文選 文藝新書 135

여성의 상태
— 서구 소설에 나타난 여성상

나탈리 에니크 / 서민원 옮김

여성의 이력에 제공된 가능성의 공간은 수많은 소설들 속에 펼쳐져 있고, 여전히 현대 작품들의 소재이기도 하다. 결혼을 앞둔 처녀, 배우자와 어머니·정부·노처녀 등 여성의 다양한 상태들은 우리에게 친숙한 작품을 이루는 범주들이다. 또한 세상 사람들이 편애하는 매개수단으로써의 소설적인 문화에 의해서 뿐만 아니라, 그 범주들은 명백히 현세계의 경험과도 밀접한 관계를 맺고 있다. 어쨌든 여기서 말하는 친숙함이란 지성이나 이해를 의미하는 것은 아니다. 이를테면 문화적인 체계의 관점으로부터 어느 정도 거리를 두고서, 인류학자의 '먼 시선'만이 앎의 질서에 다름아닌 작품의 구성 요소들과 더불어 이해의 질서라고 할 수 있는 작품의 내적이고도 필연적인 논리를 설명할 수 있을 것이다.

이 글은 서구 픽션에 있어서 다양한 여성들의 상태에 대한 단순한 나열이나 리스트 이상의 것을 지향한다. 이를테면 이 다양한 가능성의 공간들을 구성하는 커다란 개념에 대한 이해와 관련된 것이다. 즉 이러한 형과들은 어떻게 분절되는지, 또 이곳에서 저곳으로의 이동이 어떻게 일어나게 되는지, 그것을 고찰하면서 동시에 허구가 현실과 맺고 있는 작용을 분석하는 것에 우리의 목적이 있다. 체계의 총체적 논리, 그것의 이유와 방법을 이해하는 것에 다름아닌 것이다. 살아 있는 세상에 대한 경험으로써 이러한 상태를 다룬 서구 문학은 그 상태들에 우리가 친숙해지도록 해왔다. 고전으로부터 애정소설에 이르기까지, 샬럿 브론테로부터 조르주 오네까지, 오노레 드 발자크로부터 마르그리트 뒤라스까지, 토머스 하디로부터 델리까지, 헨리 제임스로부터 대프니 뒤 모리에까지 말이다. 그 구조들 속에서 '먼 시선'으로 떠오르는 여성의 동일성을 통해, 이 책은 인류학이 어떻게 서구 문화의 소산인 소설에 대해 관점을 가질 수 있는가를 보여 주고 있다.

東文選 文藝新書 70

창부娼婦

알렝 꼬르벵

李宗旼 옮김

　가장 오래 된, 영한한 직업 매춘을 역사의 장으로 끌어들인 아날학파의 걸작.
　돈으로 매매되는 성행위. 사회심리학적으로 보아도 매우 중요한 이 측면을 오늘날의 아카데믹한 역사학은 무시하고 있다. 그들이 침묵하며 말하지 않는 것은 단지 금기이기 때문일까. 그들의 침묵은 요컨대 매춘이라는 현상을 비역사적으로 보고 있는데서 나온 것이다. 그러나 매춘이 〈세상에서 가장 오래 된 직업〉이라는 점만은 결코 역사에서 벗어날 수 없는 것이다. 지금까지 사회심리학자들의 손에서 버림받은 19세기의 성과학사는 도덕적인 문제나 출산장려, 성병, 혹은 우생학의 차원에서 탈피하여 욕망과 쾌락과 굶주린 성의 역사가 되어야 한다.
　투철한 의식의 역사학자로서 알렝 꼬르벵은 이 책속에 새로운 테마와 독창적인 방법으로 19세기의 프랑스 매춘사를 쏟아부었다. 그는 19세기 프랑스 사회에 있어서 욕망과 쾌락, 그리고 채워지지 않는 성의 역사를 기술할 목적으로 성에 얽힌 행동들을 추구하고 부부의 침실을 비롯해서 공인창가와 비밀창가의 내부에 이르기까지 분석의 메스를 가했다. 따라서 학술적인 이 연구서는 매춘에 관한 언설을 통하여 현 시대로 계승되고 있는 19세기의 사회적 고민과 욕구불만을 냉철하게 해독하는 역작이다.
　딱딱한 학술서적의 성격을 띠고 있는 이 책에서, 그러나 우리는 매춘의 주체로서 매춘부들에 대한 신랄한 비판보다는 오히려 그들에 대한 저자의 따뜻한 눈길을 포착할 수 있다.

東文選 現代新書 35

여성적 가치의 선택

포르셍 연구소
문신원 옮김

 여성적인 가치들은 어떤 것인가? 그 가치들은 남성적인 가치들의 평가절하를 의미하는가, 아니면 반대로 새로운 공유 가치체계의 도래를 의미하는가? 이 새로운 가치체계는 정치적인 태도를 심오하게 변형시킬 것인가? 남성적인 가치들이 강하게 침투해 있는 기업에서는 어떤 문화적 혁명을 겪게 될 것인가?

 여기에서 말하는 여성적 가치들이란 남자 혹은 여자라는 구체적인 개인들을 가리키는 것이 아니라 원리들, 사회적 혹은 개인적인 기능의 모델들과 구조들, 판단과 결정의 기준들, 우리가 '남성적인' 혹은 '여성적인'이라고 규정지을 수 있는 행동들과 행위들을 말하는 것이다.

 본서는 169년의 전통을 자랑하는 프랑스 유수의 커뮤니케이션 그룹인 아바스(Havas)의 포르셍 연구소에서 21세기를 대비해 펴낸 미래 예측보고서 중의 하나이다. 전세계 63개국에 걸친 연구원들의 활동을 바탕으로 현재 우리 사회에서 태동하여 미래에 결정적인 역할을 하게 될 사회학적 움직임들을 세계적인 차원에서 깊숙이 파악하고 있다.

 본서는 권력 행사, 기업 경영, 과학, 기술 마케팅, 커뮤니케이션에 관한 여성적 가치의 실제적 파급효과에 관한 매우 중요한 지표들을 제공하고 있어, 각계의 지도자들은 물론 방면의 종사자들에게 반드시 일독을 권할 만한 책이다.

東文選 現代新書 44,45

쾌락의 횡포

장 클로드 기유보
김웅권 옮김

  섹스는 생과 사의 중심에 놓인 최대의 화두 가운데 하나라고 할 수 있다. 성에 관한 엄청난 소란이 오늘날 민주적인 근대성이 침투한 곳이라면 아주 작은 구석까지 식민지처럼 지배하고 있는 것이다. 이제 성은 일상 생활을 '따라다니는 소음'이 되어 버렸다. 우리 시대는 문자 그대로 '그것' 밖에 이야기하지 않는다.

  문화가 발전하고 교육의 학습 과정이 길어지면 길어질수록 결혼 연령은 늦추어지고 자연 발생적 생식 능력과 성욕은 억제하도록 요구받게 되었지 않은가! 역사의 전진은 발정기로부터 해방된 인간을 금기와 상징 체계로부터의 해방으로, 다시 말해 '성의 해방'으로 이동시키며 오히려 반문화적 현상을 드러내고 있다. 저자는 이것이 서양에서 오늘날 일어나고 있는 현상이라고 말한다. 서양에서 60년대말에 폭발한 학생 혁명과 더불어 본격적으로 시작된 '성의 혁명'은 30년의 세월을 지나 이제 한계점에 도달해 위기를 맞고 있다. 성의 해방을 추구해 온 30년 여정이 결국은 자체 모순에 의해 인간을 섹스의 노예로 전락시키며 새로운 모색을 강요하고 있는 것이다. 인간은 '섹스의 횡포'에 굴복하고 말 것인가?

  과거도 미래도 거부하는 현재 중심주의적 섹스의 향연이 낳은 딜레마, 무자비한 거대 자본주의 시장이 성의 상품화를 통해 가속화시키는 그 딜레마를 어떻게 극복할 것인가? 저자는 역사 속에 나타난 다양한 큰 문화들을 고찰하고, 관련된 모든 학문들을 끌어들이면서 폭넓게 성 문제를 조명하고 있다.

東文選 現代新書 24

순진함의 유혹

파스칼 브뤼크네르
김웅권 옮김

동서 냉전구조가 사라진 오늘날 거대한 소비사회의 개인이 안고 있는 문제를 개인과 개인주의 태동과정을 역사적으로 조명하며 탐구해 나간 역작. 저자는 자기 행위의 결과로부터 벗어나고자 하는 현대의 개인들이 앓고 있는 병, 즉 자신은 어떠한 불편도 감수하려 하지 않으면서 자유의 혜택만을 누리고자 하는 기도를 '순진함'이라 일컫고, 이 병은 '유년기적 행동 경향'과 '희생화 경향'이라는 두 가지 방향으로 피어난다고 설명한다.

오늘날 적어도 물질적 차원에서 보면, 모든 것을 '즉시 여기에서' 만족시켜 줄 수 있는 신용소비사회에서 적나라하게 드러나는 유아적 태도. 어떤 명분을 위해서도 자기 자신을 희생시킬 수 없는 모래알 같은 개인. 개인으로서 해방과 자유를 쟁취하고 경제적 정의를 보장받았을 때, 상승을 거부하며 저급한 오락과 소비로 눈을 돌려 버린 대중. "나는 희생자이다. 그러므로 나는 더 권리가 있으며, 내 행동에 대한 책임은 없다"라는 논리 아래 법치국가와 복지국가에서는 약자인 희생자의 편에 서야만 살아남을 수 있다는 심리구조가 확산되어, 모두가 자신을 희생당하고 박해받은 자로 내세우는 사회, 억압받는 자의 한 패러다임으로 해석되어 유태인과 비교되기도 하는 여권주의 운동. 이미 그 의미가 국제적 차원을 획득한 유고슬라비아 사태의 희생화 경향. 이데올로기 전쟁의 종말과 더불어 국가와 민족들을 모두 서로에게 잠재적인 적으로 만든 공산주의의 실패. 외설스러울 정도로 노출된 비극적 장면들과 일상의 가벼운 장면들을 한꺼번에 쏟아내어 대중으로 하여금 사건들을 순식간에 망각 속에 묻어 버리게 하고, 비극 자체에 무감각하게 만드는 대중매체…… 등등.

하나의 주제를 놓고 사유를 확장하고 심화시키는 작업이 가져온 결정물의 아름다움이 담겨 있는 《순진함의 유혹》은 독자들에게 책 읽는 즐거움을 한껏 선사하고, 새로운 시야를 열어 주고 있다.

東文選 文藝新書 87

性愛의 사회사

자크 솔레 / 이종민 옮김

교황 알렉산데르 6세의 방탕으로부터 왕공들의 난행까지, 귀족들의 난교로부터 빈민들의 치정까지. 세기적인 호색가 카사노바로부터 사드를 비롯한 대문호들과 예술가들의 性과 사랑. 신학의 가르침과 육체혐오, 에로티시즘의 숭배, 묵인된 매춘…… 등 결코 채워지지 않는 性에 대한 인간의 영원한 욕구를 적나라하게 파헤친 訣定版 性愛史!

이 저작의 특징은 무엇보다도 총합적인 연구의 성과에 있다고 할 수 있다. 이 경우, 총합적이란 어휘는 다음과 같은 의미를 함축하고 있다.

우선 이탈리아와 프랑스·스페인·독일·영국·네덜란드, 나아가 신대륙이나 식민지 등 포괄적인 의미에서 서구라고 부르는 전지역의 모든 계층을 대상으로 삼아 각 지역과 계층에서의 성애의 이념과 현실적인 차이점, 그리고 공통된 양상과 발전을 그려내고자 한 것이 첫번째 성과일 것이다. 아울러 성애라는 인간의 원초적 행위를 역사적이고 사회적인 모든 측면에서 고찰했다는 것이 이 연구에서의 두번째 성과일 것이다. 저자는 한 국가의 통치체제가 부르주아적인 질서 속에서 종교의 힘을 빌려 인간의 개인적인 성애를 얼마나 억압하고 있었는가를 탐색하는 한편으로, 그 같은 억압 속에서도 예를 들면 농민들 사이에서의 성애가 자유를 구가하고 있었다는 사실을 분명히 깨닫고 있었던 것이다. 이 연구서의 최종적 성과로서 저자는 마녀나 매춘에서부터 동성애와 나아가 문학이나 음악·미술 등에 표현된 환상에 이르기까지, 지금까지의 전통적인 역사학에서 거의 다루지 않았던 몇몇 분야를 포함하여 성의 억압이 초래한 갖가지 현상을 총체적으로 제시했다는 것이다. 이렇듯 방대한 작업이 가능할 수 있었던 것은, 성애의 다양한 개인적·사회적 제반 형태에 관한 연구와 각 지방이나 계층을 대상으로 한 수많은 모노그래프가 이미 나와 있었기 때문이다. 기존의 혹은 현재 진행중인 제반 연구의 총합성을 지향하는 이 책은, 그런 의미에서 한 시대의 연구 수준을 보여 주는 기념비적인 저작으로 간주될 수 있다.

東文選 文藝新書 167

하나이지 않은 성

뤼스 이리가라이 / 이은민 옮김

 타자인 여성의 성욕을 뭐라고 해야 할까? 그것은 남근 체계 속에서, 남근 체계에 의해 규정된 것과 다르다. 정신분석에 의해 여일하게 기술된——규범화된——것과는 다르다. 여성의 언어 활동을 어떻게 창출할 수 있을까? 재발견할 수 있을까?
 성적으로 구분된 여성의 육체 착취를 기점으로 이 사회의 기능을 어떻게 해석해야 할까? 그때부터 정치와 관련 맺는 그들의 행위는 무엇이 되는가? 여자들은 이 제도 속에 개입해야 하는가, 개입하지 말아야 하는가?
 어떠한 斜線을 통해 이 가부장적 문화에서 벗어나는가? 그 담화에, 그 이론들에, 그 학문들에 어떠한 질문들을 제기해야 하는가? 이 질문들이 다시금 제재 혹은 억압에 굴복당하지 않기 위해서는 어떻게 표명해야 하는가?
 또한 과연 지배적인 담화를 가로지르는, 남성들의 통제에 의문을 제기하는 여자들에게, 여자들 사이에서 말하는 여성적 말투는 어떤 것인가?
 질문들 —— 무엇보다도 —— 은 다수의 언어들로, 다양한 톤으로, 다양한 목소리로 의문을 제기하고 대답된다. 유일한 담화의 획일성, 유일한 類의 단조로움, 유일한 성의 독재 정치를 해체하면서 말이다. 여성들의 욕망은 셀 수 없을 만큼 많고, 결코 하나의 욕망으로도, 다양한 형태의 한 욕망으로도 축소시킬 수 없다. ——L. I.

 페미니스트 이론가로서 이리가라이의 영향력은 독일·이탈리아·캐나다 등에서 특히 지대하다. 여성을 위한 상징적 질서를 형성하려는 그녀의 노력은 많은 여성학자와 여성작가들의 호응을 얻고, 한편 프랑스에서는 식쑤·크리스테바와 더불어 급진적인 새세대 여성학자로 분류된다. 남성과는 다른 차이의 문화를 주장하며, 여성을 억압하는 사회적·경제적 구조, 제도 및 법률, 억압의 역사를 분석하는 데 앞장서고 있으며, 여성의 언어에 초점을 맞추어 남성 중심의 기존 질서를 공격하고 있다.

東文選 文藝新書 143

페미니즘 사전

리사 터틀

유혜련 / 호승희 옮김

　페미니즘은 오늘날의 사회에서 가장 영향력 있는 운동 가운데 하나이다. 지금까지 그 목적을 위해 싸워 오면서, 그리고 많은 어려움을 겪어 오면서 부단히 발전해 왔다.
　페미니즘에 대해 간단히 정의내릴 수는 없지만, 페미니즘에 관해 기술한 백과사전이 1천 개가 넘는 자료가 있는 상황에서 리사 터틀은 그 주제에 관한 완전한 이해와 확실한 해설을 분류·정리하였다.
　페미니즘은 사회운동이자 이데올로기이다. 한 권의 참고 문헌에서 모든 사항들을 과거와 현재에 걸쳐 객관적으로, 또한 아주 이해하기 쉬운 형태로 논의하고 있다. 여기에서는 페미니즘의 경로를 결정짓는 데 전력한 인물들, 여성들의 권리를 지지하고 보호해 온 기구들, 페미니즘 운동과 사상에 영향을 미친 사건들, 그리고 이 페미니즘이 낳은 슬로건, 서적들과 사상들, 나아가 많은 토픽들이 수록되어 있다.
　이렇듯 방대한 참조 사항과 문헌 목록의 도움으로 페미니즘에 관한 사전은 현대 사회의 가장 중요한 운동 가운데 하나로서 필수적인 지침서가 되고 있다.
　리사 터틀은 미국 태생으로 현재 영국에 거주하고 있다. 오랫동안 저널리스트로 활동하였으며, 지금은 공상 및 과학소설을 발표하고 있다.
　그녀 자신은 열렬한 페미니스트로서 미국과 유럽을 오가며 여성운동에 적극적으로 참여하고 있다.